国家社会科学基金重大项目（15ZDA063）

文化环境与跨文化管理

范徵　等/著

Cultural Environment
&
Cross-Cultural Management

 经济管理出版社
ECONOMY & MANAGEMENT PUBLISHING HOUSE

图书在版编目（CIP）数据

文化环境与跨文化管理/范徽等著．—北京：经济管理出版社，2023.9
ISBN 978-7-5096-9173-1

Ⅰ．①文…　Ⅱ．①范…　Ⅲ．①企业管理—跨文化管理—研究—中国　Ⅳ．①F279.23

中国国家版本馆 CIP 数据核字（2023）第 152537 号

组稿编辑：申桂萍
责任编辑：赵天宇
责任印制：许　艳
责任校对：陈　颖

出版发行：经济管理出版社
　　　　　（北京市海淀区北蜂窝 8 号中雅大厦 A 座 11 层　100038）
网　　址：www.E-mp.com.cn
电　　话：（010）51915602
印　　刷：唐山昊达印刷有限公司
经　　销：新华书店
开　　本：720mm×1000mm/16
印　　张：15.75
字　　数：318 千字
版　　次：2023 年 9 月第 1 版　　2023 年 9 月第 1 次印刷
书　　号：ISBN 978-7-5096-9173-1
定　　价：98.00 元

前　言

一

　　文化作用似"水"。文化常以一种微妙的方式影响着人们的商务行为。这种效应好似"以石投水"，石子激起涟漪，向整个池面漾去，文化就弥漫在整个水面，并且渗透在各个方面。水能载舟，亦能覆舟。因经营者不了解东道国的商务文化而"翻船"的事件最为多见。对此，国际市场营销大师警告人们：在不了解对方文化观或道德观的前提下进入国际市场是十分危险的举动（Cateora，1990）。连韦尔奇也惊呼："不要轻易去碰那些你不了解的文化！"（Welch，2001）

　　文化环境似"冰河"。本书所涉及的国际企业面临的文化环境，基本立足的是"广义的文化"范畴，并剔除了部分与国际企业经营关系不大的文化因素。本书的文化冰河模型将文化分为三层：①文化积雪层，即显性层面，它往往是一个国家的管理控制体系，涉及政治因素、法律因素、科技因素；②文化冰冻层，即若隐若现层面，它介于"积雪层"和"河水层"之间，包括教育、社会组织与价值观；③文化河水层，即隐性层面，位于"积雪层"和"冰冻层"之下，一般情况下很难被发觉，包括语言与宗教等因素。

　　上述文化冰河模型中，冰冻层由积雪层和河水层上下相互渗透而形成，这是笔者某年冬天站在松花江上的顿悟。不仅如此，两条冰河间的相互作用和渗透还给了我启发——预示了跨文化管理的三种解决方案：两河平行，即地方化、本土化战略；两河相交，即全球地方化战略；小河汇入大河，即全球一体化战略。企业跨国经营，没有100%的全球化战略，也没有100%的地方化战略。所谓跨文化管理战略，即全球化与地方化战略的平衡（范徵，2004；2010；2020）。

二

本书是国家社会科学基金重大项目"中国企业走出去跨文化大数据平台建设"课题的研究成果。借助大数据分析及平台技术，根据企业跨文化经营的需要，构建了"基于冰河模型的文化指标体系"（3 层/8 类/75 项）；打开了文化的"黑匣子"并采集了各指标的数据信息，实现了大数据环境下跨文化信息资源动态集成；设计了专门的电脑程序软件，初步实现"文化环境指标可视化""文化指数排行可视化"。在此基础上系统编写了中国企业"走出去"文化环境应对"指导手册""工具箱包"和"具体案例"，供"走出去"的中国企业参考、学习和借鉴。

本书主要创新价值在于：其一，针对中国企业"走出去"的需求，精准收集跨文化的"多源、异构、海量"大数据，并动态更新，服务于"走出去"的中国企业；其二，针对当前服务于分析中国企业"走出去"的跨文化问题的信息辅助工具缺乏，本书拟借助大数据平台技术，开发了专门的电脑程序，开发了切实服务于中国企业"走出去"的"跨文化大数据可视化平台"，实现了"文化指标可视化"和"文化指数可视化"；其三，针对当前缺乏指导中国企业成功"走出去"的跨文化管理理论研究，本书构建了"基于冰河模型的文化指标体系"，并系统编写了文化环境应对"指导手册""工具箱包"和"具体案例"，打开了文化"黑匣子"，为世界文化维度理论作出了作为中国学者的贡献。

三

本书是国家社会科学基金重大项目课题组成员的共同成果。范培华、尚珊珊、李妍、白文静、张鹏、吴昀桥、张文洁、陆婷婷、贾思学老师，以及范青鑫、陈艺文、吴江红、顾赛宇、赵婉婷、刘丽航等博士和硕士研究生分别撰写了本书的部分内容或参与文献收集、数据处理和资料翻译。另外，跨文化管理大师 Hofstede 教授、牛津大学 Warner 教授、上海社会科学院信息所王振副院长、上海外国语大学国际工商管理学院潘煜和吴友富教授、北京邮电大学杨放春教授、华中师范大学王伟军教授、上海交通大学石金涛教授、中欧国际工商学院汪泓院长、东方国际董事长童继生先生、谷歌大中华区渠道业务事业部总经理白湧先生、磐缔资本创始合伙人王茁先生、中车集团企业文化部部长曹钢材先生、杭州山旅酒店管理有限公司总经理尹明海先生、上海随训通电子科技有限公司产品经理孙佳钰女士、独立设计师周梦雅女士、多声部设计工作室郑惟女士等在项目申报、研究和相关设计过程中给予了指导和贡献；曾经担任美国密歇根大学国际商务项目主任、国际商务协会（Academy of International Business）前任会长的美国学者 Terpstra（1978；1985；1990）教授的 *The Cultural Environment of International Business* 一书，给了课题组很多借鉴；经济管理出版社为本书的出版付出了很多心血。在此一并表示感谢。

文化环境和跨文化管理研究，纵观古今、学贯中西、任重道远。敬请海内外同行、专家学者不吝赐教、指正。

范　徵　博士

国家社会科学重大研究项目首席专家、教授、博导

教育部工商管理类专业教学指导委员会委员、中国企业管理研究会副理事长

上海外国语大学国际工商管理学院学术委员会名誉主席、跨文化管理研究所所长

浙江外国语学院国际商学院特聘教授、学术院长

世界管理学会联盟（IFSAM）理事兼中国委员会委员

2023 年 1 月 31 日

于杭州绿城和庐寓所

目　　录

Contents

第一章 导论

当前，中国政府大力推动中国企业"走出去"，并重点部署了"一带一路"倡议构想。在此国家倡议的指引下，中国企业加快了海外"走出去"的步伐。

然而，中国企业"走出去"困难重重。仅以跨国并购为例，自20世纪90年代末以来，中国企业的跨国并购以年均17%的速度增长，研究表明，超过70%的并购交易在3年内失败，损失超千亿元之多——这就是跨国并购的"七七定律"，即跨国收购70%都会失败，无法达到预期的期望；在这失败的70%中，基本上有70%是因为文化整合未果而造成的最终失败——"凡是跨国公司的大的失败都是忽略了文化差异所招致的结果"（Ricks，1999）。林毅夫（2015）也指出，中国企业"走出去"涉及"走出去、走进去、走上去"三个步骤："走出去"指硬实力，是资金技术资源的实力体现；"走进去"指软实力，是跨文化沟通与管理的成功体现；"走上去"指硬实力与软实力的完美结合。

在跨国经营中，站出来说话的虽然经常是"资本"，而实际在幕后操纵的却经常是"文化"！资本的力量容易使你走遍天下，而文化的困惑却常常带来举步维艰。企业跨国经营的成功，在很大程度上取决于其"跨文化经营管理"的有效性。而有效的跨文化管理的前提是对"跨国经营所面临的跨文化环境"的认知。

上海外国语大学国际工商管理学院2015年开始的国家社会科学基金重大项目（15ZDA063）"中国企业走出去跨文化大数据平台建设"对此进行了有效的研究探索，2021年获得鉴定通过。本书是该研究的主要成果。

第一节 走出去企业的现实困惑

在跨文化方面，中国企业"走出去"主要面临以下三个方面的困惑：文化困惑、大数据困惑和跨文化管理困惑。

一、文化困惑

中国在"走出去"过程中企业面临的文化环境和跨文化困惑，主要案例有：

（1）东方国际案例。2020年，肆虐全球的新冠肺炎疫情给世界各国带来极大灾难。在此巨大危机面前，东方国际集团在童继生董事长带领下，打了五场战役：①遭遇战：在接到命令后，5天之内雷厉风行地筹措到100万只口罩，随后又从海外采购大量防疫物资，解决上海市民防疫的燃眉之急。②游击战：利用各种渠道去全国各地和海外尽量寻找口罩和防疫物资。③阵地战：自己设计、生产、组装口罩机，从无到有，最高日产300万片。④运动战：从进口、全国搜寻、自己生产供应全市和其他省市，然后到向国外出口。⑤持久战：全面复工复产。从中突出体现的是疫情口罩政治任务的"政治文化因素"，显示出中国国企老总的"政治担当"。

（2）华润电机案例。2005年10月18日，华润电机在参加法国举办的国际汽车工业展览会时，被法国TI汽车燃油系统股份有限公司（TI SAS）以其展出的产品涉嫌专利侵权为由扣押了两个参展汽车总成装置样品以及印有该样品的产品宣传册一本，并被TI SAS起诉到巴黎大事法院，请求法院判决华润电机停止侵权及不正当竞争行为，不得在法国制造、销售涉嫌侵权产品，向TI SAS支付40万欧元的损害赔偿及3万欧元的律师费。而且，TI SAS还请求法院在其选定的5种刊物上刊出判决书，刊出费用由华润电机承担。面对原告TI SAS极为苛刻的诉讼请求，华润电机虽然认为自己不构成侵权，但对"法国的知识产权法律"不了解。如果在法国审理专利侵权案的同时，也要提起专利无效程序，诉讼就会拖延很长时间，应诉的成本很高。是否应诉，华润电机顾虑重重……

（3）中国中车案例。说到中国中车，大家最熟悉的就是高铁和地铁。中国中车的产品已经遍及全球六大洲104个国家和地区，是唯一实现欧美澳发达国家全覆盖的中国高端装备制造企业。中国高铁的质量究竟如何？2015年夏天，一名瑞典人在京沪高铁上竖了一枚硬币，一直挺立着，直到列车进站。随后，中外主流媒体纷纷跟进，全球竖硬币的热潮就这样被点燃：矿泉水瓶、手机、钢笔、硬币……什么都能竖立起来——这个视频成为中国新时代"复兴号"站在世界高铁之巅最形象的表达——体现出了高端装备制造的高速平稳性的"高质量科技文化因素"的跨文化惊喜！

（4）中土集团的亚吉铁路项目。亚吉铁路起点是埃塞俄比亚（以下简称埃塞）首都亚的斯亚贝巴（以下简称亚的斯），连接重要城市阿达玛、德雷达瓦，终点为邻国吉布提的吉布提港。线路全长752.7千米，设计时速120千米，设45个车站，总投资约40亿美元（约合267亿元人民币）。中国铁建中土集团承建东段埃塞米埃索至吉布提 427 千米。中国中铁二局系雅西段埃塞亚的斯至米埃索约 329 千米，中国进出口银行提供资金支持，中国中车集团提供装备。2012 年 4 月开工，2018 年 1 月 5 日正式建成通车。亚吉铁路是继坦赞铁路之后，中国在非洲修建的又一条跨国铁路，被誉为"新时期的坦赞铁路"。亚吉铁路是中国首条集设计、施工、监理、设备采购、融资于一体的全产业链"中国化"海外铁路项目，标志着中国铁路成套"走出去"取得的重大突破，是落实"一带一路"倡议的标志性成果。但埃塞当地的人力资源条件难以满足铁路建设需要，当地员工除技术文化素质低的问题外，普遍存在时间观念、纪律观念、劳动态度差的问题。例如，多数当地员工喜欢按日计发薪水，收到薪水后，就不来上班了，直到钱花完了，再回来继续工作——当地"教育文化与人力资源"无疑是个大问题。无论是贯彻埃塞政府要求还是执行企业成本战略，人力资源属地化，雇用当地员工是必须要做的重要工作。

（5）赴越"拟家族"案例。在胡志明市周边的几个省聚集了大量中资企业，其中，在越南白手起家的"草根"企业主多是"中国干部"出身。他们属于中国最早一批"打工仔"，在 20 世纪 90 年代中后期 20 多岁时，从中国东南沿海迁移到越南，又在 2000 年后的几年间，开启了群体间的协同创业历程。这些"草根"远离乡土，在迁徙中很自然地依赖"同宗同乡"，抱团取暖；而他们所携带的汉人乡土社会的文化和组织逻辑也被创造性地调动起来，运用到人群迁徙、资源整合乃至产业链演化的过程中。

（6）海尔海外"人单合一"案例。海尔在其 6 个海外业务区域（美洲、欧洲、日本、中东和非洲、南亚、东南亚和大洋洲）中设立了 28 个基于国家的小微企业。"人单合一"模式将每个员工的收入与他们的表现及贡献度紧密联系在一起，这对于崇尚集体主义的日本文化来说是个艰难的转变——海尔的"人单合一"模型就好比沙拉酱，在海尔收购的那些形形色色的公司中，它在保持其独有的国家"价值观文化"同时又深入融合，就像那些混合各种蔬菜的沙拉酱一样。

（7）中交一航局巴新项目。中交一航局与中国港湾合作开发巴布亚新几内亚市场（以下简称巴新），依莱城港潮汐码头一期工程进入巴新，由一航一公司于 2012 年 6 月组建中交一航局巴项目部（以下简称一航巴新）。巴新官方语言为英语，地方语言多达 800 多种，使用较多的是皮金语。皮金语与英语类似，初到巴新的中国员工分不清、搞不懂——"一带一路"沿线 65 个国家中有 53 种官方语言，属于九大语系，语言资源丰富，语言状况复杂。"语言文化"差异在跨国经营沟通中作用非常微妙。

（8）中交二航巴基斯坦胡布码头项目。作为巴基斯坦胡布燃煤电厂的重要配套设施，胡布燃煤电厂项目是国家主席习近平于 2015 年 4 月出访巴基斯坦时，签署的中巴 51 项合作协议之一，属"一带一路"及"中巴经济走廊"框架下优先实施和积极推进的重要能源项目。胡布码头项目属外海海域施工，风大浪高，因此要在潮位低的时候抓紧施工。低潮位和礼拜时间大部分是重叠的，为了不影响施工进度，穆斯林的礼拜必须提前进行。一些穆斯林对此不理解，施工前期，经常可以看到现场热火朝天的场面，而个别穆斯林却在棚子里做礼拜，即使现场管理人员急得跳脚也不敢上去打断他们——"宗教文化差异"在境外不可小觑。宗教作为一种文化深入影响着人们的生活，由宗教演化成的各种文化习俗，成为各国民族文化的重要组成部分。

从上述 8 个案例中可以看出：政治、法律、科技、社会组织、教育、价值观、语言、宗教等非经济因素起了很大作用。这些因素都属于广义的"文化"范畴，是国际企业在跨国经营中不可绕开的困惑。

二、大数据困惑

从上述 8 个案例可以看出，无论是语言的差异、政治体制的不同，还是历史传统、宗教信仰、风俗习惯等文化本身的区别，抑或是由于文化冲突导致的融资障碍，缺乏复合型人才导致的跨文化经营受限，还是缺乏创新的组织文化使企业技术创新能力停滞不前。企业走出去过程中面临的挑战和苦难都直接或间接地与"文化差异"和因此引起的"文化冲突"有关。因此，聚焦于跨文化问题，构建跨文化管理平台，尽可能借助平台大数据分析的结果去解决和克服中国企业"走出去"过程中因文化差异和文化冲突导致的挑战和问题显得意义重大。

"走出去"的中国企业急切地需要得到跨文化信息服务。文化信息具有"多源、异构、海量"的特点，传统的技术方法无法解决，"大数据技术"的出现为我们处理这个问题提供了技术工具。

基于大数据能为管理层提供更有效的监察和减少合规风险的方法，企业可以利用大数据预测能力的优势，更好地找出潜在的诈骗并避免诈骗发生，帮助中国企业"走出去"。在大数据趋势之下，出海备受瞩目。除移动互联网企业外，还有一大批中国传统企业开始寻求广阔的海外市场。但是，基于传统文化等多方面因素，他们在出海过程中，遇到的问题可能更多，比如技术获取成本大、出海信息不对称、缺少明确目标定位、海外宣传推广难以接地气等问题。在中国企业"走出去"的过程中，普遍存在着对海外信息不够了解的情况。其实，在企业规划海外市场的决策过程中，不仅需要获取当地及周边地区的市场环境信息、消费者数据、当地竞争对手数据和营销渠道和平台信息等，还需要专业的高质量海外营销人才或者团队协助企业进行数据挖掘和本土化营销策略的制定等。

但是，我国企业"走出去"仍面临比较严峻的问题，比如：经验有限、难以获得足够的数据信息、信息获取性价比低、信息质量不佳等。这些因素导致企业无法在有效的时间内充分了解东道国的有效信息，也会影响其对自身实力和发展潜力的合理判断，从而影响企业制定清晰的发展战略和境外融资方案。此外，由于缺乏对东道国的融资需求和相关政策、法律的了解，也缺乏对投资环境的评估，使企业所做的决策出现失误的概率大大增加，也阻碍了企业融资风险管理能力的提升。

在复杂多变的国际舆论环境中，企业往往会在传播信息的过程中出现信息接收、反馈和发布不及时的问题，导致错过舆论传播的黄金期，从而在突发事件中丧失话语权，进而影响企业的整体形象。随着新媒体的迅速发展，应对突发舆情的可用时间明显缩短，这一现状无论是对企业还是政府的舆情把控能力和危机公关反应速度都提出了更高的要求。

因此，面临"走出去"挑战的中国企业需要克服水土不服的问题，需要充分利用大数据进行客观分析，而不是盲目地用中国式的固有思维看待东道国的市场。很多中国企业"出海"要面临的问题主要是由认知差异产生的，很多企业策略运用固有的文化思维去处理，往往南辕北辙，达不到预期的效果。因此，企业更需要客观地利用大数据的分析和支撑去做销售和产品，进而努力克服文化因素带来的认知偏差。

那么，何为有效的中国企业走出去跨文化大数据平台？行之有效的数据平台应当可以解决以下几个问题：

第一，穷尽专门的所有文化大数据方面，迫切需要有一个"文化环境指标"清单。

第二，获得精准的文化大数据，并实时更新文化大数据。

第三，提供文化大数据可视化和后续支持服务。

三、跨文化管理困惑

跨文化经营的主体，涉及国际企业的"产出"和"投入"跨越国界两方面。从产出跨越国界而言，可分为产品跨越国界（进出口公司）和服务跨越国界（国际服务贸易，含融资租赁等）。

从投入跨越国界而言，可分为：人作为生产要素跨越国界（合同安排）；资本跨越国界（国际间接投资和国际直接投资，含合资经营、合作经营、独资经营）；物跨越国界（来料加工、来样加工、来件装配、补偿贸易）；管理跨越国界（管理合约）；知识跨越国界（技术授权、特许经营）等。

作为国际企业的最高形式——跨国公司的经营形式还包含母公司、海外子公司、分公司、避税地公司、海外代表处等不同公司形式。跨国联盟的主体形式还涉及卡特尔、辛迪加、托拉斯、康采恩。而"无国界经营"为跨国公司最高级形态，未必所有跨国公司都能达到。

以合资经营为例，有一家中外合资企业的外方母公司，曾对其将赴中国工作的员工进行了如下培训：老师先给每组学员发一副扑克牌，学员很快达成共识，并顺理成章地按本国游戏规则开始玩一种游戏。等一轮过后重新发牌后，老师忽然提出了要求："从现在开始，你们不准按本国规则玩。"然后退居一旁。这时，学员们则仿佛在一瞬间变成了"白痴"，愣在那里不知所措。没有规则怎么玩儿？就在学员们彼此徒然地眨巴着眼对视时，老师金口方开："你们要去的就是这样一个国家，你们根本不了解他们的规则。你们准备好了吗？"

这就是跨国经营中所面临的文化困惑典型的模拟训练。面对东道国欧神的文化环境和游戏规则，跨国企业需要以下三方面支持：

第一，需要有国别文化环境比较认知，渴望开发一个"文化环境指数"，并进行国别区域排行。

第二，需要一本完整的基于国别文化环境认知的相应文化因素的应对策略"指导手册"和"具体案例"借鉴。

第三，需要一套完整的跨文化经营管理"工具箱包"。

第二节　跨国经营中的文化因素

文化差异对跨国公司来说，是极其重要而又烦琐的变量。关于文化的定义目前尚未有统一的定论，不同学者、不同学科、不同学派的答案不会一样。关于文化所包含的具体指标体系，更是众说纷纭。

一般认为，文化的表现和结果，就是"文明"。也可说文化是因，文明是果。斯特恩（H. H. Stern，1992）根据文化的结构和范畴把文化分为广义和狭义两种概念。"广义的文化"，即大写的文化（Culture with a big C），指人类在社会历史发展过程中所创造的物质财富和精神财富的总和；"狭义的文化"，即小写的文化（Culture with a small c），指社会的意识形态以及与之相适应的制度和组织机构。

本书所涉及的国际企业面临的文化环境，基本立足的是"广义的文化"范畴，并剔除了部分与国际企业经营关系不大的文化因素，共涉及 3 层/8 类/75 项（详见本书第二章相关论述）。本书"文化冰河模型"将文化分为三层：①文化积雪层，即显性层面，它往往是一个国家的管理控制体系，涉及政治因素、法律因素、科技因素。②文化冰冻层，即若隐若现层面，它介于"积雪层"和"河水层"之间，包括教育、社会组织与价值观。③文化河水层，即隐性层面，位于"积雪层"和"冰冻层"之下，在一般情况下很难被发觉，包括语言与宗教等因素。文化的作用不是万能的，却是独特的，主要体现在以下几个方面：

（1）文化作用似"空气"。文化类似于呼吸，直到它受到威胁时人们才会想起它。人们总是把企业文化想当然，直到诸如合并的变化导致可能失去他们的文化时，管理人员才会重新审视企业文化的关键方面（Shein，1992）。在国际化经营中，站出来说话的虽然经常是"资本"，而实际在幕后操纵的却经常是"文化"！资本的力量容易使你走遍天下，而文化的隔阂却常常带来举步维艰。"凡是跨国公司大的失败几乎都是因为忽略了文化差异所招致的结果。"（Ricks，1999）

（2）文化作用又似"水"。文化常以一种微妙的方式影响着人们的商务行为。这种效应好似"以石投水"，石子激起涟漪，向整个池面漾去，文化就弥漫在整个水面，并且渗透在各个方面。水能载舟，亦能覆舟。因经营者不了解东道国的商务文化而"翻船"的事件最为多见。对此，国际市场营销大师警告人们："在不了解对方文化观或是道德观的前提下就进入国际市场是十分危险的举动。"（Cateora，1990）连摧枯拉朽的韦尔奇也惊呼："不要轻易去碰那些你不了解的文化！"（Welch，2001）

文化冰河模型预示了跨文化管理的三种方式：两河平行，即地方化本土化战略；两河相交，即全球地方化战略；小河汇入大河，即全球一体化战略。

（3）文化环境如"冰河"。本书"文化冰河模型"将文化分为三层，其中冰冻层由积雪层和河水层上下相互渗透作用形成——这是我某年冬天站在松花江上的顿悟。不仅如此，两条冰河间的相互作用和渗透还给我启发——预示了跨文化管理的三种解决方案，即两河平行：地方化本土化战略；两河相交：全球地方化战略；小河汇入大河：全球一体化战略。企业跨国经营，没有100%的全球化战略，也没有100%的地方化战略。所谓跨文化战略，即全球化与地方化战略的平衡（范徵，2004；2010；2020）。

（4）文化负作用还体现为现金流量中的"潜在负债"。科斯曾引进"交易费用"的方法来定义"企业"与"企业边界"（Coase，1937），认为企业组织是内部一体化的市场组织的替代物：随着企业规模的扩大，企业的市场交易成本下降而内部组织成本上升；反之，随着企业规模的缩小，企业的市场交易成本上升而内部组织成本下降。于是，企业倾向于扩张，直到在企业内部组织一笔额外的交易的成本等于在公开市场上完成同一笔交易的成本，或在另一个企业中组织同样交易的成本为止。由此可见，企业的本质根植于组织成本与社会成本的均衡。这里的"组织成本"涉及监督费用、官僚体制费用和动力刺激弱化引起的损失费；"社会成本"涉及信息成本、监督成本及对策成本等。从交易费用的角度来看，与任何企业一样，跨国公司要在东道国从事商务活动均需要下列成本：进入市场的信息成本、谈判费用、缔约成本、履约成本和仲裁成本。全球竞争的本质也应该是对跨国现金流量和跨国战略协调的管理，文化的作用即体现为现金流量中的潜在负债。这就需要在"战略优势"和"组织成本"之间进行平衡（Prahalad 和 Doz，1987）。跨文化经营并不是经常有效的，这是因为跨文化经营需要面临额外的文化差异成本与跨文化交易费用。

第三节　现有跨文化环境研究评述

一、比较管理学方面的研究

比较管理学被定义为对不同环境中的管理进行研究和分析，也是对不同国家中的企业会有不同成果的原因进行研究和分析（Koontz，1993）。国际比较管理与经济全球化紧密关联。随着全球化的逐步推进，跨文化经营管理的有效性被提上议事日程。为节省跨文化交易费用，进而产生了"跨文化管理学"。跨文化管理学是20世纪50年代后期在美国逐步形成和发展起来的一门新兴的交叉科学，它研究的目的是如何在跨文化背景下识别和进行有效管理的问题。它探讨不同文化之间的共通性与差异性，区分真实的文化差异和表层印象，以及分析如何在管理中避免由于文化差异导致的误解和冲突，并充分利用多元化的文化资源推动组织的合作和创新等问题（梁觉和周帆，2008）。

诸多文化人类学家与国际管理学专家提出了多种跨文化和比较管理学分析框架。按其权威性与影响性划分，主要有以下20种，表1-1按时间顺序归纳了20种跨文化比较管理学分析框架各自的理论要点和方法、视角。关于其学术贡献、局限与建议分析如下：

表1-1　跨文化比较管理学分析框架要点一览

代表人物	框架名称	分析维度或要点	方法	视角
1. Kluckhohn（1961）	文化价值观维度	与环境的关系/人的本质/活动导向/人际关系/时间取向	问卷调查表归纳	基本的文化倾向

续表

代表人物	框架名称	分析维度或要点	方法	视角
2. Terpstra（1978）	国际经营文化环境图式	语言/宗教/价值观/法律/教育/政治/科学技术与物质文化/社会构成	图归纳	国际企业的文化环境
3. Hofstede（1980，2001，2010）	国家文化维度	权力距离/不确定避免/个人主义与集体主义/男性化与女性化/长期与短期/自身放纵与约束	问卷调查相关分析	价值观 IBM/CVS/WVS 数据
4. Ouchi（1981）	Z 理论	雇佣/决策/负责/提升/控制/职业发展/员工关心	日美比较	管理职能
5. Ronen 和 Shenkar（1985）	文化饼/文化圈	远东/阿拉伯/近东/北欧日耳曼/日耳曼/盎格鲁/拉丁欧洲/拉丁美洲/独立地区	问卷调查最小空间分析法	语言文化区价值观地理聚类
6. Nath（1988）	开放系统框架	环境七因素：文化环境/社会政治环境/经济环境/法律环境/技术环境/通信和交通方式/产业结构 企业管理 8 个子系统：管理哲学/组织结构/组织管理过程/人力资源管理/其他政策/关系管理/工会和其他利益相关者等	环境—管理影响分析	环境因素管理职能
7. A. T. Hall（1973）	高低背景—内容文化说	背景/内容；空间/时间；信息流；界面	国别排序	沟通的明示性与暗示性
8. Schien（1992）	组织文化三层次	人工制品/信仰与价值/基本隐性假设与价值	冰山模型	组织文化
9. Schwartz（1992）	10 大价值/需要导向	开放—保守维度/自我强化—自我超越维度	问卷调查	人类行为动机
10. Trompenaars（1993）	世界商务文化波浪	通用与特殊主义/个人与集体主义/中立与感情导向/具体与扩散导向/成就与因袭地位/次序型与同序型/内控型与外控型	问卷调查	价值观
11. Koontz 和 Weihrich（1993）	比较管理学	计划/组织/人事/领导/控制	表归纳美中日比较	管理职能
12. Calori 和 Woot（1994）	美日欧管理模式	时间取向/价值追求导向/关注领域意识/人际关系等	表归纳美日欧比较	价值观
13. Guillen（1994）	宗教—管理模式	美国、英国、德国、西班牙宗教因素对其管理的影响	历史比较认知系统	宗教因素
14. W. Hall（1995）	文化罗盘	解决问题/做决定/交流/组织/变革北方型/南方型/东方型/西方型	决断力—反应力矩阵	地理聚类管理能力
15. Leaptrott（1996）	世界文化分布示意图	部落主义型文化/集体主义型文化/多元主义型文化	图归纳	人际关系地理聚类

代表人物	框架名称	分析维度或要点	方法	视角
16. Warner (1996，2002)	世界各国和地区的管理	会计学/银行业/企业文化/人力资源管理/劳资关系等	百科全书式	管理职能
17. Gesteland (2003)	世界商务风格	生意导向—关系导向/正式—非正式文化/恪守时间—灵活时间/情感外向—情感保守	行为模式观察	国际商务行为惯例
18. House (2004)	GLOBE 模型	绩效导向/自信/未来导向/人本导向/集体主义/性别平等/权力距离/不确定性避免	问卷调查	价值观
19. Inglehart (2010)	世界文化分布图	世俗理性—传统权威/主观幸福—基本生存	因子分析	价值观
20. Livermore (2015)	文化商/文化圈	十大文化价值观体系：Hofstede 四维度再加合作与竞争/直接与间接语境/做（Doing）与是（Being）/普遍与特殊主义/中性与张扬/共时性与历时性等全球十大文化圈［主要基于罗兰（1985）的理论，只是将远东分为了儒家及南亚文化区］	演绎与整合	价值观地理聚类

资料来源：作者整理。

（1）关于"What"方面的命题。纵观现有跨文化比较管理分析框架，均提出了一些在实施跨文化管理时可加以关注的参考维度，这样便可得以认识一种管理模式。但各种维度，众说纷纭，莫衷一是。有的维度晦涩、不完整、不易理解［如 Trompenaars（1993）中的一些维度等］，有的还互为矛盾［如 W. Hall（1990）文化罗盘、Ronen-Shenkar（1985）文化圈图式与 Livermore（2015）文化商中所概括文化圈等］。有的用了时间维度，为什么没有空间维度？非洲文化显然被罗兰忽略了！利弗莫尔将其补充进来，但又忽略了近东文化诸国（如土耳其、希腊等）。Terpstra（1978；1985；1990）的《国际经营的文化环境》第一版有法律文化，第二版又将其删除了，也没有交代原因，而且其文化维度也没有进行具体的细分——这可能是由于分析维度聚类的差异所引发的困惑：或者过细，或者过泛。

即使最权威的霍夫斯坦特的分析框架也有几个备受质疑的点：①价值观并不是确定不变的，而是不断演进的；②仅是 IBM 的员工数据，样本代表性不高；③依照西方价值观设计标准问卷。所以，霍夫斯坦特希望通过世界价值观调查（World Values Survey，WVS）的数据继续进行他的研究也就可以理解了。在《文化与组织》一书中，霍夫斯坦特提到，我们期望通过对 WVS 调查数据库的分析可以得到另外的维度。之后，他在香港中文大学教授邦德（Bond）的帮助下，设计了一份包含非西方文化偏见的新问卷——中国人价值观调查问卷（Chinese Values Survey，CVS）。通过对 23 个国家 2300 名学生的调查数据的分析，邦德得出了 4 个维度，其中 3 个与霍夫斯坦特的 4 个维度中的 3 个重合，而第 4 个维度完全无关——过去和现在导向。于是霍夫斯坦特引入邦德的"儒教动力论"（Confucian Dynamism），将该维度命名为"长期—短期导向"，也就是国家文化模型的第 5 个维度。之后在他 2010 年出版的新书《文化与组织》中合作者——保加利亚索菲亚大学的明科夫（Minkov）运用 WVS 的数据把第 5 个维度的研究扩展到 93 个国家，进一步巩固了第 5 个维度的理论依据。也是在这本书中，霍夫斯坦特采纳了明科夫的数据提炼出的 3 个维度中的 1 个维度——"放纵倾向"和"约束倾向"作为他模型的第 6 个维度。至此，霍夫斯坦特给出了一个完整的跨文化实证比较研究，得出了国家文化数据模型，这是到目前为止跨文化研究领域内最知名、引用次数最多的跨文化模型。至于霍氏文化维度是否会拓展至 7 个维度，霍夫斯坦特教授在其荷兰住所进行了明确的回答——7 是一个神圣的数字，不可逾越了……

另外，蔡安迪斯（Tnandis，1995）还指出了霍夫斯坦特关于"个人—集体主义"的笼统维度的缺陷，并进一步提出了"水平—垂直个人主义"（Horisontal-vertical Individualism）"水平—垂直集体主义"（Horisontal-vertical Collectivism）细分观念。所谓水平个人主义，指的是该文化中的个体追求个人利益最大化，但他们并不在乎自己是否比别人得到更多，并不追求自己高于别人；垂直个人主义者不仅追求个人利益最大化，而且要求自己好于他人。所谓水平集体主义，则指该文化中的个体追求内群体利益的最大化，但并不关心自己的群体是否高于其他群体；而垂直集体主义者既关心内群体利益最大化，还追求自己的群体好于其他的群体。

由此可见，跨文化比较管理学亟须解决的问题首先是：所谓基于一定区域国别的"管理模式"究竟指的是什么？它究竟涉及哪些维度因素，仅仅基于价值观，还是可以涉及管理职能？还有，决定管理模式的环境土壤究竟有什么，宗教？语言？还是其他？再者，全世界究竟存有多少种管理模式？其划分的依据又是什么？——后文（第二章和第七章）引入"新制度主义"方法和"制度文明"的概念后，这些问题便豁然开朗了。

（2）关于"Why"方面的命题。一些跨文化比较管理分析框架还进一步分析了各种文化差异维度背后的原因。Hofstede（1980，1991）、Ronen（1985）、Trompenaars（1993）等的研究运用了相关分析、最小空间分析法等定量研究方法，但从数据到数据，缺乏足够的理论因果关系和内涵逻辑方面的交代，规范理论分析方面显得苍白。

其他各种定性研究方法，大多采用的是归纳式建立理论方法。但除了 E. T. Hall（1976）、W. Hall（1995）、Gesteland（2003）拥有富有逻辑性的二维坐标推理外，其他如 Leaptrott（1996）的 3 维度、Calori-Woot（1994）的 4 维度、Kluck-hohn-Strodtbeck（1961）的 6 维度、Terpstra（1978）的 8 维度等，有的是基于比较维度的分类；有的只提出维度，不分类（Terpstra，1978）；有的分类了，但维度不清晰（Calori-Woot，1994）。

跨文化比较管理学不仅要识别一种管理模式，还要明白各种管理模式背后的原因，它们之间的关系应该是互为因果的。而且，管理模式的背后，不仅仅是文化因素，仅将导致跨国经营中的"水土不服"问题归咎于"狭义的文化维度"方面的差异是不够的。霍夫斯坦特的首部著作的书名——*Culture's Consequences：Comparing Values，Behaviors，Institutions，and Organizations across Nations* 中，就有"制度"（institutions）一词。而且，上述 20 种分析框架中，Nath（1988）、Trompenaars（1993）、Gullen（1994）、Warne（1996）的方法值得关注，此四者均已超越文化层面，深入政治、经济等制度文明层面。后文（第二章和第七章）基于新制度主义的跨文化比较管理学"冰河模型"将为其提供有效的分析工具。

（3）关于"How"方面的命题。需要指出的是，比较不是目的，跨文化比较管理学的真正目的应是提高跨文化管理的有效性，解决"如何做"方面的连贯命题。

前文提到的 20 种跨文化比较管理框架，有的提出了"What"命题，有的随即分析了"Why"命题，但很少同时解决了"How"命题。其他跨文化管理研究者如哈里斯和莫兰等的著作（Harris 和 Moran，1982、1987、2000）基本是教科书式的，也只是将这些经典的观点加以综合。倒是施耐德和巴尔索克斯（Schneider 和 Barsoux，1997）的研究提出了一个处理文化差异的战略方法，但他们没有对管理模式的鉴别做系统研究。后文"跨文化比较管理学新体系"将提供跨文化比较管理学简约、连贯、明了型的方法与创新。

中国企业"走出去"的实践过程曾经面临过诸多文化困惑，国内外的许多学者对相关管理进行了研究和分析。如李乾元（2020）以美洲、大洋洲 34 国为研究重点，对我国企业"走出去"所遇到的语言、文化、社会、政治、经济法律法规和标准等几个方面进行系统性的梳理。祁斌（2019）提出本土企业走向国际市场时遭遇的水土不服是我国企业"走出去"实践过程中所面临的最大难题，即东西方文化差异所造成的沟通和信任障碍。胡雯（2019）根据《中国企业全球化报告（2018）》，分析我国企业在对外投资中面临的新问题主要集中在以中国企业在"一带一路"行进中显现困难（具体表现为中国企业所面临的政治风险、文化障碍、法律体系差异等）为主的五个文化方面。陈元顺（2019）从政治、社会、文化等方面说明"一带一路"背景下中国企业走出去面临的挑战。

曾经担任美国密歇根大学国际商务项目主任、国际商务协会（Academy of International Business）前任会长的美国学者泰普斯特（Terpstra，1978；1985；1990）曾出版《国际经营的文化环境》（*The Cultural Environment of International Business*）一书，书中总结了国际化经营企业所面临的文化问题。范徵（2020）的《全球10大管理模式》一书引入新制度主义方法，开发了"基于制度与知识的冰河模型"，用以形象描述"一种管理模式赖以生存的文明环境"以及"基于一种制度文明的管理模式"，并在此基础上，应用"跨文化大数据平台"，系统总结了"基于世界10大文明体系的全球10大管理模式""企业走出去跨文化管理模式及其选择"等新方法（详见第七章）。

二、现有平台综述

为中国企业走出去提供投资环境，尤其文化环境的数据平台，出现了一些包括民间平台与官方信息平台（见表1-2）。

表1-2　现有平台评述

编号	平台	主办方	贡献	缺陷
1	"走出去"公共服务平台	商务部	平台更多侧重进行在线流程服务，类似于在线服务大厅，虽然是一站式服务平台	但缺乏数据的动态性，对多语言的支持较为缺乏。相关国别的情况资料以指南的形式呈现（其中文化数据不系统），无可视化界面
2	CGGT 走出去智库	走出去智库	整合了相关国别的资源，且尝试进行了一定的可视化展示	但进入相关国别界面后，有效信息较少，文化数据也不系统且相关数据未实时更新。目前，大量链接已出现"404错误"（找不到相应网页）或域名错误的情况
3	"一带一路"大数据综合服务门户	国家信息中心、克拉玛依市人民政府、亿赞普集团	将"一带一路"数据库作为基础，展现沿线国家基本概况、经济产业、政策法规、规划计划、项目工程、商贸服务、科研机构、企业组织、旅游及文化交流、社会舆情、重大活动等信息，以及国内各地参与"一带一路"建设的相关信息	文化数据也不系统，且目前，该平台已无法使用（域名解析错误），处于停止使用的状态

续表

编号	平台	主办方	贡献	缺陷
4	境外安全管理服务平台	中国对外承包工程商会	集"政策对外发布、风险信息交流、业务在线办理、产品服务交易、专业知识普及"等多元化功能于一体，专注于风险管理领域的顶层设计、融资工具和解决方案的综合性公众服务平台	该平台只是数据的集中站，仅仅是针对对外承包工程，缺乏系统性，在数据动态性、多语言支持、可视化展示等方面都尚未涉及。因此，平台的使用存在较大的局限性
5	"一带一路"数据分析平台	北京大学	该平台主要汇集了"一带一路"沿线国家的五通信息，即有关政策沟通、设施联通、贸易畅通、资金融通、民心相通的主要内容	其数据库平台中的信息以人工发布为主。例如俄罗斯的政策沟通方面，仅仅罗列了2015年8月23日发布的6条新闻。平台信息量、文化数据体系及其更新情况都无法很好满足中国企业"走出去"

资料来源：作者整理。

（1）商务部"走出去"公共服务平台。商务部的"走出去"公共服务平台定位是综合性服务平台。该平台既有管理功能又有服务功能，旨在为中国企业提供东道国有关的"百事通"类型的全过程信息服务。"走出去"公共服务平台既能够满足经济主体，特别是企业的信息咨询、信息共享、政策咨询、项目对接，同时还能在线办事，简便地进行业务流程的办理。包括企业境外投资的备案和核准，以及承包工程资格的申请，投议标的办理。企业通过平台可以了解政策法规，通过业务流程图明确业务材料等。

但是，该平台更多侧重进行在线流程服务，类似于在线服务大厅，虽然是一站式服务平台，但缺乏数据的动态性，对多语言的支持较为缺乏。相关国别的情况资料以指南的形式呈现（其中文化数据未成体系），且不具备可视化的呈现界面。

（2）CGGT走出去智库。走出去智库（China Going Global Thinktank，CGGT）定位为中国企业"一带一路"投资和境外并购实务，由国内外一流的专业机构——战略、法律、会计、投行、评估、风险管理、人力资源、公共关系8大类机构/或团队共同发起并合作的智库。走出去智库在全球范围内约200个国家/地区拥有专业资源，为企业的境外投资/并购提供战略咨询、东道国政策和法律研究、境外企业数据研究、法律、财税、估值、公共关系、风险管理、人力资源解决方案。

该平台虽然整合了相关国别的资源，且尝试进行了一定的可视化展示。但进入相关国别界面后，有效信息较少，文化数据也不系统且相关数据未实时更新。目前，大量链接已出现"404 错误"（找不到相应网页）或域名错误的情况。

（3）"一带一路"大数据综合服务门户。"一带一路"大数据中心成立于 2015 年 12 月 8 日，由国家信息中心、克拉玛依市人民政府、亿赞普集团共同发起，旨在积极配合"一带一路"倡议，加快推进大数据的发展与应用，探索形成面向决策部门和社会需求的"一带一路"信息服务长效机制。该中心由国家信息中心牵头，其中的"一带一路"大数据综合服务门户与配套的"一带一路"综合数据库一期工程主要依托全球的"一带一路"大数据归集体系，能够在第一时间采集和发布"一带一路"的最新政策、项目进展和动态资讯等信息。将"一带一路"数据库作为基础来展现沿线国家的基本概况、经济产业、政策法规、规划计划、项目工程、商贸服务、科研机构、企业组织、旅游及文化交流、社会舆情、重大活动等信息，以及国内各地参与"一带一路"建设的相关信息。

网站主要定位在为政府和企业提供标准化和定制化数据和信息服务，并且在平台上引入了"一带一路"沿线国家的政策、投资、法律等领域专家及智库资源，为有关企业海外投资提供咨询服务；引入专业语言服务机构，为"一带一路"跨语种信息交换、共享和交流提供服务；引入银行、保险等金融机构，为有关企业"走出去"提供信贷、担保、人民币跨境结算等金融支持。目前，该平台已无法使用（域名解析错误），处于停止使用的状态。

（4）中国对外承包工程商会境外安全管理服务平台。中国对外承包工程商会（以下简称承包商会）境外安全管理服务平台（以下简称安全服务平台），系以中国第一家境外安全管理的专业网站为服务窗口，集"政策对外发布、风险信息交流、业务在线办理、产品服务交易、专业知识普及"等多元化功能于一体，专注于风险管理领域的顶层设计、融资工具和解决方案的综合性公众服务平台。

承包商会作为行业组织，所推出的安全服务平台，有资质和能力为企业境外项目提供风险管理的 EPC 一揽子解决方案，即围绕企业的法律、安全、人事、海外业务等部门提供系统集成服务，为企业提供"风险识别—风险评估—风险控制—风险转移—风险预警—风险应对"的交钥匙、总承包式的境外全面安全管理服务和八大解决方案，基本可满足"走出去"企业海外业务的风险管控需求。

但是，与其他平台类似，该平台只是数据的集中站，仅针对对外承包工程，缺乏系统性，在数据动态性、多语言支持、可视化展示等方面都尚未涉及。因此，平台的使用存在较大的局限性。

（5）北京大学"一带一路"数据分析平台。北京大学"一带一路"数据分析平台汇集了"一带一路"沿线各国的政治、经济、文化、科技、外交、军事等各类数据与信息。该课题组基于平台的规范数据，编制了反映"一带一路"沿线国家互联互通水平的"五通指数"。"五通指数"从中国的视角对比分析了"一带一路"64个沿线国家的政治、经济、文化等方面的基本现状与发展态势。这一数据平台可为我国政府进行科学决策、企业投资、智库研究等提供数据支撑和量化的分析结果。

该平台主要汇集了"一带一路"沿线国家的"五通"信息，即有关政策沟通、设施联通、贸易畅通、资金融通、民心相通的主要内容。其数据库平台中的信息以人工发布为主。例如俄罗斯的政策沟通方面，仅仅罗列了2015年8月23日发布的6条新闻。平台信息量、文化数据体系及其更新情况都无法很好满足中国企业"走出去"。

通过对上述平台的使用可以发现，大部分以提供一般信息为主，没有针对专门的文化数据；文化体系不全、数据纷杂且更新迟缓；部分信息出现可视化效果差，出现网页错误、无法使用等状况。

第四节　本书的理念方法与分析框架

上述关于文化环境的理论与现实平台研究都提出了跨国企业面临文化环境方面的问题：既没有给出系统的具体的"文化环境指标体系"，也没有给出具体的文化环境大数据的获取方法，更没有给出动态实时文化环境的评价方法和"文化环境指数"的排行情况，以及基于文化环境、文化距离的跨文化管理策略。这些都是本书将要讨论的内容。

根据上述有效的中国企业走出去跨文化大数据平台3个需求（穷尽专门的所有文化大数据方面；获得精准的文化大数据，并实时更新文化大数据；提供文化大数据可视化和后续支持服务）以及目前已有平台缺陷（大部分以提供一般信息为主，没有针对专门的文化数据；文化体系不全、数据纷杂且更新迟缓；部分信息出现可视化效果差，出现网页错误、无法使用等状况），本书提出如下平台建设理念与思路（"12字诀"）：

（1）"专而全"——专门涵盖与企业走出去有关的相关国别区域的全部"文

化环境指标"数据且体系化（具体体现为通过"文献、访谈和扎根方法"提炼而成的"冰河模型"的3层/8类/75项），使企业可以查看到与其跨国经营有关的各方面文化数据与信息。

（2）"准而新"——在海量数据中获得精准文化大数据，按照"冰河模型"对数据进行分析整理，为企业提供"准确"的文化大数据参考。

（3）"可视化"——平台可视化与服务：进行有关冰河模型跨文化大数据"可视化平台"开发（相应国别的国旗、国歌等，还附音频和视频，并配有解释），并提供跨文化经营管理相应支持服务（如"文化环境指数"排行榜等）。

（4）"可操作"——提供系统的企业跨文化经营管理"工具箱包""指导手册"和"具体案例"，供走出去的中国企业参考。

本书的研究方法：

（1）质性研究方法：基于 Web of Science 数据库进行了系统化分析，归纳了跨文化环境指标；基于扎根理论的思想对大量国际化企业的高管进行了调查研究。通过整合两部分的跨文化商业环境指标，构建中国企业走出去的"跨文化冰河模型"指标体系。

（2）大数据方法：通过 Fixed 和 SERA 大数据采集方法获取海量跨文化大数据，进行多步机器和人工筛选，对外文资料进行了机器翻译处理。同时数据采集与定期更新：根据所构建的跨文化大数据分类模型，每6个月开展数据采集与动态自动更新；使用 PostgreSQL 数据库，上传数据来源地址，部分实现后台定期自动更新平台数据（如价值观调查方面的数据被再次打开来源地址时，后台可自动进行更新）。使企业查看到的都是实时更新的数据。

（3）可视化方法：基于 J2EE 平台，采用 Java 编程，利用 B/S 架构进行有关冰河模型跨文化大数据"可视化平台"开发，实现"文化环境指标可视化""文化指数排行可视化"。

（4）工具性方法：系统提供中国企业走出去文化环境应对"指导手册""具体案例"和"工具箱包"，供走出去的企业参考、学习和借鉴。

本书基于企业走出去面临的跨文化困惑，开发"文化冰河模型"，提出文化环境指标体系，并进行大数据采集，将国别文化环境可视化展示。在此基础上，开发"文化环境指数"再进行国别区域排行，提供全套全球文化环境应对策略"指导手册""具体案例"和跨文化经营管理"工具箱包"。全书体系如图1-1所示。

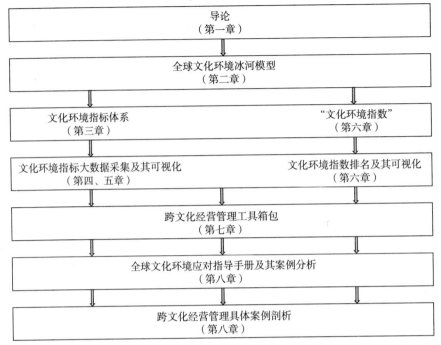

图1-1 本书的体系

资料来源：作者自制。

第五节 本书的研究过程和相关成果

本国家社科重大项目分为五个子课题。各子课题进展情况如表1-3所示。自课题立项以来，在首席专家的组织下，各子课题研究小组共同努力，按计划开展研究工作。

表1-3 子课题情况

子课题	题目	内容
子课题一	中国企业走出去跨文化理论与大数据平台需求研究	进行跨文化管理的基础理论研究。中国企业在"走出去"过程中正遭遇大量跨文化问题。为了探究中国企业跨国经营过程中的文化因素，打开文化"黑匣子"，本书首先基于Web of Science数据库进行了系统化分析，归纳了跨文化环境指标；其次，基于扎根理论的思想对大量国际化企业的高管进行了调查研究。通过整合两部分的跨文化商业环境指标，构建中国企业"走出去"的"跨文化冰河模型"（3层/8类/75项）。建立了跨文化大数据指标体系，初步形成跨文化大数据平台的架构体系

子课题	题目	内容
子课题二	跨文化大数据平台的信息资源采集与动态集成	主要围绕着文化信息资源的组织与应用展开。重点关注与中国企业"走出去"相关的"冰河模型"跨文化大数据，并对多语种文本文化数据进行了机器和人工翻译处理。对通过 Fixed 和 SERA 大数据采集方法得到的海量跨文化大数据（100多万），进行多步机器和人工筛选，耗时巨大。目前已完成30个国家的跨文化大数据采集工作，并定期更新数据。使用 PostgreSQL 数据库，上传数据来源处地址，有的实现后台定期自动更新平台数据（如价值观调查方面的数据被再次打开来源地址时，后台可自动进行更新）
子课题三	多语种语料库与机器翻译系统	主要围绕解决跨文化语境中文本机器翻译应用问题。本书主要借助"Google 翻译"及"科大讯飞"翻译系统进行在线翻译，辅助人工审译完成
子课题四	跨文化大数据平台的智能主动服务模式	围绕中国企业走出去的跨文化信息需求，研究文化信息的智能主动推荐服务模式。本书还提出了文化风险评估方法、企业跨国经营路径选择矩阵、企业跨文化策略罗盘等系列"平台应用工具包"，供走出去的中国企业参考，为"上海国际展览中心有限公司"等提供了本平台应用案例
子课题五	中国企业走出去跨文化大数据示范平台的建设与优化	主要在前面理论研究的基础上，开发跨文化大数据可视化平台系统，将理论落地，为跨文化企业的策略指导服务。首次基于 J2EE 平台，采用 Java 编程，利用 B/S 架构进行有关冰河模型跨文化大数据"可视化平台"开发。目前已完成30个国家的跨文化大数据可视化平台内容及其来源链接也均收集完成并上传到数据平台之中。中国企业走出去跨文化大数据管理平台，其总体功能基本完成，首页界面视觉化呈现了各个国家在各大洲的地理位置，用户通过该平台输入相关国别区域即可轻松获取到与企业走出去有关的相关国别区域的跨文化大数据（3层/8类/75项）

资料来源：作者自制。

（1）有序推动研究。立项后即召开项目启动会与专家研讨会，成立"跨文化管理研究所"。学校党委书记、校长，市哲学社会科学规划办公室主任，本书子课题负责人以及上海纺织控股（集团）董事长、上海联通副总裁、Cloudera 副总裁等课题组高校合作、企业支持单位代表也出席了启动成立仪式。会上统一思想认识和研究目标，进行研究协作分工。

之后本书课题组定期开展课题研讨会。分别在课题组子课题组长所在地北京、武汉分别召开课题组阶段课题研讨会4次，在上海总计召开课题组会议30余次。协调课题进展，交流课题研讨研究信息。

（2）建立国内外研究合作网络。拜访《大数据时代》的作者维克多教授（Viktor）和全球跨文化管理泰斗霍夫斯坦特教授（Hofstede），并邀请《国际工商管理百科全书》主编沃纳教授（Warner）来本书课题组指导，还在墨西哥建立了"海外数据采集基地"。

同时，走访上海信息中心、上海社科院信息所"丝路信息网"，互相交流大数据平台建设经验，就大数据的采集及其可视化形式、内容等方面进行研讨，以期更好地达成项目研究。同时调研了上海市商委、TMC 公司、中国出口信用保险公司、萌泰科技、BvD 公司、中国与全球化智库、信励公司、数据之家相关大数据公司，整合现有技术及资源，设计本书的跨文化大数据平台。

（3）资料收集和数据采集情况。①文献研究。为了准确地回答国际企业经营文化环境包含哪些具体指标这一问题，对跨文化领域经典文献深度分析，对相关文献总结梳理。本书课题组主要检索了 Web of Science 数据库所收录的管理学领域近年顶级英文期刊论文，并对其阅读、梳理。已完成文献编码分析。②访谈"走出去"企业。本书课题组选择了海尔集团、上海纺织（东方国际）、上海家化、上海贝尔、磐缔资本、中国中车、沪江等多家企业。借助上述企业，通过多部门、多次数的深度访谈，采用横纵结合的方式收集了大量一手数据，撰写访谈报告近 10 份，共计 20 万字的访谈记录；运用质性研究方法，对访谈记录进行分析。③建立海外数据采集基地。已签订墨西哥尤卡坦华人华侨联合会战略合作的框架协议，建立"海外数据采集基地"为本书的海外研究提供调研、访谈及数据支持。④与专业大数据公司合作进行数据采集、程序设计和可视化处理。调研了相关大数据公司，整合现有技术及资源，进行采集数据、开发程序和可视化处理，建设本书的跨文化大数据平台。

（4）构建文化大数据平台。形成基于"冰河模型文化指标体系"并运用大数据技术进行采集，还开发了专门电脑程序进行了"可视化平台"建设。为打开文化"黑匣子"，在文献研究及广泛企业需求调研的基础上，构建影响企业走出去的"基于冰河模型的文化指标体系"（3 层/8 类/75 项）。在此基础上，运用大数据技术进行采集，还开发了专门电脑程序，进行了相关区域、国别跨文化大数据"可视化平台"的建设，初步建立了跨文化大数据平台。

（5）人才培养与新课题培育。培育了一批人才，通过了学位论文答辩，又获得并结项了相关课题。本书课题组导师组在研期间，共指导博士、硕士研究生共 10 名，其中有 5 人通过了与本课题相关的学位论文答辩而毕业。其中课题组博士生 1 人获得美国"富布莱特"（Fullbright）项目，赴美研究《中美跨文化比较与沟通研究》归来；本子课题负责人 1 人在此基础上又结项了国家自然科学基金青年项目（No. 71402097）："基于网络信息主动发现的'文化距离'对跨国公司进入模式影响路径研究。"

（6）逐步推出阶段成果。至 2021 年 8 月，共发表 SCI/SSCI/CSSCI 期刊论文 9 篇，其他境内外期刊论文 11 篇，国际会议主旨演讲及宣读论文 5 篇，相关专著集刊 5 部，获奖、批示、采纳成果 7 项。同时，在企业中推广使用本平台。

（7）完稿课题鉴定材料。总报告 1 份；分报告 5 份；阶段成果附件 30 余项。分别是：①总报告：《中国企业走出去跨文化大数据平台课题研究总报告》；②分报告：《基于冰河模型的文化指标体系的构建报告》《跨文化大数据采集报告》《跨文化大数据可视化平台开发报告》《企业走出去跨文化大数据平台应用工具包》《国际企业的文化环境指导手册》；③附件：业已发表阶段成果（30 余项）。2021 年 9 月通过国际社科基金委验收。

（8）出版本书。系统整理成果，出版本书《文化环境与跨文化管理》。

第六节　本书的理论贡献、现实意义与社会评价

本书是国家社会科学基金重大项目课题的研究成果。借助大数据分析及平台技术，根据企业跨文化经营的需要，构建了"基于冰河模型的文化指标体系"；打开了文化的"黑匣子"并采集了各指标的数据信息，实现了大数据环境下跨文化信息资源动态集成；设计开发了专门程序软件，初步完成实现"文化环境指标可视化""文化指数排行可视化"。在此基础上系统撰写了中国企业走出去文化环境应对"指导手册""工具箱包"和"具体案例"，供走出去的中国企业参考、学习和借鉴。

一、本书的学术和创新价值

本书的最大创新之处，是通过在对跨文化企业的实地访谈和对跨文化经典文献的分析，①提出了跨文化"冰河模型"，打开了文化的"黑匣子"，构建了"中国企业走出去跨文化指标体系"（涉及 3 层/8 类/75 项）；②设计了专门电脑程序软件，开发了基于"冰河模型"的跨文化大数据可视化平台体系；③在此基础上还开发了"文化风险评估方法""企业跨国经营路径选择矩阵""企业跨文化策略罗盘"系列分析工具，均可为走出去的中国企业的跨文化经营管理提供借鉴和参考——其中：①是理论创新；②是方法创新；③既是理论创新，又是方法创新。

其中，"文化冰河模型"是在整合"洋葱模型""冰山模型"的基础上发展而成的：①该模型继承了既有"洋葱"比喻和"冰山"比喻中对文化层次分析的分层思维。更重要的是，在分析文化的过程中，充分考虑了外力作用对文化本体的影响，并体现在模型中，强调各个层次之间的"相互渗透"关系，特别是

冰冻层，是在积雪层与河水层共同作用的结果。②"冰河模型"不仅形象地描述一种制度环境或文明环境的状况，解释一种管理模式赖以产生的文明环境，还形象地描述一个单体的状况，用来形象地表示一种管理模式。③文化冰河模型打开了文化的"黑匣子"并实现了"可视化"（3层/8类/75项）。冰河模型中的外力强加、渗透交错抑或无作用三情景还预示了两种文化或管理模式之间的三种跨文化作用关系（覆盖、融合、平行）。具体来说，本书的学术和创新价值有以下三点：

一是针对中国企业走出去的需求，精准收集跨文化的"多源、异构、海量"大数据，并动态更新，服务于走出去的中国企业。研究解决跨文化的问题需要对于不同国别区域的各种文化信息进行收集、分析、识别，由于这些跨文化信息具有覆盖面广、语种复杂、数据源丰富、数量庞大、增长迅速的特点，因此面临大量的文化信息如何比较，进而服务于跨文化管理的问题，本书从企业跨文化管理的角度，借助大数据平台，采集为中国企业"走出去"服务的跨文化信息，基于海量异构数据的信息动态集成，提供与企业走出去有关的文化大数据服务，可有效解决文化信息原来分析方法中成本高、反应慢、信息不对称等缺陷。

二是针对当前服务于分析"中国企业走出去的跨文化问题"的信息辅助工具缺乏，本书拟借助大数据平台技术，开发了专门电脑程序，开发切实服务于中国企业走出去的"跨文化大数据可视化平台"，实现"文化指标可视化""文化指数可视化"。针对"走出去"企业面临的不确定多情境问题，开发"中国企业走出去跨文化的大数据平台"，并进行可视化处理。基于动态集成的跨文化信息，可以构建基于企业用户价值和情境价值的用户跨文化需求模型，实现针对"走出去"企业跨文化信息的个性化推荐，为此企业提供智能主动服务，帮助中国企业成功"走出去"。

三是针对当前指导中国企业成功"走出去"的跨文化管理理论研究缺乏，本书构建了"基于冰河模型的文化指标体系"（3层/8类/75项），并系统开发了文化环境应对"指导手册"和跨文化管理"工具包"，打开了文化"黑匣子"，为世界文化维度理论作出"中国学者"的贡献。目前中国对跨文化管理研究较少，文化测量大部分是基于西方学者的研究视角，缺乏东方文化视角。即使最权威的 Hofstede（1980；1991；2013）先后提出的 6 维度框架（个人主义与集体主义、权力距离、不确定性规避、刚柔性、长期与短期、放纵与约束）也遭到了诸多质疑。本书构建了"基于冰河模型的文化指标体系"（3层/8类/75项），从广义文化的角度，整合并完善现有的"跨文化管理模型"，打开了文化"黑匣子"并将其可视化，为世界文化维度理论作出"中国学者"的贡献。

二、本项目的实践价值、社会和国际影响

对当前服务于分析"中国企业走出去的跨文化问题"的信息辅助工具缺乏，本书借助大数据平台技术，开发切实服务中国企业走出去的"跨文化大数据可视化平台"。针对中国企业走出去的需求，收集跨文化的多源、异构、海量数据，服务于走出去的中国企业。

"中国企业走出去跨文化大数据平台"建立了独具特色和切实可行的数据采集、处理、分析和利用的工作机制和技术方案。不同于其他大数据平台，本平台的特色在于：专而全；准而新；可视化；可操作。本书课题组顾问跨文化管理之父霍夫斯坦特（Hofstede）、大数据之父维克多（Viktor）、剑桥大学荣誉院士沃纳（Warner）教授等均认为此举填补了全球相关学术领域研究的空白。大师对本书提出的"冰河模型"及其"可视化平台"大为赞赏。认为这是一种新的理解文化维度的体系。期待中国，尤其本书的跨文化管理研究取得更大的研究成果，以便吸纳、补充到他们的学术著作中。

本书相关成果发表在权威期刊《管理世界》。另外，本书在研究期间（2018年6月8~10日），在上海中国金融信息中心成功主办了"2018 IFSAM 第十四届世界管理大会"。世界管理协会联盟（International Federation of Scholarly Associations of Management，IFSAM）是一个多元文化的国际性组织。本课题组首席专家为大会主席，大会由世界管理协会联盟、IFSAM 中国委员会及本课题组所在学校联合主办，本课题组所在学校国际工商管理学院、本课题组所在学校跨文化管理研究所承办。第十二届全国政协王家瑞副主席、IFSAM 主席 Michael Morley 教授等出席开幕式并为大会致辞。大会吸引了来自美国、英国、西班牙、德国、爱尔兰、澳大利亚、巴西以及中国内地、中国香港和中国澳门的近 200 名海内外专家学者参会。大会以"国别区域管理与跨文化管理"为主题，本项目首席专家在会上作"中国企业走出去跨文化大数据平台建设"主旨演讲，引起广泛反响，被授予"IFSAM 特别贡献奖"。

第二章 全球文化环境冰河模型

本章在文化传统三模型说（洋葱、睡莲、冰山）的基础上，提出"文化冰河模型说"，并剖析了冰河模型中分属积雪层、冰冻层、河水层的八大文化层面（政治、法律、科技；教育、社会组织、价值观；语言、宗教）的具体内涵和外延。

第一节 关于文化的三个常用比喻：洋葱、睡莲和冰山模型

在讨论关于跨文化比较管理研究中，常常用三个比喻使文化的抽象定义形象化：洋葱模型、莲花模型和冰山模型。

第一个比喻，是著名的荷兰学者霍夫斯坦特的文化"洋葱模型"（Hofstede，1980）及加拿大人纽豪瑟的"同心圆模型"（Neuhauser，2000）（见图 2-1a）。该模型将文化分为三层：表层（指我们平时能观察到的东西）、中层（指一个社会的规范和价值观）、核心层（指一个社会共同的关于为什么存在的假设，它触及该社会中人们最根深蒂固、不容置疑的东西）。

第二个比喻，是美国企业文化专家谢恩的"睡莲模型"（Schein，1985）[见图 2-1（b）]及英国人威廉姆斯等（Williams A. 等，1989）的"莲花模型"[见图 2-1（c）]：花和叶，为文化的外显形式，包括组织构架和各种制度、程序；枝和梗，代表公开倡导的价值观，如使命、愿景和行为规范等；根和茎，暗示各种视为当然的、下意识的信念、观念和知觉等。

第三个比喻，是美国人路易斯等（Lewis P. S. 等，1998）的"冰山模型"[见图 2-1（d）]。冰山模型把文化看作两个部分：显性部分，即浮在水上可以看见的部分；隐性部分，即隐藏在水下看不见的部分。文化的水下部分要比水面

上的部分大很多。也就是说，我们平时在观察文化状态时，文化的表象只是冰山一角，真正造成表象不同的部分隐藏在水下。

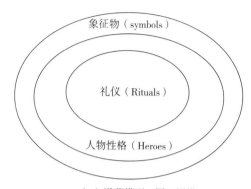

（a）洋葱模型、同心圆模型

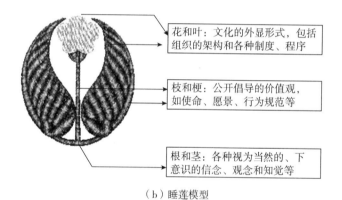

（b）睡莲模型

（c）莲花模型

图 2-1　文化的洋葱、睡莲、莲花、冰山模型

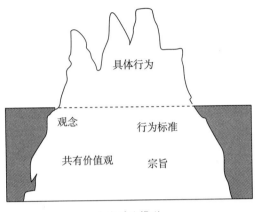

（d）冰山模型

图 2-1 文化的洋葱、睡莲、莲花、冰山模型（续图）

资料来源：Hofstede（1980）；Neuhauser（2000）；Schein（1985）；Williams（1989）；Lewis（1998）。

"洋葱模型""睡莲模型"与"冰山模型"的共同理论贡献是：道出了文化的隐显特征。"洋葱说"从横断面角度解读文化的内外层次之分；"莲花说""冰山说"则从纵断面角度解读文化的深浅层次之分。

它们共同的理论缺陷：都是基于"文化观"提出的，而不是基于"文明制度观"。文明制度观中拥有一些相互渗透的层面在这三个模型中均未能被表示出来。事实上，"制度理论"（Institutional Theory）致力于将制度研究与组织密切结合，研究在制度化过程中，组织之间出现类似以及产生差异的原因、制度环境对组织的影响、制度环境如何影响组织的结构和运行等问题——这正是研究跨文化比较管理学所需要的方法。对于跨国、跨文化经营的国际企业来说，基本涉及企业、产业、国家三个层面的问题。相对而言，资源基础理论（Resource-based View of the Firm）、产业组织理论（Industrial Organization Economics）已能帮助国际企业很好地解决在公司层面和行业层面面临的问题，而国家层面的问题只能用新制度主义方法来研究（Makino，2008）。

另外，这三个模型均适合描述一个单体的状况，如果要剖析一个文明的制度环境，则不太适合。Schien（1992）曾对这三个模式进行改进，提出了"企业文化三层次模式"，但也只不过是以冰山的形式装进洋葱、莲花的三层内容罢了。

第二节　基于新制度主义的"冰河模型"

当今学界对制度理论的研究比较流行的分析框架主要是斯科特的分析框架，它是由斯科特（2001）在《制度与组织》（*Institutions and Organizations*）一书中提出的，涉及以下三方面：

（1）管控性系统（Regulative）。包括法律、规则、制裁等强制的、束缚人们行为的制度。

（2）规范性系统（Normative）。是指价值观与标准。

（3）文化认知系统（Cultural-cognitive）。是共同信仰、共同行为逻辑等社会共同认知。

斯科特（2001）认为，这三种要素制度的重要组成部分，形成了一种制度文明的基础，并称其为制度的三个支柱。通过从制度的管控性、制度的规范性和国家文化的认知性三个角度研究制度产生的迫使力量，进而对一个企业的管理模式及管理特质产生影响。不同国家在制度文明方面的差异性造成了企业跨国经营中所要面临的重要问题。新制度主义认为，所有的社会系统和组织都存在于一个制度背景中，这个制度环境定义了一个社会现实。该理论不仅可以用于研究制度本身的特征，塑造组织结构，还可用来检测制度的决定因素，研究决定制度的文明所具有的特征。

探寻一种管理模式赖以产生的制度文明渊源，可以借鉴斯科特框架。有人说，新制度主义是个框，什么都可往里装——确实不假，斯科特的三层面所涵盖的内容太丰富了。如何来概述一种管理模式赖以生存的环境？尽管斯科特理论中的新制度主义研究框架已经接近成熟，但还是缺乏一个可资操作的简单形象的直观分析工具。

参考斯科特（2001）构架体系，本书提出如图 2-2 所示的立体式的"冰河模型"，用以形象描述一种管理模式赖以生存的文明环境以及基于一种制度文明的管理模式，依次分别是：显露于外的"积雪层"；若隐若现的"冰冻层"；隐藏于内、深不可测的"河水层"。各层之间也不是绝对的铁板一块，而是犬齿交叉，就像冰雪融化般相互渗透；文明、模式间也有相互渗透、排斥或强加的作用。

（1）"积雪层"——显性层面。白色的部分是模型的最上层，即"积雪层"。这个层面与外力相互接触、相互作用的程度最大，具有一系列显露在外的特征。

它往往是一个国家的管理控制体系，是可鉴别的结构性特征（如地理因素），主要涉及国家的政治体制和经济制度，通常是可以通过一定的法律条文、制度规范明确指出的结构性特征。"积雪层"涉及政治文化、法律文化、科技文化。

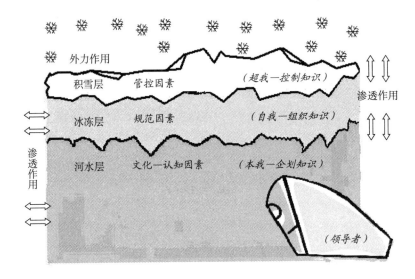

图 2-2　文化的冰河模型

注：图中正体楷体文字描述制度环境三层次；括号中斜体楷体文字表示管理模式三层次；航船中斜体文字表示基于该种文明管理模式的领导者特征。

资料来源：作者自制。

（2）"冰冻层"——若隐若现层面。浅灰色的部分是模型的中间层，即"冰冻层"。它介于"积雪层"和"河水层"之间。"冰冻层"一方面受到外力和"积雪层"的作用，凝聚河水冻结成冰；另一方面，它的本源还是河水，源自"河水层"，只是隐藏得比较浅显，易被人们发觉罢了。这一层次主要指的是社会文化中那一部分有时可以作为某些行为、言论等被人们感知，而有时则化身为意识、思想、道德底线等很难被人们察觉的"价值观"方面的内容。"冰冻层"涉及教育文化、社会组织文化、价值观文化。

（3）"河水层"——隐性层面。深灰色的部分是模型的底层，是隐藏在深处、很难触及的特征，即"河水层"。它位于"积雪层"和"冰冻层"之下，一般情况下很难被发觉。另外，水又是"冰冻层"和"积雪层"的物质来源。这一层次主要指的是文明的本源，是一种文明有别于另一种文明的根本表现，它是一种文明思想形成和发展的"哲学基础"和对世界认知的"基本假设"。这些哲学思想和基本假设是形成一个社会基本的价值观念和道德规范的基础。"河水层"涉及语言文化、宗教文化。

"冰河模型"是在整合"洋葱模型""睡莲模型""冰山模型"的基础上发展而成的：①基于"文明制度观"，而不是基于"文化观"；②它在继承洋葱、莲花和冰山比喻中的分层思维的同时，还强调了各个层次之间相互渗透的关系，特别是其中的"冰冻层"是上下"积雪层"与"河水层"共同作用的结果；③在模型中增加了外力的作用，进一步突出在历史发展过程中制度文明间的互动关系，为文化层次理论模型填充进了新的内容；④图中的外力强加、渗透交错抑或无作用三情景还预示了两种文明或管理模式之间的三种跨文化作用关系（强加、渗透、平行）；⑤"冰河模型"不仅适合于形象地描述一种制度环境或文明环境的状况（基于制度三层次），解释一种管理模式赖以生存的文明环境，还适合于形象地描述一个单体的状况（基于知识三层次），用来形象地表示一种管理模式。

第三节　基于"冰河模型"的管理模式与跨文化管理"新分析框架"

"管理模式"指的是建立在相应制度文明基础上的反映管理理论与实践的知识体系。一种管理模式的分析维度可以从多角度加以剖析，借鉴新制度主义的核心思想，从管理知识角度划分，管理知识体系一般拥有三种最基本的表现形式（范徵，2007）：

（1）超我—控制知识（Superego-controlling Knowledge）。控制管理的核心，涉及超我知识的转换。超我知识相当于显性知识的那一部分（如产品平台或信息平台），它可以独立于知识主体而存在，是组织知识中最易于转换和共享的那一部分，它易于编码和文本化。只有实现了编码和文本化，控制管理才有了依据。

（2）自我—组织知识（Ego-organizing Knowledge）。组织管理的核心，涉及自我知识的转换。自我知识相对于若隐若现的那一部分知识（如组织结构或工序流程），它是个人或组织在工作和学习过程中不断积累的经验和技能，不易被编码和模仿，需要选择恰当的渠道和方式实现它的转换，它不能独立于知识主体而存在。

（3）本我—企划知识（Id-planning Knowledge）。企划管理的核心，涉及本我知识的转换。本我知识是比自我知识更深层次的内容，它是知识主体在长期学习和工作过程中逐渐形成的潜在知识（如心智模式等），是一种不可言传而只能意会的知识，也是一种与生俱来的天生的才能，不易被模仿和转移，只能通过长期的潜移默化的形式实现在知识主体间的影响。企业价值创造主要来源于两个方面：经营理念和商业模式。两者都有赖于基于企业家心智模式本我知识的创造和创新。

上述企划、组织和控制是管理的基本职能；而企业"领导者"就是综合运用本我、自我、超我管理知识，通过企划、组织和控制职能以实现组织目标的人——这样，关于基于一种制度文明体系的管理模式特质的探讨方面的命题，就转换为对建立在该种制度文明基础上的反映管理理论与实践的"本我—企划知识""自我—组织知识""超我—控制知识"三知识体系的特质的探寻。这个分析模式与孔茨-韦里克（Koontz 和 Weihrich，1993）的分析框架接近，但比其简洁并更富有逻辑性。

但是，比较不是目的，跨文化比较管理学的真正目的应是提高跨文化管理的有效性，解决"如何做"方面的连贯命题。跨文化管理研究者如哈里斯和莫兰等的著作（Harris 和 Moran，1982；1987；2000），基本是教科书式的，也只是将一些经典的观点加以综合。而施耐德和巴尔索克斯（Schneider 和 Barsoux，1997）的研究提出了一个"处理文化差异的战略方法"，但他们没有对管理模式的鉴别做系统研究。事实上，跨文化比较管理学是互相连贯、简约、明了的分析框架的整合与创新——正如两条冰河间的三种关系（平行、汇入、交叉），不同文明或管理模式之间存有三种关系：互相排斥、渗透或强加。进而，跨文化管理有三种基本方式：平行/并存、强加/覆盖以及渗透/融合三种跨文化解决方案（范徵，2004）：

（1）"平行/并存"即地方本土化战略。指跨国公司将全球视为异质性市场，根据各细分市场的特征和消费者需求，设计和生产不同的产品或提供不同的服务和管理。

（2）"强加/覆盖"即全球标准化战略。意味着跨国公司将全球视为一个同质性的市场，在全球范围内生产与销售标准化的产品、服务和管理，追求规模经济的竞争优势。

（3）"渗透/融合"即全球地方化战略。通常指跨国企业在海外进行投资，与当地社会文化融合创新，运用双方都能接受的文化进行管理。

在这里，还需指出的是，制度因素三要素、管理模式三层面、跨文化管理三方法之间是存在有机联系的（见图 2-3）。适用强加战略的"行业—企业"因素组合情况是：最好是战略性文化差异小的公司间的收购，强势文化压倒弱势文化，它更多地体现为管理的超我知识层面，本身是一种强制性的管控方法。适用平行战略的公司的特质大致是一种控股公司的结构，或其海外业务部门一般在跨国公司中占有重要地位，让其适应东道国的情况自主经营，它要求更多地考虑组织的自我知识方面的因素，需要相互尊重的伦理规范支持。而当跨国公司价值链中的竞争优势主要来源于企业的下游活动并面临着较高的全球化压力，或者其竞争优势来源于企业的上游活动并且面临着较高的地方化压力，跨国公司则应兼顾全球化和地方化的双重战略即渗透战略，它涉及对本我层次隐含管理知识方面的认知与融合。适合此战略的公司特质一般是联盟企业，许多合资的联盟方式采取了此种融合式的跨文化管理方式。

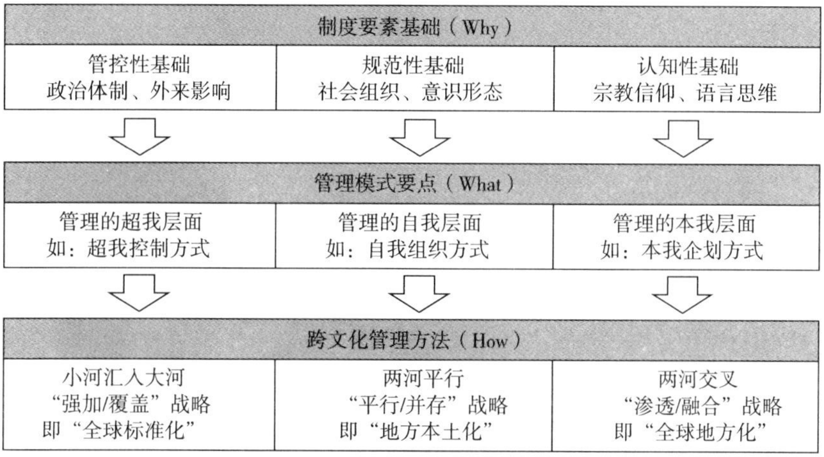

制度要素基础（Why）		
管控性基础 政治体制、外来影响	规范性基础 社会组织、意识形态	认知性基础 宗教信仰、语言思维

管理模式要点（What）		
管理的超我层面 如：超我控制方式	管理的自我层面 如：自我组织方式	管理的本我层面 如：本我企划方式

跨文化管理方法（How）		
小河汇入大河 "强加/覆盖"战略 即"全球标准化"	两河平行 "平行/并存"战略 即"地方本土化"	两河交叉 "渗透/融合"战略 即"全球地方化"

图 2-3　基于制度理论的跨文化管理分析框架

资料来源：作者自制。

第四节　"积雪层"文化三个层面：政治、法律、科技

"积雪层"文化环境包括政治文化、法律文化、科技文化三层。下文分三部分分别概述其内涵和所涉及的思考维度。

一、政治文化环境

可以从两个层面来分析国际商务所处的政治环境：首先，从全球层面分析作为整体的国际政治体系，即国际政治或国际关系；其次，从国家层面，不仅着眼

于国内的政治环境，还关注于不同国家政治环境的差异。实际上，这两种层面是相互交织的，跨国公司必须同时注意与东道国（Host Country）和母国（Home Country）的关系，还需要关注其东道国和母国之间关系的变化。母国是否允许其公司在其他国家运营受到两国政府间外交政策的影响，一国不批准其企业去其他国家运营也属于外交政策范畴。跨国公司必须要关注东道国之间的关系。

1. 全球范围的政治环境概念

（1）国际政治体系。国际政治体系和国内政治体系的立法执法机关大不相同。它既不处于简单的无政府状态，也不是由正式、严苛的上下级从属关系组成。虽然从普遍意义上来说，国际政治体系是一个"体系"（一些政治团体的变化会引起该体系中其他团体的变化）。但是，从各国的关系来看，该"体系"并不是一个紧密联系的整体。因此，国际政治体系只是包含了国家之间的和解、协商、服从、威慑、威胁等关系。国家之间关系的变化会通过外交官的言语和举动表现出来。各个政治团体可以被视为国际政治体系的行为体。"国家"仍是国际政治体系中的主要组成部分，但不是国际政治体系中的唯一组成部分。在国际政治体系中，"国际组织"以及"跨国政治团体"是除国家外的两大重要政治团体。

（2）国际政治体系中的行为体（一）：国际组织。国际组织必然会影响国际政治。根据是否由政府间的协定而设立，国际组织可分为国际政府间组织和国际非政府组织。例如，联合国和欧盟就属于国际政府间组织；国际妇女同盟以及国际自由工会联合会则属于国际非政府组织。虽然这两者在国际政治中都起到重要的作用，但是国际政府间组织更为重要，而国际非政府组织需要通过劝说各国政府改变它们的政策。国际政府间组织的效力受限于国家参与政治活动的自愿性。位于海牙的"国际法庭"可以审理涉及不同国家的案件，但前提是案件所涉及的各国自愿提交争端接受审理。通常来说，国际法庭的审判是"非约束性的仲裁"，需承受非正式的国际舆论的压力。联合国、国际货币基金组织和世界银行等国际政府间组织的影响力更大，许多国家一起联合参与国际政治，影响国际政策。

（3）国际政治体系中的行为体（二）：跨国团体。一般来说，跨国组织在功能上很特别，它所追求的利益很明显，例如：追求其成员的利益和福利最大化。这些跨国组织着眼于特定的目标，实施超越国家界限的最优化战略。若要理解国际政治环境，我们必须接受数量庞大的跨国政治团体的存在，并理解它们是如何影响国际政治体系的。大型工会和跨国公司等非政府国际组织基于自身利益或者迫于政府压力而参与国际政治。跨国公司的运营经常会受到母国和东道国外交政策的影响，有时社会运动和新闻媒体也会参与和影响跨国政治。

（4）政治、经济和科技一体化。尤其自"二战"结束以来，国际社会在政治一体化和国际公司的发展上做了很多尝试。主要的成果有欧盟、国际货币基金组织和联合国。然而，如今世界各国致力于维护主权，政治一体化和跨国公司的发展进程可以说是缓慢的。

（5）帝国主义国家和附属国。人们会认为跨国公司和民族国家一样有"帝国主义"扩张行为。之所以跨国公司会遭到敌视，是因为它们被视为"后殖民时期的帝国主义"。许多第三世界国家也认同依附论，将其作为其政治意识形态的一部分。因此，对于在第三世界国家从事国际贸易的人来说，了解该理论是非常重要的。我们听说过经济帝国主义、政治新帝国主义、文化帝国主义和信息帝国主义，它们对应的是经济、政治和社会文化上的依附。也就是说，这是一国从政治或经济上直接或间接地主导另一个国家的理论表述。

2. 国家层面的概念

（1）控制、权力和政治体系。政治的作用即处理在社会生活中由于不公平的控制而产生的问题。不同的人、不同类别的人以及不同群体的人对于特定的有形资产和无形资产的控制是不平等的。无论控制的来源是什么，这都是由权力支撑的，这里的控制指的是对其他人以及其他人表现的控制。权力的不同导致了反对、矛盾和变化。政治体系对这些过程进行管理。

（2）合法权力。权力行使得当能够更高效地利用社会资源。权力拥有者若拥有"经授权"，他所行使的权力会被视为"合法的"。"政权"是一个国家的政体的统治体制，或者一个特定的行政管理当局。政权也可指一个社会的制度，或者一个社会的秩序。政权也指掌握国家主权的政治组织及其所掌握的维护社会统治和管理的政治权力，以维护对社会的统治和管理。人们习惯于合法的政权统治，在该政治体系中，权力分配于各正式的组织，不同的职位享有不同的权力和义务。处于这些职位的人在特定的领域有合法的权力进行决策。个人不能越权公开或隐蔽地行使权力，权力的合法性依附于职位而不是个人。"主权"是一个国家对其管辖区域所拥有的至高无上的、排他性的政治权力，语言文字以及文明的独立都是主权的体现，主权的法律形式对内常规定于宪法或基本法中，对外则是基于国与国之间的相互承认。因此它也是国家最基本的特征之一。国家主权的丧失往往意味着国家的解体或灭亡。

（3）国体与政体。"国体"（State System）是指国家的性质，亦称国家的阶级本质。具体地说，就是社会各阶级在国家中所处的地位。统治阶级的性质决定着国家的性质。政治体制，也即"政体"（Form of Government），为国家的政治、统治形态，是国家政治体系运作的形式。一般指一个国家政府的组织结构和管理体制。在不同的历史时期、不同的国家和地域，政治体制都不尽相同。

（4）国家利益和国家目标。国家所做决策是为了维护其国家利益。为了维护国家利益可以封锁信息，也可以控制外国资本。国家基于国家利益确立其目标。国家的目标有很多种，以下几种是最常见的：一是自我保卫。无论对个体、部落还是国家来说，这都是最主要的目标。虽然实际上不可能获得绝对的安全，国家尽最大的努力维持安全、减少威胁。二是社会发展。国家致力于完善人民的生活条件和提升人民的福祉。三是声誉。国家为了获取更高的目标而追求声誉。四是意识形态的发展。国家往往致力于维护一种意识形态。在冷战期间，美国出于对其国家安全利益的考量，致力于输出资本主义制度，抵制苏联的社会主义制度。五是权力。一国想要比别国拥有更大的权力。商业公司要想高效地和当地政府办合资企业，出于降低政治风险的考量，须与政府的目标紧密配合。

二、法律文化环境

说起法律，我们通常只会想到那些已经成文的法律，但这未免有点太过狭隘了。例如，许多政府主体会签发具有强制性的"规则和规范"，而这些并没有列入立法的范围中。同样地，许多"惯例、禁令和习俗"即使没有被列入国家成文的法律体系，却同样具有法律强制性。尤其是在那些欠发达国家，与"惯例、禁令和习俗"相比，成文法律扮演的角色反而不是最重要的。一些国家，直到殖民统治进入之前，也没有一部像样的成文法律出现。同样地，成文法律在英美法系国家的重要性也不如在大陆法系国家。

1. 英美法系 vs. 大陆法系

从某种程度上来说，世界的殖民历史伴随着全球法律体系慢慢分裂演变成两大主要流派——英美法系和大陆法系（见表2-1）。英美法系发源于英国，盛行于英国、美国以及其他深受英国影响的前殖民地国家。大陆法系则基于罗马法律，盛行于世界其他国家。

表2-1 英美法系 vs. 大陆法系

比较项目	英美法系	大陆法系
法律渊源	判例为主	法条为主
论证方法	归纳	演绎
审判权	法官与陪审员分工	审判人员统一行使
证据来源	人证为主	书证为主
审判模式	律师主导	法官主导

资料来源：作者整理。

（1）英美法系（或称普通法，Common Law System）。非常重视传统，即为对法律在某一话题上含义的解释通常深受该领域内先前的法律判决的影响，同时参考适用性和习俗。英美法较少依赖具体法规法条，而是较为看重先前判例和判决。如果没有确切的法律先例或规定可查，英美法会要求法庭判决。想要理解英美法系国家的法律，就必须学习所有类似情景的先前法院判决和法规。

（2）大陆法系（或称守则法，Civil Law System）。则是根据各主题项下全面综合的法律编制形成法典。大陆法系国家意欲将各种可能的法律问题都写在法律里，而不是依赖先前的判决或者法院解释。"法律文书"在守则法国家非常重要，但也必须做到面面俱到，可能会有一些通用性弹性较大的规定，允许适用于许多事实和环境情景。由于大陆法不依赖于先前法院判决，同一法律的不同应用可能产生不同的解释。这会给管理者带来一些不确定性，即使法律本身看上去是确定无疑的。大陆法系是罗马法典的直接遗产。其盛行于欧洲大陆，以及与英格兰没有太紧密联系的其他国家。因此大陆法系国家数量比英美法系国家要多。许多民法体系深受法国、德国和西班牙体系影响，这是由于先前殖民地或其他亲密联系。例如，德国法典深刻影响了条顿和斯堪的纳维亚国家。

对跨国业者来说，英美法与大陆法之间的差异非常重要。一方面来说，商业活动在守则法国家是被区别对待的，因此那些国家对于商业活动有特别规定。另一方面来说，这样一部单一法则可能意味着商业问题的众多理解，而如果书面法典已经过时，就可能不再适用于现行商业实践和需求。在此情况下，英美法更灵活和具适应性。一些英美法系国家，如美国和英国，也都编纂了他们的商法典，由此弱化至少是涉及商法项下两种法律体系的不同。例如，美国有统一商业法典。

通常来说，大陆法系国家相较于英美法系国家而言，实行着更为严格且遵照字面解释的法律。该不同侧重点的一个例子就是商标注册法规。在英美法系国家，商标的所有权是"由实际使用来优先决定"的，即"谁先用谁就拥有"，在大陆法系国家，拥有权必须"优先由注册来决定"。一个带着注册商标搬到守则法国家的公司会发现一些当地居民已经率先对这些商标名称进行了注册。于是公司便无法使用这些商标，除非从那些当地注册者手里把商标所有权买回来。而在一些国家，不道德分子就是靠注册外国商标并卖给准备进入当地市场进行销售的跨国公司进行牟利。虽然合法，但这种商标侵权行为还是颇为可耻的。

2. 东道国法律 vs. 母国法律

国际商务面临着东道国与母国的法律差异。因为法律反映了那些孕育它们的文化，所以在不同国家的法律中找到极大差异性就不足为奇了。如果不同社会对于其个人及团体的行为持有不同的态度，相应地用来规范那些行为的法律也会有所不同。比如说，任意两个国家的刑法、婚姻法和商法都不太可能完全一样。影响国际商务的母国-东道国法律考量方面如下：

（1）投资、贸易法。急于引进外资的东道国一般对外商投资的境内法人企业（独资或合资）给予一定税收优惠。母国一般对出口企业实施退税政策，对进口实施关税政策。

（2）环境法。东道国一般会对环境污染项目的引进设有"负面清单"。母国出于政治方面的考虑，一般会对跨国公司有一些出口、投资方面的管制。

（3）劳工法。东道国与母国关于工作时间、工会、雇佣合同、工资方面的规定存在差异。

（4）反垄断法。"国际反托拉斯法"是国际或涉外经济活动中用以控制垄断活动的立法、行政规章、司法判例以及国际条约的总称。国际反托拉斯法是针对跨国垄断活动有效进行斗争的法律手段。从广义的概念来看，垄断活动同限制性商业惯例（"限制"指限制竞争）、卡特尔行为以及托拉斯活动含义相当；从狭义的层面来看，国际的限制性商业惯例是指在经济活动中，企业为牟取高额利润而进行的合并、接管（狭义的垄断活动），或勾结起来进行串通投标、操纵价格、划分市场等不正当的经营活动（狭义的限制性商业惯例）。它由国内法发展而来。

（5）反倾销法。反倾销法是指对外国商品在本国市场上的倾销所采取的抵制措施。一般是对倾销的外国商品除征收一般进口税外，再增收附加税，使其不能廉价出售，此种附加税被称为"反倾销税"。WTO《反倾销协议》规定，对倾销产品征收反倾销税必须符合三个基本条件：第一，确定存在倾销的事实；第二，确定对国内产业造成了实质损害或威胁，或对建立国内相关产业造成实质阻碍；第三，确定倾销和损害之间存在因果关系。按照倾销的定义，若产品的出口价格低于正常价格，就会被认为存在倾销。所谓"正常价格"通常是指在一般贸易条件下出口国国内同类产品的可比销售价格。如该产品的国内价格受到控制，往往以第三国同类产品出口价格来确认正常价格。

（6）隐私法。美国是世界上最早提出并通过法规对隐私权予以保护的国家，美国在1974年通过《隐私法案》（*Privacy Act*），1986年颁布《电子通讯隐私法案》，1988年又制定了《电脑匹配与隐私权法》及《网上儿童隐私权保护法》（*Children's Online Privacy Protection Act*）。"TikTok被封禁事件"案例所忽略的即此方面的法律。德国联邦议院在1997年通过了全面调整信息时代新型通信媒体的法律——《多媒体法》，其中对个人隐私权和自我决定权进行了详细规范。加拿大从2001年1月1日起实施《个人信息保护和电子文件法案》，根据这项法律，所有收集信息数据的网站必须向它们的客户说明是谁在收集信息及为何收集信息。

3. 国际组织与国际法

国际法与国家法律完全不同。其中一个原因就在于并不存在一个国际立法主体来制定这些国际法，而仅仅是"两国或多国间签订的一堆协议、条约和约定"。因此，国际法与国家法律的文化溯源不同。然而这也确实导致跨文化的冲突和调整，并会形成国际商业环境中重要的特性。

另一个不同则在于强制执行的可能性。国家都有各自机制以保证自己的法律得以强制执行。但是国际上却不存在这样一种机制。例如，"世界法庭"同时因其声望和不作为而出名。在国家主权事务上，国际法依赖于其强制执行力。即使确实存在某种国际协议，一国也不能强制执行来对抗另一国。

国家法律和国际法之间还有一个主要区别就在于其所覆盖的主题范围不同。国家法意在规范本国国民及居民的行为。而从传统来说，国际法只关注国家间的关系。鉴于政治军事协定和条约组成了国际法的主体，其当下所覆盖的主题范围也更广了，包括国际贸易和投资、税收、国际劳工问题、专利及其他相关领域。

三、科技文化环境

社会上习惯于把科学和技术连在一起，统称为科学技术，简称"科技"。实际二者既有密切联系，又有重要区别。科学解决理论问题，技术解决实际问题。"科学"（Science）是指一套旨在解释观测现象的理论框架中的概念体系。"基础研究"（Basic Research）有两大目标：解释现象和完善理论框架。而当术语"research"出现在"Research and Development"（R&D）中时，那么后者中的"Research"指为提高现有产品/服务的质量或开发新产品/服务而开展的研究；"Development"是指提高制造产品/提供服务技术的活动。新的开发是一种发明和创新。"发明"（Invention）将曾不相关的想法或物体聚集在了一起；"创新"（Innovation）是"发明"彼此进行社交的过程。创新在国际技术转移过程中尤为重要。将"国际技术转移"类比为交流的场合，信息（技术知识）被发送者（技术转让方）转移给接收者（技术受让方）。

一种文化的"技术"（Technology）定义了什么是自然资源以及什么是开采并转移自然资源到所需产品的实用手段。然而出现以下两种情况时则存在问题：一方面，发送者和接收者身处不同的国家文化、商业文化或者是在同一国内不同的公司文化中，那么沟通可能会被扭曲；另一方面，存在多个接收者时，如果是转移给私有公司需要先得到东道国政府的许可。对于谈判而言，了解国际技术转移中参与双方的技术差异至关重要。一家公司决定是否参与国际商业经营的一个主要考量是公司能从所投资的技术中获利的多少。技术差异越大，公司的议价能力就越高，公司所处的战略维度也越高，所能拿到的拨款也越多；相反，技术差异越小，国家的议价能力越高，公司也会以国家回应的方式进行议价，能拿到的拨款也就越少。

当今技术在全球的扩散传播与跨国企业联系甚密。在技术的诞生、应用和全球性转移上，跨国企业可能是最为重要的代理人。技术的全球性转移从来就是一个全球政治问题。对于东道主国家，转移"适于发展的技术"是一个关键问题。

（1）产业结构。当国家想要增加其国民收入时，产业结构的移动是从第一产业（农业）到第二产业（工业，包括制造业）再到第三产业（服务业）。相较于较高收入国家，较低收入国家的农业对其 GDP 的贡献更大；而在较高收入国家，工业和服务业的贡献更大。在全球经济中，后工业化的发展是必要的。服务型国家或者后工业化国家可能被归类为高收入国家，而不是工业化国家。

（2）能源生产。人类学家研究了技术系统所利用的能源数量和社会组织的复杂性二者之间的关系。在众多测量手段中，一种清晰的、被称为"技术—环境优势"的测量为：在生产中每消耗一卡路里所生产的卡路里数的比率。技术—环境优势越高，表示在生产能源中对消耗人力或者生物力的依赖就越低，对于无生命的能源资源（化石原料、风、水、蒸汽、生物质和机械设备）的依赖就越高。生产的能源越多，社会就变得越复杂；社会系统的范围扩展，社会结构的复杂性也增加。因为越来越多的人从直接参与谋生生产中解放出来，社会角色变得日益多元化。

（3）工业基础设施。反映一个国家的技术发展的另一个指标是工业必需的基础设施。对于采购原料、物品分布来说，在用机动车辆的数量、商船舰队的大小和铁路运输的规模（人均）都是消费者移动性和运输的便利性的大致反映性指标。能源消耗尤其与一个国家的工业生产紧密相关。

（4）通信基础设施。人类技术进步的第三主要阶段以信息的处理和通信为标志。跨国公司通过控制每一个职能部门的战略信息来获得比当地公司更大的竞争优势，如国际营销情报、在全球低成本地区的生产选址、对于分散的生产点的国际物流管理、在总部和子公司系统下的现金流的国际财务管理（以便最大化税后、关税后的收益，最小化货币风险）、根据各国经验进行国际促销的投入等。一家公司能够在多大程度上执行战略信息的使用部分取决于在经营国的通信和基础设施的发展程度。子公司之间或者子公司和总部之间等公司内部的沟通也同样取决于当地的设施。通信基础设施的多样性与其经济发展水平一致。日本和西欧国家以及北美属于所有通信媒介都较为发达的国家和地区，在非洲和拉丁美洲的发展中国家相对薄弱。同样，一国通信基础设施受到国家的主权保护和管辖，例如，沃尔玛的通信卫星在中国的使用便受到了限制，"阿里关于技术漏洞报告两头不讨好事件"的案例也说明技术受到文化和政治的限制。

（5）研究和开发。同一行业竞争性的分析员经常使用"市场占领份额"来作为说明长期竞争优势的指标。对于研究和开发的投入也可以作为研究未来竞争优势的方法工具。术语"研究和开发"（R&D）一般表示"自主的"研究和开发。为获得更精确的认识，还有其他测量指标：国内人均发明专利数（不是注册）、过去诺贝尔奖获得者的数量、科学期刊和会议的数量，等等。

第五节　"冰冻层"文化三个层面：教育、社会组织、价值观

"冰冻层"文化环境包括教育文化、社会组织文化、价值观文化三方面。下文分三部分分别概述其内涵和所涉及的思考维度。

一、教育文化环境

跨国公司面临教育环境的核心是不同文化中的教育系统是不一样的。即使在不同的发达国家中，通过教育来传达一个相似的信息，所使用的教育材料的重点也会因文化体系中价值观的不同而侧重各异。当不同社会对生态环境、技术和产量的需求不同时，教育的要求也会相应有所差异。总的来说，教育体系需与涉及人的行为、人与环境的关系、人神关系的文化假设相一致。当一个国家要改变其教育体系或者一个企业要实施一项培训时，尤其要留心这个原则。发展所涉及的基础设施包括但不限于一个国家的交通、通信、公用事业设施的质量和数量。通过教育而发展出的"人力资源"也属于其基础设施的一部分（"中土集团亚吉铁路项目"所涉及的就是此种教育和人力资源方面的问题）。

"教育"（Education）狭义上指专门组织的学校教育；广义上指影响人的身心发展的社会实践活动。"教育"一词来源于孟子的"得天下英才而教育之"。拉丁语"educare"是西方"教育"一词的来源，意思是"引出"。教育者按照法律法规和行业规范，根据学校条件和职称，有目的、有计划、有组织地对受教育者的心智发展进行教化培育，将其现有的经验、学识授人，为其解释各种现象、问题或行为，以提高受教育者的实践能力。教育的根本是以人的一种相对成熟或理性的思维来认知对待事物。人在其中，慢慢对一种事物由感官触摸到认知理解的状态，并形成一种相对完善或理性的自我意识思维。

教育是一种"思维"的传授，而人因为其自身的意识形态，又有着别样的思维走势，所以，教育当以最客观、最公正的意识思维教化于人，这样，人的思

维才不至于过于偏差，并因为思维的丰富而逐渐成熟、理性，由此走向最理性的自我和拥有最正确的思维认知，这是教育的根本所在。教育也是一种教书育人的过程，可将一种最客观的理解教予他人，而后在自己的生活经验中得以形成自己的价值观。教育是一种提高人的综合素质的实践活动。

1. 教育类型

（1）家庭教育。家庭教育通常是指在家庭生活中，由家长（其中首先是父母）对其子女实施的教育。家长有意识地通过自己的言传身教和家庭生活实践，组织子女进行具有一定教育影响的社会活动。按照现代观念，家庭教育指生活中家庭成员（包括父母和子女等）之间相互的影响和教育。家庭教育是整个教育的基础和起点，是对人的一生影响最深的一种教育，它直接或间接地影响了个人人生目标的实现。家庭教育作为社会、家庭、学校"三位一体"教育网络的重要组成部分，越来越受社会各界的重视。

（2）幼儿教育。幼儿教育主要指对 3~6 岁的幼儿所实施的教育，幼儿教育是学前教育或说早期教育的后半阶段，向前与 0~3 岁的婴儿教育相衔接，往后与初等教育相衔接，因此，幼儿教育是个人教育与发展的重要而特殊的阶段。重要在于幼儿教育是个人发展的奠基时期，许多重要能力、个性品质在这个时期形成基本特点；特殊在于这个阶段是儿童身心发展从最初的不定型到基本定型，转而可以开始按社会需求来学习并获得发展的过渡时期。

（3）正规教育。正规教育是由社会、群体或私人开设课程教育人们，对象通常是年轻人。正规教育较为系统完整，涉及初级教育、中等教育和高等教育（含本科及研究生教育）。正规教育体系传授"理想"或"有价值的知识"，但有时会出现滥用的情况。教育还会助力经济发展，一些学者从世界上较发达经济体的历史数据入手，研究了以下相关性：①初级、中级及高等教育入学人数比总人口数。②经济发展水平。将不同教育普及水平与经济发展相关联，前后差距为 8~12 年。由此提出教育投资（最优教育组合）的理念，期望可以由此激发发展中国家的经济增长水平。另外，高等教育入学率与实际人均收入增长率（在初等教育普及之后）的相关程度令人惊讶。近年来，研究生专业学位工商管理（MBA）教育的普及也被认为是"印度人在硅谷崛起"的主要原因。

（4）成人教育。成人教育在于向社会中的成人进行有系统持续的学习活动并促进其知识、态度、价值和技巧上的改变。早期成人教育曾被认定为扫除"文盲"，教导民众基本读、写、算术技能的活动，逐渐拓展至因技术变迁的需要而提升个人知识能力为目的的教育。当代成人教育包括工商管理硕士（MBA、EM-BA）和企业培训等。

（5）高等自学教育。针对在职人群，因工作上的学历需要却没时间进行脱产学习，在工作期间自学并通过"国家统考"的教育方式。

（6）开放教育。以学生和学习为中心，取消和突破对学习者的限制和障碍，对入学者的年龄、职业、地区等方面没有太多的限制，学生对课程选择和媒体使用有一定的自主权，在学习方式、学习进度、时间和地点等方面也可以由学生根据需要决定；在教学上采用面授、多种媒体教材和现代信息技术相结合的手段等。

（7）远程教育。通过互联网等方式进行授课的方式。终身教育或成人教育在许多国家已经非常普及。但在某些国家"教育"还被看作儿童的事，成人教育经常被认为"成人学习"或"终身学习"。受新冠肺炎疫情影响，线上远程教育成为主流。

（8）国际教育与留学。为了鼓励本国公民学习外国先进技术，也为了使外商子女能够在东道国接受教育，各国也在大力开展出国留学和国际学生教育。

2. 人才外流

"人才外流"指受过良好教育的人才从发展中国家流入工业化国家。较小经济体未能向其教育程度较高的人才提供有竞争力的岗位，人才外流的程度有待探讨。1982 年联合国贸易和发展会议（UNCTAD）的一个研究呼吁对蒙受此类人才外流损失的发展中国家进行补助并将损失量定为每年数十亿美元。那些接收高素质移民的国家质疑此数额。难以否认的是，所移民的是发展中国家教育程度高且最有天赋的那群人，因此，他们的离开是一种损失。情况到了"亚洲四小龙"（新加坡、韩国、中国香港、中国台湾）则发生了反转。韩国宣称，20 世纪 80年代初期的全球经济衰退对于扭转人才外流起到了积极的作用。

3. 功用性读写能力的概念

联合国设立了一个教育项目来帮助希望改善其教育系统的欠发达国家。这当中未被明说的前提则是规范的教育会带来经济的发展。联合国教育项目的主题和主要目标如下：成年人的功用性读写能力；男性与女性受教育的平等权利；中级、高级人才的发展项目；中学教育和高等教育的民主化；在中学和高中教育中，从选拔过渡到有指导地选择；帮助教育（包括普通教育和专业教育）适应现代社会的需求，尤其是在乡村地区；教学研究的发展；引入并保持教师训练。

这个项目关注"功用性读写"，因而意义非凡。读写本身可能并不十分有用。学习阅读是很好的，但是阅读是一项如果不常常练习便会很快遗忘的技能。功用性读写适用于学生的日常生活，因此学生很快就能将课堂所学的知识运用到日常生活中。发展读写项目的一个关键问题是选择语言。学习最好是用母语进行，但是关于科学和商业的语言很多是欧洲语言和日语，因此，很多欠发达国家开设的教育项目一定是双语的。

功用性读写是一种工作导向性的读写。它强调在日常生活和工作中运用阅读、写作和算术。学生所获得的读写能力因此可以和工作相结合。比如，农民最先学习农业词汇。因此，推动读写能力也帮助了工业的和农业的发展。在这个体系中，教育者发明了一套"每个人的学校"年鉴：这套年鉴描述了关于本土文化传承的故事，例如如何通过观察牙齿来确定一头牛的年龄的图表，等等。巴西的马布洛项目是为不识字的工人和农民设立的一个成人教育项目。该项目于1970年设立，项目的运行并不昂贵（大约每人10美元），因为所需的设施很简单——只有少量的教室，而且一群致力为该项目服务的教师只需很低的报酬。课程往往是在晚上工人们下班或农民们劳作回来之后开始。由于这个项目的目标是提高人们在土地和工厂里的工作效率，所以项目着重于教授一些实际的问题，比如阅读、算数及写信。

二、社会组织文化环境

企业在开展国际商务活动的过程中均需考虑东道国的社会组织关系，毕竟外国顾客在商务活动中更倾向诉诸本国的社会组织。商业活动的参与者，如出口贸易的代理商、合资企业合作伙伴、供应商、子公司员工、国外顾客等，都已习惯本土社会关系的行为准则。东道国的参与者们也希望外国企业在商业经营活动中采用东道国的行为规范。

由于本国与东道国在社会组织、社会关系方面存在或多或少的差异，因此国外社会组织对跨国公司的经营状况有着重要的影响。面对国外社会组织这一宽泛的主题，很难做到面面俱到。本部分将详述与企业跨国经营关系密切的几个方面：亲属关系与商务关系、社会群体与组织行为、等级制度与管理精英以及世界各地的工会等。

1. 亲属关系与商务关系

（1）家庭。家庭单位也是多种多样的。有由父母与孩子构成的"基本家庭"，也有"单亲家庭"。不同类型的家庭具有各自的购买行为，从而促成制定具有针对性的营销策略：肯德基在中国的成功运营，与当初的"计划生育"国策也有一定关系；"集体购买"是大家庭常有的购买方式。然而，人类学家发现，在数代同堂的大家庭中，基本家庭有"各自单独的厨房"，因此会有不同的采购需求；国际营销人员还应该注意"家庭决策中隐性与显性权力的分配模式"。外国人常常惊讶于男性在第三世界国家拥有的明显优势。美国文化背景下，公开支配优先于隐性影响；在有的文化中，可能幕后行为更受欢迎与尊敬。斯里兰卡北部农民与渔民家庭中，表面上男性掌握绝对权力，女性处于从属地位，而实际上，很多重要的决定，女性的参与程度与话语权并不次于男性。

（2）家族企业。在忠于血缘关系、专业管理不被广泛接受以及对陌生人信任程度较低的社会，家族企业盛行。在前工业化社会和当代西方社会的非工业化行业，个人通过亲属关系谋求生计。在前工业化社会，贸易活动也是通过广泛的亲缘关系开展的。利用家庭和亲属关系网组织商业活动是亲属关系功能的延伸。家庭成员不一定是毫无保留的信任，但是他们是熟悉的，他们之间的行为也是可观察到的。当与家族企业合作时，海外管理者是否会有被拒之门外的感觉？局外人开始可能会面临文化冲击，但在国外环境下可以找到高度可预测的行为模式。一个带着已被承诺的标准流程图的外国人，可能会发现有"不速之客"出现在了他前面。

2. 社会群体与组织行为

每个人类社会都是有目的性的群体活动。不同之处在于群体间及群体内的交互风格。有些社会中的群体具有个人主义倾向，有些具有集体主义倾向；有的社会群体竞争多于合作，有的则反之；有的社会团体提倡非正式的、参与性的互动，有的则提倡正式的、等级分明的互动。此外，决策制定时权力集中程度各不相同。美国企业多是个人主义、具有参与性，并且是提倡竞争的，因此其海外经理要根据东道国情况做出适当的调整。

3. 等级制度与管理精英

当美国人谈及等级制度时，常使用"社会阶层"（Social Stratification）这一术语。然而这个词在一定程度上反映了文化偏见。如美国对"等级"这一单词的界定，等级是竞争世界中的成就问题。适者应当不仅是生存，而更应该成为佼佼者。"社会达尔文主义"的意识形态是构成美国社会等级的基础。在世界上的许多地方，人们持有这种截然不同的生物等级论。社会宗教观念认为，等级是内在的、生物遗传。这一观念与18世纪拉马克的思想十分接近。拉马克认为，个人特征具有生物遗传的特性，这意味着社会等级天生而定。

随着东道国希望国外企业可以雇用尽可能多的本土员工，东道国管理人才的质量与数量成为跨国公司高管关注的焦点。研究发现，在许多发展中国家，高质量职业经理人匮乏，部分是由于商业人员的社会地位相对较低。在中国，行政人员的地位远高于商人的地位，改革开放后的首批资产阶级即产生在"三资"企业的白领；在印度，牧师和统治者的地位高于商人的地位。在殖民时代，本土商人曾被视为殖民统治的代理者。

4. 世界各地的工会

了解当地工会的商业文化是企业海外投资的必行之事。不仅仅是因为工人是商业活动中重要的一部分，更是由于历史上工会在众多国家的政治经济中扮演了重要的角色。跨国经理需铭记的一条准则是，无论处在何种发展阶段，对外经营实际上是与东道国政府作为第三方谈判与工会进行劳资谈判的过程。当政府目标与工会目标相冲突时，企业将处于左右为难的境地。

（1）美国、欧洲的工会。在美国，工会是一个营利性的且与公司管理层相抗衡的组织（这在"福耀玻璃工会风波"案例中可见一斑），工会通过集体协商与行动维护所谓的工人权益。然而，现代欧洲工会的成立则以社会转型为目标。相对"利益集团"这一定位，欧洲工会在更广阔的范围内发挥着作用。考虑到其活动除政治运动外，还涉及娱乐休憩、教育培训等工人生活的方方面面，欧洲工会的核心更多的是社会运动。历史上，欧洲工会通过集体行动寻求并实现一系列政治目标，如反对封建主义、争取选举权等，因此，相对于美国工人，欧洲工会成员拥有较高的社会团结意识。欧洲工会与政党及意识形态密切相关，尤其是社会主义。

（2）日本的工会。日本工会反映的是明显的日式家族性社会组织体系。日本工会强调终身雇佣制、年工序列工资制以及对公司的忠诚。比如，除兼职员工外，终身雇佣制对妇女来说并不普遍。然而，相对西方国家工人与管理层之间极具对抗性的关系而言，日本公司的上司和下属之间已建立了更为密切的联系。此外，日本工会仅限于单一企业内部，最多凭借有限的权力松散地联合全国产业工会。产业工会又隶属于四个主要的劳动中心，同欧洲一样，这四个劳动中心扮演着重要的政治角色，影响着政府政策的制定。

（3）发展中国家的工会。在发展中国家，工会制度更多的为一种政治与经济变化的关键力量。跨国企业经理必须明白，发展中国家工会提出的经济需求是以带来社会政治变化、提高人们生活水平为最终目标的。

5. 工业化与城市化

政治、经济、社会、意识形态的变化以一种复杂的方式相互作用着。在这些变化巨大的领域，国际商务面临着巨大的挑战与威胁。

工业化引起社会变化，反之亦然。人们认为工业化使生活水平变化成为可能。工业化社会中，人们的价值观发生变化，他们希望通过改变社会关系来提升其生活水平。然而，通常情况下，因果关系反向而行。工业化给家庭带来诸多社会变化，如妇女和年轻一代的角色地位、家庭迁移率、生活方式、城市迁移等。

伴随着工业化的进程，诸多社会变化悄然而至，其中一些最为显著的变化发生在家庭中。试想，当传统家庭中的妇女和年轻成员寻求并获得独立的社会经济基础时，会发生什么呢？工业化需要迁移，亲属间交流联系的频率和亲切感降低；代际之间生活方式的差异凸显。社会流动使一些亲属成员快速升级，将其他成员甩在身后，致使交流联系更加困难；城市中，家族的一些功能更多地被专门机构和商业企业所替代。比如：孩子可以被送到托儿所去照顾，孩子们从祖父母那里接受的学前教育越来越少，更多的知识是从"芝麻街"等类似的少儿节目中获取；老人可以被送到养老院养老，一家人可以到快餐店吃早餐等。依靠家庭关系寻找工作不再可行。工业化社会中，工作变得更为专业化，亲属不大可能获取合适的岗位信息，或是不大可能在安排人员方面起到充分的作用。

全世界大约 9/10 的人聚集生活在 1/4 的陆地上。除去人口增加这一因素，城市的增加与扩张在很大程度上取决于科技的发展：工业基础设施地理集中的经济性；医疗技术保障高密度的城市生活；交通科技为人员、货物、事物的运输移动提供保障；迅速发展的通信设备；以及工农业间日益拉大的收入差距。为了避免城市基础设施服务超负荷，政府采取补贴、降税及其他工业激励措施使公民不离开非城市区域。尽管附近的工商业中心极具吸引力，外国公司却越来越多地倾向于定位于非城市区域，以便享受其激励福利。除激励措施的货币价值外，企业发现定位在发展区域可以提升企业在东道国的价值及其安全度，降低来自城市群体的政治对抗。

三、价值观文化环境

价值观指导社会上的人们有选择地处理一些事情，同时把其他一些事情当作次要的。作为一个文化外来者，你常常会发现你认为合理和适当的标准和原则在特定环境下是不合适的，这时候你就会得出结论，你成为个人恩怨是非的目标，这种结论是极其错误的。花时间研究一下你的合作对象是否有不同的"优先选择"是非常有必要的。

价值观是人们在认知事物过程中的思维判定，是基于人在一定的思维感官之上作出的认知、理解、判断或抉择，体现人、事和物的一定价值或作用。在人类的阶级社会中，不同阶级人群拥有不同的价值观念。价值观思想认识上的统一是人际关系的基石；价值观利益上的互动和协调是人际关系的核心；价值观信息上的沟通是健康人际关系形成的关键；价值观实践上的一致是人际关系的保证。

了解外国环境下商业和政府合作方的价值观而非外貌是至关重要的。下面的讨论就放在几个值得我们注意的价值观上，它们可以帮助我们提高文化间的交流技巧从而促进国际商务合作。

1. 关于与环境的关系（Relation to Nature）：世界观

与环境的关系，即世界观，具体是指一种文化对于与存在概念有关的哲学问题的取向，诸如上帝、人、自然、宇宙以及其他概念。世界观反映的是人与自然的关系——人们如何看待这个世界。基本而言，存在三种人与自然关系的价值取向：第一种为"听命型文化"，即人在自然面前是无能为力的，心甘情愿地处于物质力量或任何超自然意志的支配之下。在他们看来，生活和命运是预先注定的，人不应以个人意愿去改变不可避免的境遇。人们在与朋友相约何时再见面时常常用"上帝的意愿"来代替"如果情况允许的话"，便是这种价值观取向渗透到日常生活中的实例。第二种为"驾驭型文化",有这种文化导向的人会认为,人是独立于自然之外的,而且应该主宰自然,具有支配自然的能力。同样,在人们在与朋友相约何时再见面时,他们会准确地预约、安排,没有预约的突然造访是不能接受的。第三种为"协调型文化",这种人则追求与环境的和谐相处。在他们看来,人是自然的一部分,人与自然环境并非真正的分离,天人是合一的。他们的居住环境要看"风水",他们的人际关系会特别强调"缘分",有道是"有缘千里来相会,无缘对面不相识"。

2. 关于人的本质（Basic Human Nature）：人性观

人的本质,即"人性观",具体则是对人内在性格以及人的本性是否可以改变的一个总的看法。它反映的是人对自己本质的基本看法——我是谁? 人的本性的价值取向基本可归纳为三种：第一种"性善论",认为人本质上是善良的,社会倾向于相信人,重人治而轻法制。人们可以先看病后付费,不必担心逃款;乘地铁可以没人检票,不必担心逃票;进入超市、图书馆可以不寄包,不必担心遭窃。第二种"性恶论",认为人本质上是邪恶的,社会倾向于怀疑人,重法制而轻人治。人们必须先付费后看病;乘地铁必须先检票后进站;进入超市、图书馆必先寄存包。这种文化中,"顾客要当心"的观点支配着市场,人们只相信自己。第三种"中性论",认为人本质上是中性的,社会倾向于认为人是善良与邪恶的混合体,并相信取得进步的可能性,法制与人治并举。在这种社会公共场所无须寄包,但加强防盗技术;进站无须检票,但出站或中途需查票;可以先看病后付费,但款项不至,以后别想再来就诊。

3. 关于活动导向（Activity Orientation）：行为观

活动导向,即"行为观",具体指的是人们行为的价值取向,它并不涉及行动的主动或被动状态,而是指行动的目的和重点。可借用古希腊神话中的三个不同性格的神类比三种不同行为取向：第一种,酒神狄俄尼索斯所代表的"生活型",生活取向型是感情冲动的本能表现,强调尽情发泄和享受,可以说是逍遥派或乐天派。这种人工作的目的是生活。他们懂得享受生活,注重生活质量。对于他们而言,辛苦工作后的度假是必不可少的。第二种,普罗米修斯的"工作型",工作取向型的人们把工作当作生活的中心,可以为实现既定目标而忘我工作,通过自己的勤奋和才能获得社会的承认。生活对他们而言是简单的,没有时间度假和旅游。第三种,太阳神阿波罗的"自我控制型",自我控制型的人们强调劳逸结合、身心全面发展。对这类人而言,工作和休闲都是必需的。工作之后需要放松,而放松则是为了更好地工作。

4. 关于人际关系（Relationships Among Pople）：人际观

人际关系,即"人际观",涉及一个人对他人应负的责任以及一个人对他人的幸福应不应该承担义务。它反映的问题是"我们如何与他人产生关系"。在人际关系方面的价值取向主要包括：个人主义、集体主义和等级主义。"个人主义"者认为，个人的利益是至高无上的，他们所关心的范围至多延伸至家庭。这种文化强调独立生活，一如他们的座右铭"用你自己的双脚站起来"。"集体主义"者认为，群体或集团的利益是至高无上的。这种文化强调个人要忠诚于他的家庭以及他所在的群体（同乡、同族、同学、同事或本人所属的组织），并为之效力。在这类文化中，关于家庭的范围扩展至堂兄弟姐妹等。"等级主义"者所处的社会有两个特征：一是同一社会中的各个群体通过等级制度相互嵌套；二是在等级制度中各个群体的地位是相对稳定的。他们讲究门当户对，不同等级之间不能交往、通婚，甚至不能并坐、共食，也不能一起工作。

5. 关于时间取向（Time Orientation）：时间观

一种文化的"时间观"，是其对过去、当下、未来及是否重视时间的哲学：过去导向的文化认为保护历史、继承过去的传统十分必要，在过去导向的文化中人们有充沛的时间回首往事，有关历史题材的文艺作品会受欢迎的。人们看重其行为是否符合社会的习俗和传统，并依据过去的经验进行革新和变革。未来导向的文化根据方案的未来收益为革新与改变，很少顾及社会或组织的习俗与传统。他们注重长期，敢于投资未来。对于他们来说，时间是稀缺资源。当下导向的文化注重当前利益，人们急功近利，强调眼见为实，多有短期行为。他们的座右铭是"过去是历史，明天是未知，只有今天是礼物（Present）"，提倡把握今天、享受今天。

6. 关于空间概念（Space Orientation）：空间观

一种文化的"空间观"，不仅包括人们之间的空间距离，也涉及心理距离。可分为隐秘、公开与半公开三种情况。每一种文化对于各层次的沟通都存在着适当的空间距离，如果人们忽视这些距离，大多数人就会觉得不舒服，侵犯这种空间就会被认为是侵犯性的举动。个人空间文化反映在商务办公室的情景如下：在"隐秘型文化"里，重要的职员会被提供私人办公室，即使在公共办公室，写字台之间也有隔板，而且办公室的门经常是紧闭的；在"公开型文化"里，没有隔板隔开的办公桌，老板们和职员们共用一间大办公室，办公室的门经常是开着或半开着的；在"半公开型文化"里，办公室的门经常是闭而不锁，决策往往是不公开的，但为了下属与员工的了解和支持，老板们乐于出席各种公开的活动并且愿意与下属打成一片。

7. 关于权力距离（Power Distance）：权力观

权力距离所涉及的基本问题是社会如何处理人与人之间不平等的现象，即"权力观"。权力距离所指社会承认的权力在组织和机构中的不平等的分配范围。大权力距离与小权力距离对社会生活中的人的行为均有影响：处于大权力距离中的人们，逆来顺受地接受着一系列等级制度，每个人毫无疑义地明确自己所处的地位；处于小权力距离中的人们为权力的平等化而竞争并追究权力不平等的根源。

8. 关于不确定性回避（Uncertainty Avoidance）：风险观

不确定性回避所涉及的社会基本问题是如何对待永远存在的未来世界的不确定性，即"风险观"。不确定性回避所指社会中对不确定及模糊不清情境的不适感觉度，这种感觉迫使人们去维护组织、保卫平安。强不确定性回避型社会维护信念与行为规范，不能容忍持不同政见的人士和观念；弱不确定性回避型社会维持着一个宽容的氛围，现实性大于原则性，并能容忍"异端邪说"。

9. 关于个人主义与集体主义（Individualism vs Collectivism）：群体观

个人主义与集体主义所涉及的社会基本问题是一个人和他人之间关系的紧密程度，即"群体观"。个人主义所指一种松懈的社会结构，其中人们只关心他们自己和最亲近的亲属；集体主义所指一种严密的社会组织结构，其中人们期望他们的亲属、氏族或其他群体内的人关心他们，作为交换，他们对内部群体也绝对忠诚。海尔海外"人单合一"案例所涉及的就是与日本集体主义价值观方面的冲突。

10. 关于男性化与女性化（Masculinity vs Femininity）：性别观

男性化与女性化所涉及的社会基本问题是社会中男性和女性所处的地位以及所起的作用，即"性别观"。男性化指的是成就、金钱、英雄主义、自信武断等价值观在社会中居于统治地位的程度；女性化指的是相对的人际关系、谦逊恭敬、对弱者的关切及注重生活质量的价值观在社会中居于统治地位的程度。

11. 关于自身放纵与约束（Indulgence vs Restraint）：幸福观

自身放纵与约束所涉及的社会基本问题是某一社会对社会成员对于想要享受生活和玩乐的本能的接受程度，即"幸福观"。放纵倾向意味着这种社会类型允许人们尽情释放本能（休闲、随意性行为、大量消费等）以享受生活带来的乐趣；而约束倾向代表着这种社会类型倾向于用各类社会规范和禁令来限制人们自由享受的自然需求。

第六节 "河水层"文化三个层面：语言文化、宗教文化

河水层文化环境包括语言文化和宗教文化两方面。下文分两部分分别概述其内涵和所涉及的思考维度。

一、语言文化环境

世界经济中的语言多样性与文化的多元性会制约国际商务的运营。国际商务在很大程度上依赖于沟通。语言是沟通的基本工具。每当遇到语言和文化障碍时，就会产生潜在的沟通问题；甚至同一企业中的职能部门会开发出他们所特有的"行话"，而这有时也会造成彼此之间沟通的麻烦。巴基斯坦"胡布码头项目"所涉及的就是属于此方面的语言跨文化沟通问题。

就定义而言，语言是生物同类之间由于沟通需要而制定的具有统一编码、解码标准的声音（图像）指令。实质定义语言是以声音/符号为物质外壳，以含义为内涵，由词汇和语法构成并能表达人类思想的指令系统。语音、手势、表情是语言在人类肢体上的体现，文字符号是语言的显像符号。语言就广义而言，是采用一套具有共同处理规则来进行表达的沟通指令，指令会以视觉、声音或者触觉方式来传递。严格来说，语言是指人类沟通所使用的指令——自然语言。所有人都是通过学习从而获得语言能力，语言的目的是交流观念、意见、思想等。语言学就是从人类研究语言分类与规则而发展出来的。

语言是文化的一个重要组成部分，甚至可以说，没有语言也就不可能有文化，只有通过语言才能把文化一代代传下去。语言是保持生活方式的一个重要手段，几乎每个文化群体都有自己独特的语言。

1. 世界语言分布

世界上约有 3000 种不同的语言。据估计可辨识的方言高达 10000 种。每个语种甚至每种方言都会引起文化的差异性。后面的这个数字可以用来估算世界范围内所存在的不同文化的数量。由于世界上现存国家的数量少于 200 个，因此有些国家中包含着许多不同类型的文化，在其疆域中有着许多不同的方言种类。世界上最极端的例子是印度，在印度有大约 3000 种方言。

19 世纪，欧洲的比较学派研究了世界上近 100 种语言，发现有些语言的某些语音、词汇、语法规则之间有对应关系，有些相似之处，他们便把这些语言归为一类，称为同族语言；由于有的族与族之间又有些对应关系，又归在一起，称为同系语言，这就是所谓语言间的谱系关系。世界上主要的语系有七大类：

（1）印欧语系。最大的语系，下分印度、伊朗、日耳曼、拉丁、斯拉夫、波罗的等语族。印度语族包括梵语、印地语、巴利语等；伊朗语族包括波斯语、库尔德语、普什图语等；日耳曼语族包括英语、德语、荷兰语、斯堪的纳维亚半岛各主要语言；拉丁语族包括法语、意大利语、西班牙语、葡萄牙语和罗马尼亚语；斯拉夫语族包括俄语、保加利亚语、波兰语；波罗的语族包括拉脱维亚语和立陶宛语。

（2）汉藏语系。下分汉语和藏缅、壮侗、苗瑶等语族，包括汉语、藏语、缅甸语、克伦语、壮语、苗语、瑶语等。

（3）阿尔泰语系。下分突厥语族、蒙古语族、通古斯语族三个语族。突厥语族包括乌兹别克语、维吾尔语、哈萨克语、阿塞拜疆语和楚瓦什语等；蒙古语族包括蒙古语和达斡尔语等；通古斯语族包括满语、锡伯语及俄罗斯境内的埃文基语。

（4）闪含语系。又称亚非语系。下分闪米特语族和含语族。前者包括阿拉伯语、希伯来语等；后者包括古埃及语、豪萨语等。

（5）德拉维达语系。又称达罗毗茶语系。印度南部的语言都属于这一语系，包括比哈尔语、泰卢固语、泰米尔语、马拉雅兰语等。

（6）高加索语系。这一语系的语言分布在高加索一带，主要的语言有格鲁吉亚语、车臣语等。

（7）乌拉尔语系。下分芬兰语族和乌戈尔语族。前者包括芬兰语、爱沙尼亚语等；后者包括匈牙利语、曼西语等。

此外还有一些语系，如非洲的尼日尔—刚果语系、沙里—尼罗语系（尼罗—撒哈拉语系）、科依散语系，美洲的爱斯基摩—阿留申语系以及一些印第安语系，大洋洲的马来—波利尼西亚语系和密克罗尼西亚语系（也有将两者合为南岛语系的），中南半岛的南亚语系。需要指出的是，世界上有些语言，从谱系上看，不属于任何语系，如日语、朝鲜语等，是独立的语言。另外，还有一些语言至今系属不明，如分布于西班牙北部和法国西南部与西班牙接壤地区的巴斯克语、古代两河流域使用的苏美尔语等。

2. 语言同质型与异质型国家

大部分的民族国家都存在语言多样性。语言异质型国家的政治生活受到多元化和分裂的影响（如比利时，北部连接荷兰讲荷兰语，南部连接法国讲法语，东部邻近德国说德语）。政治学家通常会把语言情境作为政治整合和社会稳定的短期指标。语言差异性的影响不仅会使不同文化和生活方式有差异，而且会影响人们的忠诚度。当语言作为交流的工具促进社群发展的同时，语言的差异性也可以延续社群中的多样性。语言异质型国家的统一可能是比较脆弱的。

在其他各部分假设相同的情况下，如果人们已经对同一种语言、文化和社会制度产生了共识，社会成员流动的速度可以被看作促进国家稳固的影响因素。而当人口已经被分为若干个隶属于不同语言、文化或基本生活方式的群体时，社会成员的流动则可能会使国家统一出现紧张局面，甚至会破坏国家的统一。这个问题不仅会发生在欠发达国家，在诸如瑞士这样的发达国家也在努力中和语言的多样化，而在加拿大、比利时这样的国家，语言已然是一个国家的政治问题。

关于语言多样化及其相关的内容被研究得最多的案例是印度。在印度历史上，雅利安人的迁入对印度文明发展更为重要的影响是他们曾经带来了梵语——入印后几千年间他们所使用的语言。梵语作为一种活的语言，曾被使用过，但作为口头语言，在公元前数百年就已停止使用。作为宗教语言以及哲学、科学和文学的创作语言，其备受尊敬的崇高地位至今未变。那时大量的文学作品、宗教哲学文集都是用梵语编写而成。印度因此成为印欧语系的文明基地。但是，印度文明往往是一个容易被忽视的文明，因为它历史上统一的时间不长，绝大多数时间处于分裂的状态。纵观印度历史，长期处于分裂状态，历史上仅有三次相对的统一。所以印度在历史上总体上是分多于合，且合中有分。"二战"后，印度次大陆才重新获得了独立。由于分裂时间太长，作为一个殖民地又太久，客观上没有形成全国统一的民族和文字（属印欧语系的印地语没能赢得印度其他语言民族的承认），加上英国殖民统治，只好使用英文作为族际的语言。

3. 语言的等级性：官方语言与地方语言

在高度多样性的情境中，人们为了减少混乱、误解和对抗发明了"通用语言"（Lingua Franca）。

（1）官方语言。即使同一国家内部也会有不同的语言。为便于沟通，一般国家均规定了官方语言，有的还规定了两种以上的官方语言。国家与国家之间并不是一定会有不同的语言的。首先，有23个国家拥有两种甚至两种以上的国家官方语言，例如，瑞士和新加坡有四种官方语言。其次，有一些国家是有着同一种官方语言的。由于7世纪到9世纪伊斯兰教的盛行，有十几个国家的官方语言是阿拉伯语。受到15世纪到19世纪帝国主义和殖民主义的影响，有超过20个国家将英语、法语和西班牙语这几个语种设为官方语言。俄罗斯在东欧的主导地位也有助于提升俄语的使用。一个语种跨越国家的疆界向外延伸，这从某种程度上也体现了文化的遗留性。不仅仅是在语言方面，这一点也体现在法律、教育系统以及文化的其他维度。必须提醒一句的是，尽管在某种意义上很多国家可以在书面语和口语中共用一种普遍性的官方语言来增进相互理解，但这并不是说这些国家都拥有同一种文化。使用同一种官方语言的国家彼此之间还有很多的差异性。很多国家都曾是殖民地国家，这些国家大部分人并不讲官方语言，印度以及英国和法国在非洲的前殖民地等地体现的就是这类。

（2）地方语言。同一国家疆域内会存在着相当多的语种。全世界只有大约100种的官方语言，而世界上可被使用的语言种类则高达3000种。我们把母语定义为一个人在其幼年时期习得的语言，而一个国家内有85%以上的人使用同一种母语就被看作是有语言同质性。全世界具有语言同质性的国家仅占不到一半的比例。语言异质性国家存在大量的地方语言。在国家与国家之间，语言异质性的程度很大。在诸如日本、瑞典和沙特阿拉伯这样的国家中，几乎所有的国民都讲母语。

4. 语言与思维

语言是人类最重要的交际工具，是表达人类思维活动和思想的重要手段，也是人类社会最基本的信息载体。语言是人类区别于其他动物的本质特征之一。思维是通过语言进行的。"语言就是世界观"（伽达默尔，1986），语言与世界观的关系绝不是单纯的符号和其所称或代表的事物的关系，而是摹本与原型的关系。例如，英语背后的英文思维本质还决定了印裔企业家和管理者的思维方式，所以出现层出不穷的 500 强印裔 CEO 和印裔商学院院长也就不足为奇了。

二、宗教文化环境

宗教是人类社会发展到一定历史阶段出现的一种文化现象，属于社会特殊意识形态。古时由于人类对宇宙的未知探索，以及表达人渴望不灭解脱的追求，进而相信现实世界之外存在着"超自然"的神秘力量或实体，使人对该一神秘产生敬畏及崇拜，从而引申出信仰认知及仪式活动体系，与民间神话一样，其也有自己的神话传说，彼此相互串联，本质是一种精神寄托和终极关怀。

想要了解不同社会中人们的内在动机与优先考虑，我们就必须先去了解社会中的宗教。宗教是某一个特定社会所共享的信仰、想法与行动的体现，但这些要素是无法通过自然现象或是人类行为来实证的。在宗教影响的社会中，信仰驱动着人们的动机与优先考虑，并进一步影响人们的行为。

宗教影响着社会的经济状况与政权组织，但其主要作用是通过影响文化系统中的价值观来实现。因此，这一部分我们将描述世界主要宗教的状况以及它们对社会经济表现的影响。每个国家都有各自的宗教组成。当今世界主要的宗教有：基督教（包括天主教、新教、东正教）、伊斯兰教（包括逊尼派、什叶派）、佛教、印度教、犹太教、道教、神道教等。世界三大宗教对比如表 2-2 所示。

表 2-2　世界三大宗教对比

	佛教	基督教	伊斯兰教
创建年代	公元前 589 年	公元 33 年/公元 29 年	公元 622 年
发源地	古印度迦毗罗卫国/今尼泊尔	迦南/今巴勒斯坦	沙特阿拉伯
创建者	悉达多·乔达摩	耶稣	穆罕默德
创建者尊号	佛陀/释迦牟尼/如来佛祖	基督/救世主/神子上帝耶和华独子	先知/穆圣
创建者身份	古印度迦毗罗卫国太子/释迦族人	木匠养子/犹太教拉比（传教教师）	阿拉伯商人/孤儿

续表

	佛教	基督教	伊斯兰教
创建者生卒年	公元前 624~公元前 544	公元元年~公元 33 年/公元前 4 年~公元 29 年	公元 570 年~公元 632 年
创建者享年	80 岁	33 岁	62 岁
创建者诞生地	古印度天臂国善觉王夫人兰毗尼的花园蓝毗尼园的娑罗双树下	伯利恒某旅店马槽里	麦加古莱什部落
创建者归宿	于古印度末罗国都城（现印度北方邦哥达拉克浦县摩达孔瓦尔镇）涅槃	在耶路撒冷城郊髑髅地的十字架上钉死。死后第三天从石窟坟墓中复活	麦地那病逝
主要教派	大乘佛教、小乘佛教/北传佛教、南传佛教、藏传佛教	天主教、新教、东正教	逊尼派、什叶派
现有教众	5 亿人	21 亿人	16 亿人
主要分布地区	东亚、东南亚	欧洲、美洲、大洋洲	西亚、南亚、中亚、东南亚、北非
主要圣地	蓝毗尼园、鹿野苑、菩提伽耶、拘尸那迦	伯利恒、拿撒勒、耶路撒冷、君士坦丁堡、梵蒂冈	麦加、麦地那、耶路撒冷
主要节日	佛诞节、佛成道节/腊八节、佛涅槃节、盂兰盆节	圣诞节、受难节、复活节、升天节	开斋节/肉孜节、古尔邦节/宰牲节、圣纪节
主要经典	《三藏经》/《大藏经》	《圣经》/《旧约全书》、《新约全书》	《古兰经》
主要戒律	五戒：不杀生、不偷盗、不邪淫、不妄语、不饮酒	摩西十诫	在饮食、服装、卫生、婚姻、丧葬、商业等方面有许多禁忌
神职人员称呼	住持/方丈、首座、监院	教皇、主教、神父、天主教/神父、东正教、牧师、新教	伊玛目、阿訇
弟子称谓	和尚（男僧）、尼姑（女尼）	教士、修女	穆斯林
崇拜场所	寺、庵	教堂	清真寺
著名寺堂	峨眉山、九华山、五台山、普陀山、少林寺、法门寺、布达拉宫	法国巴黎圣母院、德国科隆大圣马丁教堂、俄罗斯救世主大教堂、土耳其圣索菲亚大教堂、梵蒂冈圣彼得大教堂、英国圣保罗大教堂、美国圣约翰大教堂	麦加圣寺、麦地那先知寺、阿克萨清真寺
唯一真神称谓	如来佛祖	上帝/耶和华	真主/安拉
基本教义	人生多苦；戒欲望，回头是岸	人有原罪；忏悔，爱	人无原罪，但犯过错误；需接受"末日审判"

资料来源：作者整理。

第三章　文化环境指标体系

为了探究中国企业跨国经营过程中的具体文化指标体系，打开文化的"黑匣子"，本书首先主要基于 Web of Science 数据库进行了系统化分析，归纳了跨文化环境指标；其次基于扎根理论的思想对大量国际化企业的高管进行了调查研究。通过整合两部分的跨文化商业环境指标，构建中国企业走出去的"跨文化冰河模型指标体系"。

第一节　基于 Web of Science 论文的内容分析

一、研究内容

全球化时代，跨国经营已成为企业的重要常态，然而复杂的文化环境给企业进入新的市场和建立竞争优势都带来了巨大挑战。目前，已有研究缺乏对企业跨国经营的文化环境影响因素的系统探讨。在上述背景下，本书基于规范的质性研究方法，试图得出具体的文化环境影响因素。

本部分的研究内容包括：

（1）文献获取：按照预先设定的检索规则，获取相应的文献。

（2）文献编码：按照文献提及的核心要素，将文献归类。

（3）统计分析：按照文献归类结果，统计并归纳结论。

二、研究方法

1. 搜索过程

为了准确识别企业跨国经营的文化环境包含哪些具体因素，本书进行了科学的探索性文献研究。具体而言，本书选择 Web of Science 数据库进行论文搜索工作，Web of Science 数据库作为权威的科学技术文献索引工具，能够检索到科学技术领域最重要的研究成果，保证了本书文献研究样本的学术影响力。

在确定所选择的数据后，下一步就是选择具体的文献。本书基于研究目标，通过四组主题词进行搜索，具体为：① "International business" + "Culture environment"；② "International business" + "Cross-culture"；③ "Multinational enterprise" + "Cross-culture"；④ "Multinational enterprise" + "Culture environment"。为了尽可能多地了解已有学者对企业跨国经营问题的研究，搜索时文献包含范围为 "1980 年至今"，搜索结果显示，以上四组主题对应的论文篇数分别为 228 篇、14 篇、3 篇和 33 篇。所有论文搜索结果合并又因有 10 篇论文重复，最终确定的研究相关论文共计 268 篇。

2. 文献编码

针对检索出的与企业跨国经营相关的论文，研究团队进行了统一编码。编码的主要依据是基于搜索出的文献，首先对该篇论文的研究问题是否与本课题相关进行判断；其次针对与课题相关的论文，提取出论文中探讨的对跨国经营产生影响的文化环境因素；最后由结果计算出文化环境因素频次，按照频次高低即可统计出企业跨国经营中文化环境提及最多的具体因素。基于文献阅读以及核心论点的理解，项目团队发现共有 48 篇论文的内容与本课题无关，最终剩余与课题相关文献共计 220 篇。过程如图 3-1 所示。

图 3-1 文献检索和编码质控流程

资料来源：作者自制。

三、研究结论

1. 年份分布

220 篇文献的时间分布如图 3-2 所示。通过对每三年的文献综述进行统计，发现数量呈现"稳步上升，略有下降"的规律，文献最集中的年限是 2012～2014 年。具体来看，2003 年至今，每三年的相关论文数量分别为：11 篇、27 篇、56 篇、72 篇和 54 篇。上述规律说明，围绕"企业跨国经营文化环境影响因素"的研究已相对成熟，能够为本综述研究提供充足的支撑。

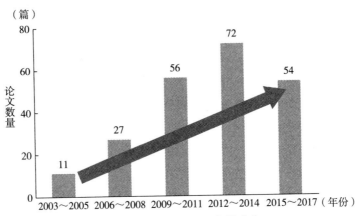

图 3-2　研究相关论文年份分布

资料来源：作者自制。

2. 期刊分布

基于搜索结果，220 篇相关文献的主要来源期刊如图 3-3 所示。由图可见，

图 3-3　研究相关论文来源期刊分布

资料来源：作者自制。

论文数量最多的 10 本来源期刊由多至少分别为：*International Business Review*，*Management International Review*，*Journal of Business Ethics*，*Journal of International Business Studies*，*Cross Cultural Management-An International Journal*，*International Journal of Human Resource Management*，*Journal of Business Research*，*Business Horizons*，*Harvard Business Review* 和 *Journal of Knowledge Management*。上述分布表明，本研究的采样是广泛而合理的，论文的结论具备可靠性。

3. 因素分布

220 篇文献的企业跨国经营文化环境影响因素分布如图 3-4 所示。由图 3-4 可知，教育、政治、社会组织、价值观是影响企业跨国经营的主要文化环境因素，而科技、法律、宗教、语言是次要因素。

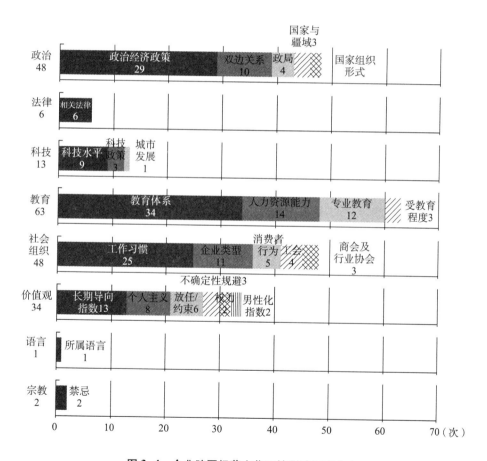

图 3-4 企业跨国经营文化环境影响因素分布

注：数字为该因素在论文中的提及频次。

资料来源：作者自制。

具体而言，经过编码归类后，已有的相关文献研究中提及的影响企业跨国经营的文化环境因素主要包括：

政治因素总提及频次为 48 次，具体为：政治经济政策（29 次）、双边关系（10 次）、政局稳定性（4 次）、国家与疆域（3 次）、国家组织形式（2 次）。主要研究如：Amoako（2014）、Boonchai（2016）、Gallego-Alvarez（2017）、Kazakov（2015）、Leonidou（2015）、Lu（2015）、Rhee（2015）、Smyth（2017）、Yoon（2015）、Young（2014）。

法律因素总提及频次为 6 次，且都属于"相关法律"部分的内容。主要研究如：Czinkota（2014）、Lee（2012）、Ma（2014）、Moschieri（2014）、Sanyal（2009）、이지혁（2017）。

科技因素总提及频次为 13 次，具体为：科技水平（9 次）、科技政策（3 次）、城市发展（1 次）。主要研究如：Alexander（2012）、Bereznoy（2014）、Brewer（2015）、de Brentani（2010）、Fang（2011）、Hovde（2014）、Jeon（2011）、Lai（2008）、Liu（2017）、김선배（2012）。

教育因素总提及频次为 63 次，具体为：教育体系（34 次）、人力资源能力（14 次）、专业教育（12 次）、受教育程度（3 次）。主要研究如：Anderson（2015）、Barron（2015）、Gallego-Alvarez（2017）、Kim（2016）、Liu（2017）、Luo（2016）、Sain（2017）、Schworm（2017）、Shin（2017）、김혜련（2017）。

社会组织因素总提及频次为 48 次，具体为：工作习惯（25 次）、企业类型（11 次）、消费者行为（5 次）、工会（4 次）、商会及行业协会（3 次）。主要研究如：Al-Mataani（2017）、de Brentani（2015）、Ferreira（2015）、Henisz（2014）、Herrera Ruiz（2015）、Javalgi（2014）、Kim（2017）、Nigam（2017）、Tsalikis（2015）、Zizek（2017）。

价值观因素总提及频次为 34 次，具体为：长期导向指数（13 次）、个人主义指数（8 次）、放任与约束指数（6 次）、不确定性规避指数（3 次）、权力距离指数（2 次）、男性化指数（2 次）。主要研究如：Bullough（2017）、Dimitratos（2016）、Eden（2017）、Fischlmayr（2016）、Fok（2016）、Liu（2016）、Nam（2017）、Ok（2017）、Rodriguez-Rivero（2018）、Semrau（2016）。

语言因素提及频次 1 次，研究作者为 Engelbrecht（2011）。

宗教因素提及频次 2 次，研究作者为 Acuña Barrantes（2015）、신군재（2005）。

从上面结果可以看出，已有的研究关注的文化环境因素一级指标主要为教育、社会组织、政治和价值观，而较少关注语言、宗教、法律。另外文献中提及但未在指标体系中提及的因素包括：①创业动机、创业生态环境；②不同地域的情感；③配偶的适应能力；④非语言沟通。同时，通过文献编码整理表明，我们可以得出提及频次较低（3次以下）和未被包含（0次）的指标有：

（1）政治：国家与疆域（3次）；国家组织形式（2次）。

（2）法律：法律体系（0次）。

（3）科技：科技政策（3次）；城市发展（1次）。

（4）教育：受教育程度（3次）。

（5）社会组织：商会及行业协会（3次）；社会结构（0次）。

（6）价值观：权力距离指数（2次）；不确定性规避指数（3次）；男性化指数（2次）。

（7）语言：所属语言（1次）；主要媒体（0次）；语言服务机构（0次）。

（8）宗教：所属宗教（0次）；基本教义（0次）；仪式（0次）；假日（0次）；禁忌（2次）。

第二节　基于现有书籍的内容分析

一、研究内容

国际期刊，鉴于发表偏见等因素，对于企业跨国经营文化环境影响因素的关注可能存在偏差。为了保障后续指标体系的健全，项目组在对顶级期刊进行数据挖掘后，本书继续在现有书籍中进行内容分析，补充学术论文中尚未涉及的部分。

本研究的内容包括：

（1）书籍获取：项目组搜索了课题组所在学校图书馆藏书系统与超星电子图书系统。

（2）书籍编码：阅读所获书籍，并对提到的国际经营文化环境进行编码。

（3）统计分析：按照书籍归类结果，统计并归纳结论。

二、研究方法

与论文检索类似，为了准确识别企业跨国经营的文化环境包含哪些具体因素，我们进行了"滚雪球"式的书籍检索。

首先，确定搜索关键词。项目组根据以往研究经验，确定本次搜索关键词为"跨文化""跨文化管理""跨文化经营""国际经营""国际商务"，以及crosscultural，cross-cultural management，multi-cultural business，international manage-ment，international business。

其次，确定搜索"书籍池"。项目组选择了课题组所在上海外国语大学学校图书馆作为第一阶段搜索对象。课题组所在学校图书馆建于 1950 年，由虹口校区逸夫图书馆和松江校区图书馆组成。馆藏图书约 90 万册。项目组借助图书馆的信息平台与馆际互借功能，尽可能搜集更多、更全面的书籍。通过搜索，获得"跨文化"相关书籍 657 条、"跨文化管理"相关书籍 31 条、"国际经营"相关书籍 14 条、"国际商务"相关书籍 473 条、cross-cultural 相关书籍 129 条、cross-cultural management 相关书籍 12 条、international management 相关书籍 37 条、international business 相关书籍 163 条。项目组对于搜集到的书籍进行初筛。通过阅读书籍标题、图书简介和关键词，剔除与本研究无关的书籍。

为了保障书籍的全面性，项目组还选择了超星电子书（远程网络版+本地镜像版）以丰富书籍数量。超星数字图书馆是收录中文电子图书最丰富的数据库之一，上外图书馆订购的超星电子书约 100 万种，涵盖人文社科各个学科领域。通过检索，获得"跨文化"相关书籍 180 条、"跨文化管理"相关书籍 18 条、"国际经营"相关书籍 105 条、"国际商务"相关书籍 335 条、cross-cultural 相关书籍 5 条、international management 相关书籍 2 条、international business 相关书籍 11 条。鉴于超星电子书检索系统的模糊检索模式，项目组对于搜集到的书籍进行初筛。通过阅读书籍标题、图书简介和关键词，剔除与本研究无关的书籍。

上述公共图书资源可能存在书籍更新较慢、书籍陈旧等问题。为了避免上述问题，本项目组在实体书店与亚马逊在线书店进行了部分相关书籍的采购。包括北京大学出版社出版的《文化商：引领未来》（第二版）、清华大学出版社出版的《跨文化管理》（第三版）、中国人民大学出版社出版的《国际管理：跨国与跨文化管理》（第八版）等。项目组还查阅了部分经典著作后的参考文献，对所罗列出来的相关著作进行阅读和编码。最终获得 36 本与本项目研究主题相关的书籍。

再次，项目组组织研究人员与研究生一起，对所搜集到的文献进行阅读、编码。对于上外图书馆的藏书，进行实地借阅。对于超星电子书系统中的电子书全文，进行在线阅读和编码。

最后，统计出与本项目高度相关的书籍信息，并把书籍中涉及的企业国际经营环境文化因素进行汇总、统计。

三、研究结论

书籍部分的编码结果如表 3-1 所示。表格左列为书籍序号和名称，中间为编码结果。对于书籍中出现过的并与本课题相关的指标，均用圆点符号进行标注。对于书籍中涉及的其他环境因素，但是在可视化部分可能存在困难的指标，在备注中进行了标注。

全部书籍的编码与详细汇总信息，详见表3-1。

表3-1　书籍部分指标研究汇总

序号	书籍	积雪层			冰冻层			河水层		备注（本课题未涉及部分）
		政治	法律	科技	教育	社会组织	价值观	语言	宗教	
（1）	《合资经营与跨文化管理》范徵	●	●	●	●		●	●	●	自然资源
（2）	《跨文化管理：全球化与地方化的平衡》范徵					●	●		●	处世态度、赋义方法、时空观念、行为
（3）	《文化商引领未来》	●	●		●			●	●	婚姻家庭体系、艺术
（4）	《国际商务》唐纳德·鲍尔，迈克尔·吉林	●	●		●	●	●		●	美学、物质文化
（5）	《国际商务》查尔斯·希尔	●	●		●	●	●	●	●	伦理/社会责任
（6）	《国际商务》王炜瀚，王健，梁蓓	●	●							
（7）	《国际商务》韩玉军	●	●						●	伦理/社会责任
（8）	《国际企业管理：文化、战略与行为》	●		●						伦理/社会责任
（9）	《"一带一路"沿线国家和地区法律与税收政策研究》	●	●			●			●	
（10）	《国际企业跨文化管理》	●		●			●	●	●	
（11）	《跨文化管理教程》	●			●	●				饮食、思维
（12）	《跨文化管理》陈晓萍						●	●		艺术、个人与他人的关系、人权
（13）	《跨文化管理》胡军						●	●		感知、行为
（14）	《跨文化管理》张莹	●	●						●	伦理、外貌、行为
（15）	《跨文化管理方法论》	●						●	●	传统文化、思维、行为、关系、符号系统
（16）	《国际企业：跨文化管理》赵曙明，杨忠		●				●	●		行为、人际关系、时空、商业习俗、管理文化

续表

序号	书籍	积雪层			冰冻层			河水层		备注（本课题未涉及部分）
		政治	法律	科技	教育	社会组织	价值观	语言	宗教	
(17)	《国际企业：跨文化管理》朱筹笙				●		●	●	●	饮食、沟通、关系、心理过程
(18)	《跨文化管理：一门全新的管理学科》		●	●			●		●	艺术、道德
(19)	《跨文化管理》石永恒						●	●	●	建筑与设计、称呼、接触、服饰
(20)	《国际企业管理》	●			●	●	●	●	●	行为特征、道德
(21)	《国际管理》	●	●	●	●		●			
(22)	《对外投资合作国别（地区）指南》（印度）	●	●	●		●	●		●	商务成本
(23)	International Business	●	●				●		●	伦理（贿赂、腐败）
(24)	International Business: A Strategic Management Approach	●				●	●	●	●	物质文化、美学
(25)	International Business: Theory, Policies and Practices	●				●	●			与自然、社会的关系（家庭导向等）、私人保险
(26)	International Management	●		●						
(27)	The Cultural Environment of International Business		●		●	●	●	●	●	
(28)	Variations in value orientations						●			与环境的关系、人际关系、时空观念
(29)	Culture's Consequences: Comparing Values, Behaviors, Institutions, and Organizations across Nations						●			
(30)	Comparative Management: A Regional View	●	●	●	●	●	●			关系
(31)	Riding the Waves of Culture: Understanding Cultural Diversity in Business						●			
(32)	A European Management Model						●			时间态度、关系

续表

序号	书籍	积雪层			冰冻层			河水层		备注（本课题未涉及部分）
		政治	法律	科技	教育	社会组织	价值观	语言	宗教	
（33）	*Models of Management: Work, Authority, and Organization in a Comparative Perspective*	●				●			●	
（34）	*Rules of the Game: Global Business Protocol*						●			
（35）	*International Encyclopedia of Business & Management*	●				●				组织文化、劳资关系
（36）	*Cross Cultural Business Behavior*						●			关系、时间态度、情感态度

资料来源：作者整理。

第三节　基于调查研究的扎根分析

一、研究内容

随着全球化与中国经济的崛起，越来越多的中国企业选择"走出去"。而鉴于近些年中国经济增速放缓，中国企业更倾向于开发海外市场。而在"走出去"的同时，中国企业遇到各类文化、政治、制度等方面的问题。现有研究探讨企业国际化战略的影响因素，但是鲜有学者关注中国企业在"走出去"的过程中所遇到的重要文化因素。而探索性的实地访谈研究，显得尤为必要。

基于此，本书采用扎根理论的三步编码，基于对十家中国企业的深度访谈，定性分析中国企业在"走出去"的过程中的各类影响因素。研究发现，政治、法律、科技、价值观、社会组织、教育、宗教、语言等对中国企业经营绩效均表现出重要影响。结合新制度主义理论，本书将上述文化因素划分为冰雪层、冰冻层和河水层，并构建了中国企业"走出去"经营环境影响因素的冰河模型。

二、研究方法

1. 研究设计

扎根理论一直是主流的定性研究方法，它在组织研究中作为定性方法的主流趋势有增无减（Larsson 和 Lowendahl，1996）。扎根理论的思想是一个关于组织现象的假设生成、数据收集、实证检验和理论或概念调整的联系且相互关联的过程。这是一个从猜测到正式理论形成的过程。本书将严格按照扎根理论的步骤，逐步构建中国企业"走出去"的文化影响因素。具体步骤如图3-5所示。

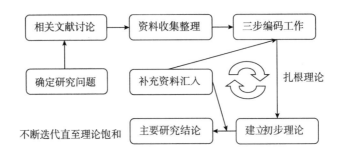

图 3-5 扎根理论基本步骤

资料来源：作者自制。

此外，实地访谈的目的与思路来源于科学规范的支撑（见图3-6），并试图通过论文梳理、书籍整理、访谈扎根三部分，构建中国企业走出去跨文化的指标体系。

（1）数据收集。关于中国企业"走出去"，以往研究大多集中在中国企业进入国际市场的模式，涉及出口、特许经营、战略联盟、收购和新建全资子公司等，而对影响中国企业成功"走出去"的文化因素理论研究却不够系统、完善。而采用问卷分析、数理统计等实证方法，大多聚焦于某一小问题，无法系统、真实地得到研究结论。因此，通过企业的实地调研、深度访谈，采集一手资料，才能有效地整合多维因素来分析影响中国企业成功地"走出去"的文化因素。

企业深度访谈是质性研究、扎根理论中最为常用的方式。访谈具有数据真实性高、所得理论扎实等特点，已被大量质性研究的学者所采纳。本书采用完全结构化访谈、完全非结构化访谈和半结构化访谈相结合的方式，从多个角度、采用多种访谈风格来收集数据，确保数据的完整性。在企业的选择方面，本书综合考虑了企业规模、所处行业、成立时间等因素，最终选择了海尔集团、上海贝尔股份有限公司、上海纺织、上海家化、磐缔资本、沪江、广州宝诗琦珠宝有限公司、苏州易升电梯部件等多家企业。借助上述企业，通过多部门、多次数的深度访谈，采用横纵结合的方式收集了大量一手数据，为全面系统地分析影响中国企业成功"走出去"的文化因素奠定了数据基础。

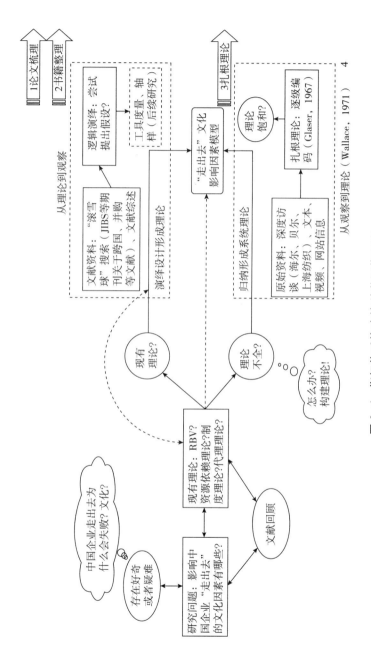

图 3-6 指标体系构建的科学规范支撑

资料来源：作者自制。

（2）**访谈方法**。访谈前，研究小组通过对现有文献的阅读和对企业现实的观察，结合各自的理解，明确访谈的主题和方式，主要涉及：①本书的研究是探索性的；②访谈将采用结构和非结构化相融合的综合法；③本书的研究在检验现有理论的同时，还希望构建中国企业走出去文化因素的系统理论；④本书的研究将采用一手数据（访谈）和二手数据（文本）相结合的方式。

访谈伊始，访谈小组组长首先介绍本次访谈的目的、本书的目的、即将采用的方法等，明确访谈主题。虽然部分学者反对在进行质性研究时采用录音的方式，但是本书为了更准确地获得文本数据，小组组长会告知对方本项目组在访谈期间会进行录音、录像。并承诺在访谈完成后的一段时间内，会为企业提供反馈报告。在访谈问题方面，访谈小组采用（Kvale，2006）提供的方式，交替、重复进行访谈。本项目访问问题类型与部分内容见表3-2。

表3-2 访谈问题类型与部分内容

问题类型	作用	本项目的具体例子
介绍性问题	引出研究对象中的个人经历以及后续一系列问题	"你能告诉我关于贵公司'走出去'的发展历程吗？" "在那种情况下，企业究竟发生了什么？" "你曾经经历过什么与当地文化冲突相关的事情吗？"
过渡性问题	帮助过渡到新的主题	"对，我们也感受到了。"
探索性问题	目的是得到在访谈规划主题之外的新信息	"关于影响中国企业成功走出去的因素，你还有哪些更多的想法？" "你能列举其他例子来帮助阐述不同价值观对中国企业走出去的影响吗？" "关于当地社会体系的认识，你的意思是什么？"
具体问题	明确讨论的方向	"在那个时候，你是怎么做的？" "在这之前，发生过这样的或类似的事情吗？" "你当时的反应是什么样的？"
直接性问题	引入新话题	"在你担任海外部经理时，你层面与对方国家的合作伙伴发生文化方面的冲突吗？" "你觉得各地商业惯例，是不是影响中国企业'走出去'的重要因素？"
非直接性问题	允许具体的和一般性的回答	"你认为，很多中国企业'走出去'发生水土不服的典型原因是什么？" "你相信你们公司有丰富经验来处理文化冲突吗？"
结构性问题	引入一个新话题	"好的，下面我们转入一个新的话题。"

续表

问题类型	作用	本项目的具体例子
解释性问题	引导讨论、避免误解	"稍等，你的意思是不是可以通过员工的文化培训来解决双方文化冲突的问题？" "如果我理解正确的话，你的意思是说国家关系在中国企业'走出去'过程中也极为重要？" "我总结一下，你是说企业自我定位、战略问题也是影响中国企业'走出去'的重要因素？"

资料来源：作者整理。

为了保证访谈的信度，项目组首先对笔录进行整理，由一位硕士生整理访谈记录，另一位硕士生则将所整理的文档与实际录音的内容进行比较。然后，由一名博士核对誊写内容，并对誊写的内容与原访谈内容改变了多少进行判断，以保证每次访谈的效度。

本书根据（Pandit，1996）提出的扎根理论一般流程进行数据处理。在明确了本书尝试探究影响中国企业成功"走出去"的文化因素后，首先，进行文献讨论，同时收集和整理资料。采用开放编码、主轴编码和选择编码三步骤来构建中国企业"走出去"文化影响因素模型。特别是在上述三步编码阶段，第一步先把原始录音转化的文本资料进行逐行阅读，重点分析，再对所涉及的频次较高的概念进行归类，产生开放编码概念；然后进行第二步主轴编码，目的是将研究主题和文本资料进行进一步整合；第三步对二级编码进行选择和提炼，最终获得中国企业"走出去"文化影响因素的核心维度和类别。

2. 理论抽样

目前"走出去"的中国企业越来越多，本书根据不同行业、不同地区、企业规模、产权类型等因素，重点选择具有代表性的中国企业进行访谈，获取数据。在制造类企业中，本书选取了青岛海尔集团、上海纺织控股集团、上海家化等；在服务业中，选取了上海贝尔、蚂蚁计划、磐缔资本、沪江网等。在确定访谈对象时，项目组要求被访谈者的岗位必须与企业的海外事业直接相关，以确保能够获得一手数据。同时，保证样本来自不同层次，不仅包括企业的高层管理者，还涉及一线岗位。被访谈者还需要来自不同区域的海外事业部，有的来自欧洲、有的来自北美等。

根据上述原则，本书于2015年9月正式启动了企业访谈计划，并顺利收集所需数据。截至2016年9月，项目组访谈了10家企业，近40位受访谈对象，共整理获得录音资料约20万字。

3. 开放编码

（1）资料整理。本书的所有研究资料来源于深度访谈后的文本资料，时间跨度为2015年10月到2017年12月。采用Nvivo 11软件，进行编码与数据分析。

（2）开放编码。开放编码指将所获得的资料记录逐步进行概念化和范畴化，用概念和范畴来正确反映资料内容，并把资料记录以及抽象出来的概念打破、揉碎并重新整合的过程。开放编码的目的在于指认现象、界定概念、发现范畴，也就是处理聚敛问题。

首先，课题组对访谈文本进行编码以便做好开放编码的整理工作。开放编码的格式按照：企业编号—页码编号—页面行数的句子顺序进行编号。在编辑过程中，对分析访谈中每句话的内容进行编号并保留帖子中每句话的顺序，如编码3-2-1表示我们对上海贝尔集团访谈后所整理的文本资料中第二页第一行的内容。

经过对贴标签进行多次整理分析，最终从访谈资料中抽象出25个范畴及其下属的诸多概念，详见表3-3。表3-3呈现了本研究所得的初始概念和若干范畴。为了节省篇幅，本书节选了部分语句及其初始概念。

表3-3　部分开放编码形成的范畴（节选）

序号	范畴	编号、原始资料语句（初始概念）
（1）	沟通差异	3-2-6："我觉得是这样，我个人感觉在海外碰到的跨文化的沟通有两个层面。"（跨文化沟通，沟通差异）
（2）	价值观	3-2-17："中国人与西方人的价值观是完全不一样的。"（价值观差异） 3-3-5："同样一个东西在中国人看来和在外国人看来是不一样的；同样一件事情，中国人的理解和外国人的理解是不一样的。对制度的解读也是不一样的，我们是按照自身的价值观去解读的。"（价值观差异） 3-5-13："比如中国人做项目的时候，我们认为结果重于过程，中国人认为多少可以接受不择手段的事情，这是我们的看法。但是呢，'老外'就要求很高，按规定动作出现规定结果。"（价值观差异） 3-6-3："在大多数西方人的价值观里，把制度看得很重，觉得应该遵循制度，而中国人认为结果最重要，制度有没有都无所谓。"（价值观差异） 2-3-15："这样管理理念跟我们有很大的冲突，我们想抓大的，放小的。这些就是观念上的冲突！"（观念冲突） 2-11-19："老外特别强调一个人的专业性在一个人职业生涯当中的重要性。中国人很强调社会性，一个老外的CEO，他只管股东的利益。他不管员工怎么看，他认为员工，跟电脑、跟办公桌是一样的。"（社会责任认知） 1-4-14："当地人到了星期六、星期日就不加班了，到了下午3点就下班了。法国人一天工作4个小时就可以下班了，然后放假的时候手机就彻底关机了。要是换成中国人，领导早把你解聘了。"（加班态度） 1-13-22："其他方面可能就是一些细节方面的东西，比如人的思维、价值观。"（价值观） 1-15-5："这就是价值观的差异，价值观不太一致。"（价值观）

序号	范畴	编号、原始资料语句（初始概念）
（3）	当地制度	3-2-18："大多数中国人不知道，在海外，制度的重要性要超越某一个人。"（制度重要性）
		3-3-2："第一个是缺少意识，有部分中国人觉得只要搞定一个头就能完事，他不会去认真想这个头办事权限之类别的了。"（制度重要性）
		3-5-8："法律，尤其是商法，不过各个国家的商法差异不是很大，但还是要注意细节。"（法律差异）
		3-6-3："在大多数西方人的价值观里，把制度看得很重，觉得应该遵循制度，而中国人认为结果最重要，制度有没有都无所谓。"（制度重要性）
		3-6-11："从中国人容易忽视的地方看，第一个，就是指法律制度，中国人最忽视的一个东西。"（法律制度重要性）
		2-9-7："涉及条约和人情关系，最早的时候，贝尔在国内签的合同是跟三大运营商的，跟三大运营商的合同，基本上全部是霸王条款。"（契约重要性）
		2-10-2："我们不敢，我们认为合同上写这样，肯定会出事的。那就是说其实每一个国家，他都是有他自己的特点。"（契约作用）
		2-16-16："在非洲的时候，刚开始我们还不想受体系的束缚，但最后还是'胳膊拧不过大腿'。我们就是在体系里面寻找定位，寻找合作机会。"（制度重要性）
		2-17-6："就是你以为你是一个全新的，你与一个已经有的体系去竞争，那其实很困难的，除非像华为那种，非常疯狂的，有那种大的手笔，就能做下去，否则的话，在体系内部是很难颠覆这个体系，那是很困难的。"（当地制度）
		2-18-18："非洲大部分国家，腐败是个非常大的问题，我们这个公司对这种事情是零容忍的。"（腐败现象）
		2-21-16："对中国来说呢，大多数体制性的公司会认可市场透明度比较高的市场，比如日韩、新加坡，包括澳大利亚。这种市场对于那种体系化，或者运营产品比较成熟的会比较容易。"（市场透明度）
		2-22-22："市场的制度化很关键。"（法治环境）
		1-3-13："进入海外市场，特别是进入德国市场，你一定要去切合当地的这种法律法规的要求。"（当地法律）
		1-4-18："那么在德国，包括在其他几个国家，不能以业绩作为理由来解聘员工。如果以这个理由，解聘员工，他可以告你。告你，然后你输了，法院判你，你还得把他雇用回来。"（雇佣制度）
		1-9-15："那么这个月的薪酬可能就是零。但是呢，这个机制在当地落实的时候，法律是不允许的。"（当地法律）
		1-11-18："但是呢，犯了错误，是在解聘人的时候，一定要有非常充分的证据。"（当地法律）
（4）	工会影响力	3-3-14："比如，对工会的理解。中国人认为工会就是一个机构，一个委员。但是国外认为工会是一伙人的相对政党一样，利益代表。"（工会作用强度）
		1-11-4："因为刚刚讲到，要是解聘员工的话是非常麻烦的，特别像德国、法国，工会力量特别强。"（工会力量）
		1-12-4："特别是那种工会文化。"（工会文化）
		1-17-20："还有工会制度。对于发达国家，工会是一个不可逾越的部分。"（工会制度）
（5）	当地政策	3-3-19："尤其是国营企业的，不太重视政治层面的，就是他们不太知道这个国家的政策是什么样子的，比如很多人不会去关注那个国家的外汇管制。"（当地政策）

序号	范畴	编号、原始资料语句（初始概念）
(6)	中国政策	3-4-11："我觉得判断一个企业能不能在另外一个国家生存下去，不看产品，关键看有没有一个出去的制度。"（中国制度）
(7)	中国形象	1-16-7："但是，他们现在也慢慢意识到了，当地人对中国企业的形象也改观了。特别是2008年奥运会之后，其实很多的这个当地的人，对中国的形象有很大的提升。"（中国形象） 1-17-4："所以这也体现了一个整个国力的提升，还有一个就是中国对世界的影响。当然中国人的素质可能还需要慢慢提高。"（中国国力）
(8)	缺乏智库	3-3-22："中国现在没有一个机构去专门研究做这个事，很多都是一些课题，一些自发的研究，贡献很小。而日本有商社会做这件事，美国的一些大学也致力于研究社会体系的一些事。"（缺乏智库）
(9)	社会体系	3-6-15："中国人比较容易忽视的，我认为就是说，他对于当地的社会体系认识不够。"（对当地社会体系的认识） 2-12-1："中国的CEO很照顾员工的利益，他做决定都会考虑到员工能不能接受啊？"（社会责任认知）
(10)	员工文化培训	3-7-10："那时还是九几年的时候，那时候外贸公司有规定，没有经过这个考试的人，不得出国，没有签约权，不能参加广交会。它并不会提供每个国家的解决方案，但是它会讲不同国家之间的差异，以及出去的时候需要注意的事情。"（文化培训）
(11)	管理者金融知识	3-9-7："做金融和外汇这两块，通用性比较强。金融和外汇，因为无论什么企业，只要是去国外开拓的，它既需要钱进去，又需要钱出来。所以这个钱能以什么方式进去，这个东西中国企业都怎么不太知道。"（中国企业管理者金融知识）
(12)	商业文化	3-7-3："商业惯例对我们来说，我们几乎没有办法去系统地收集这个东西，只能一点一点地去积累。"（商业惯例） 3-9-15："如果说对走出去的企业来说，其实主要是商业文化，就是在当地做生意需要做一些什么事情，或者需要注意什么。"（商业文化） 3-14-2："中国人可能很难接受一家企业对自己进行一个信用调查，但是南非客户是接受这个东西的。"（信用调查接受度）
(13)	国际关系	3-10-19："所以不管它跟印度怎么闹，互相制裁，抗议，尼泊尔是不可能靠拢中国的。所以这个时候去说服尼泊尔政府说，我们给你融资，我们给你钱，这是不可能的。尼泊尔不会因为这点钱就去得罪印度。"（政治因素、国际关系、国家关系）
(14)	当地政治	3-11-6："当时中国一年给斯里兰卡是10亿美元，我们也派了人过去了，但是去了不到一年，斯里兰卡大选，紧接着换上一个总统，这个总统是印度籍的，造成的结果是什么呢？所有中方谈的项目都停掉了，所以我们浪费了很多人力、物力。"（当地政局稳定性） 2-19-5："跟政治的关系是有关的。"（政府采购）

序号	范畴	编号、原始资料语句（初始概念）
（15）	消费习惯	3-13-2："我们运营商这边看到的少一点，最明显的是在印度尼西亚这个国家，黑莓手机卖得特别好，为什么卖得好呢？黑莓手机在前些年有一个特点，就跟苹果手机的 imessage 一样，两个黑莓手机之间发短信是不要钱的。印度尼西亚的文化中，他们不太喜欢打电话，喜欢写短信。所以印度尼西亚是黑莓手机在全球单一国家销量最大的国家。"（消费习惯、消费历史） 3-13-20："南非几乎所有的买卖都需要赊账。对中国人来说，最大的问题就是在这，中国人宁愿降价，而南非客户认为价钱不重要但是得赊账。"（赊账消费） 1-2-13："比如说从产品的角度来讲，每个国家用产品的这种习惯也不一样，用户的要求也不一样。"（消费者偏好） 1-3-4："比如德国的消费者对德国的文化是非常有忠诚度的，对德国的理念是非常有忠诚度的。"（品牌忠诚度） 1-6-21："这个研发中心一方面是充分地了解当地消费者的需求，消费者家里摆冰箱是怎么摆的，使用习惯是什么，它把这种需求再反馈到我们的产品开发中。"（消费者需求） 1-7-14："所有的这个我觉得都是进入一个新市场一定要去了解当地的文化，用户的真正需要，才能真正把这个去做完。"（消费者需求）
（16）	交流习惯	3-13-7："大家有时候不好说的话，就采取发短信的方式。当然，这也和印度尼西亚的当地语言有关系，印度尼西亚的当地语言不太容易把一件事情讲得很清晰。如果是新加坡人，发短信只是因为他忙或者现在暂时不方便打电话，真有事找你的话，他肯定是会打电话的。"（交流方式、交流习惯） 2-12-8："不会因为你在公司很多年，在人情上有什么难过的。"（行为处事习惯） 1-8-15："最后没办法，我们把 SP 顾问请过来跟他说，'这是最新版本的'。他最后才信了。你看这种文化就是你不能压着他说，'这一定是对的'！这个不好使。这个是你要把他说信服了。你一定要跟他讲道理，讲清楚了。他信服了之后，结果就很好，他会 100% 地给你执行到位，执行得非常到位。"（行为习惯） 1-15-1："我们是改革开放以来，先是越快越好，现在是越好越快。说实话，改革开放这些年，我们能赶上去，还是我们的速度快。他们实际上讲究的是这个稳，先把它做好，再把它做快。但我们是又好又快。"（行为差异）
（17）	思维习惯	2-11-4："中国人先有一个大的主意，然后这个主意本身不一定有很多细节，我们先从一个大的方向决定是对的，然后再逐步向下落实细节。老外不是这样的，老外做决定之前，他要先把一大堆细节都搞清楚，在细节搞不清楚之前，他认为你这个大的主意是不太可靠的。"（思维方式、思考习惯不同） 1-5-2："那个 CEO 当时就是在开大会的时候，对一个英国的职业经纪人说得稍微过了一点，他就去告他去了，他说，'你诽谤我，我这个事情没做过，你当着这么多人的面说我'。他的意思是，你是我的 manager，我们私下说什么，我都认，但当着这么多人的面，有些事情是你猜测的，我没这么做！你对我的声誉造成一定的影响，我就要去维护我的权益。"（个人声誉） 1-13-22："其他方面可能就是一些细节方面的东西，比如人的思维、价值观。"（思维习惯） 1-14-12："不光是德国人，意大利人也会，他们的这种思维想法还是一致的。你要干一些不要符合法律规范的事，或者说投机取巧的事，坚决不可能。"（思维想法）

序号	范畴	编号、原始资料语句（初始概念）
(18)	宗教信仰	2-25-21："其他的可能就宗教信仰方面的一些东西，可能就更容易造成冲突。"（宗教信仰） 1-18-14："对。开会、宗教信仰呀。宗教信仰特别重要！要知道什么话不能说呀，但是要说到具体的禁忌的话，就比较多，读十年都不会读完。可能翻前十页就完了，后面十页读不下去。但是你不了解这些，人家说个笑话，你就不了解人家为什么笑。"（宗教禁忌）
(19)	语言能力	1-18-22："所以有条件的话，学会当地语言是最好的。去法国说法语，去德国说德语，可能就会更好一点。"（外语能力）

资料来源：作者自制。

4. 主轴编码

主轴编码是将开放式编码中被分割的资料，通过类聚分析，在不同范畴之间建立关联。在建立关联时，需要分析各个范畴在概念层次上是否存在潜在的联结关系，从而寻找一定的线索（Kendall，1999）。为此，本书将开放式编码中能呈现不同范畴之间联系的帖子逐一分析，试图解析出其中潜在的脉络或者因果关系。

通过主轴分析，我们可以发现深度访谈的文本资料中是存在一定的范畴归类和因果关系的。我们将这些范畴归类和逻辑关系思路进行归类（见表3-4）。

表3-4　基于主轴编码的关系

主范畴 （冰河模型）	关系类别	影响关系的范畴 （对应编码）	关系的内涵
积雪层因素	政治因素	国际关系（3-10-19） 当地政治（3-11-6、2-19-5） 中国形象（1-16-7、1-17-4）	影响中国企业成功"走出去"的一个重要因素就是政治因素，它是影响中国企业成功"走出去"的外部因素之一。当下，中国企业"走出去"受到的政治因素影响巨大，表现为中国与当地政府的国际关系、当地政治的稳定性等。例如，印度与尼泊尔的关系导致中国企业在尼泊尔举步维艰。此外，当地政府的频繁变动、换届也给中国企业带来了巨大的风险和成本。但是当地政府的集中采购也是对中国企业极为重要的信息，政治决定下的大批量采购可以有效帮助企业"走出去"。随着中国改革开放、经济高速发展、加入WTO、承办奥运会等，世界人民眼中的中国形象逐渐转好，这种观念或认识上的转变，有助于中国企业在国外立足

主范畴 （冰河模型）	关系 类别	影响关系的范畴 （对应编码）	关系的内涵
积雪层 因素	法律 因素	当地制度（3-2-18、3-2-20、3-3-2、3-5-8、3-6-3、3-6-11、2-9-7、2-10-2、2-16-16、2-17-6、2-22-22、1-3-13、1-4-18、1-9-15、1-11-18） 市场透明度（2-21-16） 当地政策（3-3-19） 中国政策（3-4-11） 腐败现象（2-18-18）	影响中国企业"走出去"的另一个重要因素是法律，它涉及当地法律制度、当地的政策以及中国的相关政策。中国由于处于制度转型背景下，因此对于制度的重视程度也逐步提高。但是，中国人对法律意识的相对缺乏也导致中国企业在国外屡屡碰壁。当地的外汇管制制度等，也直接影响中国企业的出口和财务状况。此外，中国对出口企业的政策也极为重要，是否有补贴、是否有银行贷款，都是极为重要的问题
	科技	管理者金融知识（3-9-7）	人员的受教育程度是重要的科技指标之一，而"走出去"中国企业的管理者，其金融知识的掌握程度也影响着企业的业绩。对于日趋复杂的全球金融背景，企业管理者必须具备优秀的金融技能，能够应对日常危机与困难
冰冻层 因素	教育	员工文化培训（3-7-10）	中国企业"走出去"的文化差异，其直接应对方式便是缩小双方的这类异质性。而重要的途径之一就是采用员工文化培训的方式，让员工了解不同文化，增强组织的文化包容性
	社会 组织	工会影响力（3-3-14、1-11-4、1-12-4、1-17-20） 缺乏智库（3-3-22） 社会体系（3-6-15） 消费习惯（3-13-2、3-13-20、1-2-13、1-3-4、1-6-21、1-7-14）	中国的工会与西方工会的功能、影响力等方面都存在较大差异。西方国家的工会存在更大的权力，而中国企业一旦触及员工、组织的社会责任底线便可能受到工会的"惩罚"。此外，智库是企业"走出去"的重要知识储备，可以为中国企业在"走出去"的过程中提供战略思路、参考建议等。但是，目前中国极为缺乏这类智库，中国企业对这类智库又具有较高的需求。当地消费者的消费习惯、消费偏好也是决定中国企业在当地是否能够顺利经营的重要因素。例如，在穆斯林等宗教地区，对于当时消费者对于食物、产品的偏好必须十分重视
	价值 观	价值观（3-2-17、3-3-5、3-5-13、3-6-3、2-3-15、1-4-14、1-15-5） 思维习惯（2-11-4、1-5-2、1-13-22、1-13-22、1-14-12） 社会责任认知（2-11-19）	价值观在整体文化因素中具有重要的比重。出于历史、政治、宗教等原因，中国与其他国家之间存在较大的文化差异。例如，中国人普遍会认为人际关系的重要性强于法律制度，大家认为"只要搞定了当地的领导，就没有办不成的事"。但是，国外很多国家、地区对于契约、制度的重视程度远大于人际关系

续表

主范畴 （冰河模型）	关系 类别	影响关系的范畴 （对应编码）	关系的内涵
河水水层 因素	语言	沟通差异（3-2-6） 交流习惯（3-13-7、2-12-8、1-8-15、1-15-1） 语言能力（1-18-22）	语言差异、沟通差异和交流习惯是中国企业"走出去"遇到的最为直接的问题。例如，新加坡人发短信表明他暂时不方便接电话，而在印度尼西亚则表示他想刻意把事情说清楚。此外，对于能够掌握多门外语，特别是熟练掌握东道国语言的企业管理者来说，是极大的优势
	宗教	宗教信仰（2-25-21、1-18-14） 商业文化（3-7-3、3-9-15、3-14-2）	在从事对外商务过程中，禁忌等注意事项也是管理者需要极为重视的，否则很容易因为触及对方忌讳点而使得商务沟通失败

资料来源：作者自制。

5. 选择编码

选择编码是指选择核心范畴，把它系统地和其他范畴予以比较，验证其间的关系，并把概念化尚未发展完备的范畴补充整齐的过程。该过程的主要任务包括识别出能够统领其他范畴的主范畴，用所有资料及由此开发出来的范畴、关系等简明扼要地说明全部现象，即开发故事线；继续开发范畴使其具有更细微、更完备的特征（Strauss 和 Corbin，1998）。

经过开放编码、主轴编码及其相关分析后，本书根据研究目的对原始资料、概念、范畴，尤其是范畴关系进行了不断的比较，将核心问题范畴化为影响中国企业成功"走出去"文化因素的冰河模型。这一核心范畴模型，其实与经典的文化洋葱理论、冰山模型是相一致的，是上述理论模型的演进。影响中国企业"走出去"的文化因素包括显性、若隐若现以及隐性三个层次、三大范畴。下面展开分析冰河模型的这三大主范畴能否统领其他的主范畴。

制度理论致力于将制度研究与组织密切结合，研究在制度化过程中，组织之间出现类似以及产生差异的原因、制度环境对组织的影响、制度环境如何影响组织的结构和运行等问题。Scott（2011）认为制度理论的分析框架可以分为管控制性系统（Regulative）、规范性系统（Normative）和文化认知系统（Cultural-cognitive）三部分。基于 Scott（2001）构架体系，本书构建了如图 3-7 所示的立体式的"冰河模型"，用以构建影响中国企业成功"走出去"的文化因素模型——依次分别是显露于外的"积雪层"、若隐若现的"冰冻层"、隐藏于内深不可测的"河水层"。

6. 理论饱和度检验

作为决定何时停止采样的鉴定标准，理论饱和度检验是指不可以获取额外数据以使分析者进一步发展某一个范畴之特征的时刻（Pandit，1996）。为了检验理论饱和度，我们对预留的文本资料和文献进行了编码和分析，相关资料的内容仍然是影响中国企业"走出去"的文化因素。

完成预留验证组帖子的开放编码后，发现没有形成新的范畴和关系。因此，可以认为上述理论模型是饱和的（Pandit，1996）。

三、实地访谈的冰河模型结构分析

本书基于新制度主义理论，采用扎根理论的方法，深入中国的跨国公司进行访谈。通过资料整理与编码，最终获得了大量与文化息息相关的影响因素。而在洋葱模型、冰山模型的基础上，本书构建了中国企业"走出去"的文化影响因素冰河模型，展开可分为积雪层、冰冻层和河水层三层（见图3-7）。

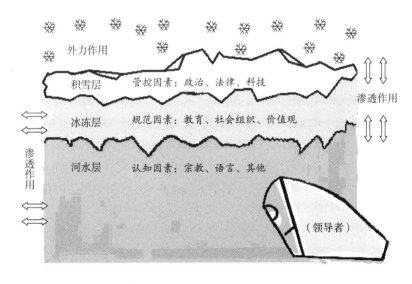

图3-7　文化冰河模型

资料来源：作者自制。

1. 积雪层因素

显性层面，白色的部分是模型的最上层，即"积雪层"。这个层面与外力相互接触、相互作用的程度最大，具有一系列显露在外的特征。它往往是一个国家的管理控制体系，是可鉴别的结构性特征（如"地理因素"），主要涉及国家的政治体制和经济制度，通常是可以通过一定的法律条文、制度规范明确指出的结构性特征。

　　本书认为影响中国企业成功"走出去"的文化因素中最凸显的就是积雪层因素，其中包含政治因素、法律因素、科技因素、企业战略、企业属性与国家形象。政治因素中，本研究的扎根理论发现国际关系（3-10-19）与当地政治（3-11-6、2-19-5）是影响中国企业"走出去"的重要政治因素。全球化竞争的格局下，国家间关系错综复杂，国际关系直接影响国家经济、政治的稳定性。一旦中国与中国企业"走出去"的东道国之间的关系发生微妙转变，便会对企业产生重要影响。而当地政治稳定性也是当地中国企业的生存命脉，特别是多党派国家与处于战争状态的国家。

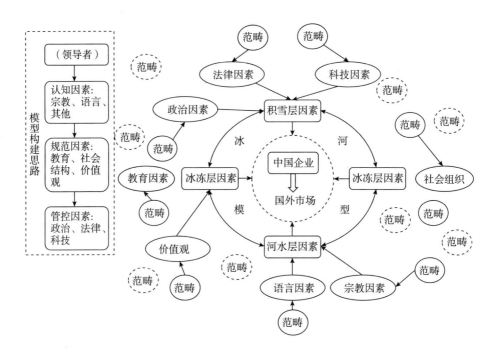

图 3-8　中国企业"走出去"文化因素之冰河模型

注：最外部由诸多子范畴构成，本图由于空间原因只列举部分。虚线范畴表示现实存在，但尚未纳入扎根理论中的影响因素。

资料来源：作者自制。

　　本书认为当地制度（3-2-18、2-10-2、1-3-13）、市场透明度（2-21-16）、中国政策与腐败现象等作为法律制度，对中国企业走出去也极为重要。当地法律环境直接影响了中国企业的经营柔性，同时市场透明度也决定了中国企业将以何种方式开展"走出去"战略。在市场透明度较高的国家或地区，人际关系的重要性则被制度特色压低，中国企业需要极为重视自身"硬能力"，从而获得竞争优势；而在市场透明度较低的环境下，中国企业则需要通过特殊方式来获得充分信息，以保障自身利益。腐败现象也是诸多国家的特色，在一定程度上反映了当地的制度情况，而对于西方大部分企业而言，腐败是商业圈中的一大禁忌。

科技因素在本研究中主要涉及中国"走出去"企业管理者的金融知识（3-9-7）。全球化竞争日趋激烈的市场环境要求企业管理者必须具备更为复合的知识体系，其中金融知识是必备技能。外汇、保险、国际贸易等都是中国企业"走出去"常用的知识，一旦管理者缺乏相应技能，企业便会寸步难行。中国企业"走出去"文化因素之冰河模型如图3-8所示。

同样作为可鉴别特征的是中国企业战略，其中涉及最多的包括中国企业在东道国的本土化战略（2-15-16）、人力资源战略（3-1-18）以及在当地的合作模式（3-1-21）。本土化战略是中国企业进入本土市场后的最终形式，要求中国企业能真正融入东道国，雇用当地员工、在当地生产、销售满足当地人民需求的产品。而这一阶段是大部分中国企业"走出去"尚未完成的阶段，需要更多的企业继续探索。人力资源战略更多是涉及"怎么用人"的问题，其中最显著的特征就是中国企业是否应该雇用当地员工，特别是高层管理者。一方面，雇用当地管理者能够更快地帮助企业适应当地环境、了解当地市场水平和结构等；另一方面，由于当地管理者与中国存在较大的文化差异，在工作中经常会产生矛盾、冲突，进而影响团队工作效率。合作模式是中国企业在进入当地市场之前就必须考虑的战略问题，是独自进入，抑或是与中资企业共同进入，还是与当地企业合作。此外，对于CEO的选择也是较为突出的问题。与人力资源战略类似，选择合适的CEO将影响企业的战略目标实现。

在本研究中，企业属性作为直观因素，包括了企业规模（3-12-1、2-22-6）、出口产品属性（3-11-11）以及企业内部的管理制度（3-4-21）。企业规模主要讨论大型企业和中小型企业的规模因素对中国企业走出去的影响。小公司由于基础薄弱，资金力量单薄，往往抗风险能力较弱，经受不住当地市场的冲击。但是小企业也具备柔性较高、灵活性较高的特点，对于应急性的事件能够在较短的时间内完成，保障工作效率。相对应地，大型企业由于资金力量雄厚，对于当地市场的冲击具备良好的抵抗能力，同时大型企业拥有较多人力资源，社会资本丰富。但是，大型企业由于系统庞大，结构复杂，事情的处理往往效率低下，无法迅速解决客户所需。因此，企业规模也是影响中国企业"走出去"的另一因素。

2. 冰冻层因素

若隐若现层面，浅灰色的部分是模型的中间层，即"冰冻层"，介于"积雪层"和"河水层"之间。"冰冻层"一方面受到外力和"积雪层"的作用，凝聚河水冻结成冰；另一方面它的本源还是河水，源自"河水层"，只是隐藏得比较浅显，易被人们发觉罢了。这一层次主要指的是社会文化中那一部分有时可以作为某些行为、言论等被人们感知，而有时则化身为意识、思想、道德底线等很难被人们察觉的"价值观"方面的内容。

在本书中，我们发现影响中国企业"走出去"文化因素中若隐若现的因素包括教育、社会组织与价值观。其中，价值观（3-2-17）与社会组织（3-3-14）被提及的次数较多，是两个重要影响因素。

价值观是基于人在一定的思维感官之上作出的认知、理解、判断或抉择，也就是人认定事物、辨定是非的一种思维或取向，体现了人、事和物的一定价值或作用。在我们访谈过程中，大部分员工或管理者都反映出中国人与其他国家人民在价值观方面存在较大差异，这也是阻碍中国企业适应当地环境的重要影响因素。例如，对于制度作用（3-6-3）、过程认知（3-5-13）、观念冲突（2-3-15）等，中西方都存在较大差异，而这部分差异就使中国企业需要及时了解、认识并主动适应这类差异。同时，人们的思维习惯（2-11-4、1-5-2）和社会责任认知（2-11-19）也是其中的两点因素。由于人们的生活环境、历史因素等不同，导致了中西方在思维习惯方面也存在差异。例如，在对待细节、战略方向方面，两国都存在一定差异。此外，本书访谈结果发现，目前中国企业在社会责任方面要优于西方国家，中国管理者更多地将"人情"（2-12-8）、"面子"等因素纳入管理决策中，有助于企业社会责任的实施。

3. 河水层因素

隐性层面，深灰色的部分是模型的底层，即"河水层"；是隐藏在深处、具有较难触及的特征。由于位于"积雪层"和"冰冻层"之下，一般情况下，"河水层"往往比较难被直接发觉。另外，水又是"冰冻层"和"积雪层"的物质来源。换句话说，"河水层"主要指的是文明的本源，是一种文明有别于另一种文明的根本表现，它是一种文明思想形成和发展的"哲学基础"及对世界认知的"基本假设"。这些哲学思想和基本假设是形成一个社会基本的价值观念和道德规范的基础。

第四节 企业走出去跨文化指标体系的构建

一、研究内容

中国企业走出去跨文化大数据平台建设的可视化工作依赖于指标体系的建

立，而指标体系的最终获得依赖于多途径来源。该研究思路由多名知名专家组成的专家组，进行多轮研讨，确定：

路径一：来源于现有文献。梳理现有理论与研究，进行系统性综述。

路径二：来源于现有书籍。对经典著作、近些年出版的国际商务、跨文化管理等书籍进行综述。

路径三：来源于企业调研。基于扎根理论思想，挖掘更全面的文化因素。

然后，整合上述三条路径，获得系统的中国企业"走出去"文化影响因素指标体系。

二、大数据可操作化方案设计：交叉对比

在上述综合模型的基础上，专家组深化出一级指标、二级指标和三级指标，同时强化指标说明。为后续大数据技术的实现，提供可操作方案，为可视化提供理论基础。具体的交叉对比过程，参见图3-9。

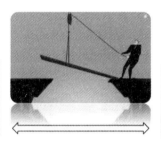

扎根理论形成：

价值观

价值观（3-2-17、3-3-5、3-5-13、3-6-3、2-3-15、1-4-14、1-15-5）
思维习惯（2-11-4、1-5-2、1-13-22、1-13-22、1-14-22）
社会责任认知（2-11-19）

大数据可视化操作：

引用Hofstede的价值观文化维度

6.1 权力距离指数
6.2 个人主义指数
6.3 不确定性规避指数
6.4 男性化指数
6.5 长期导向指数
6.6 放任与约束指数

图3-9 指标体系的交叉对比处理示例

资料来源：作者自制。

三、中国企业走出去跨文化指标体系及其说明

本书所涉及的国际企业面临的文化环境，基本立足的是广义的文化范畴，并剔除了部分与国际企业经营关系不大的文化因素，共涉及3层/8类/75项。本书将此冰河模型文化分为三层：①文化积雪层即显性层面，它往往是一个国家的管理控制体系，涉及政治因素、法律因素、科技因素。②文化冰冻层即若隐若现层面，介于"积雪层"和"河水层"之间，包括教育、社会组织与价值观。③文化河水层即隐性层面，位于"积雪层"和"冰冻层"之下，一般情况下很难被发觉。包括语言与宗教等因素。为避免遗漏和当下热点，在可视化平台末增加了"其他类"（含国别历史、新冠肺炎疫情情况等）。

通过对三大来源的指标汇总、交叉对比，形成了一套较为全面的指标体系。但是，可视化展示的需要与大数据技术的接入，需要对指标体系进行调整。因此，

基于上述原因，专家组对指标体系进行调整，调整后的指标体系详见表3-5。后续的大数据收集与可视化展示，都将基于该指标体系。

表3-5　中国企业走出去跨文化指标体系

制度环境层面	一级指标	二级指标	三级指标	指标说明（数据搜索内容）	标号
积雪层	1 政治	1.1 国家与疆域	1.1.1 国家名称	汉语、英语、母语	1
			1.1.2 地理位置、气候条件、时差	地图	2
			1.1.3 国旗、国歌、国徽	图片、音频、说明	3
			1.1.4 行政区划	地图	4
		1.2 国家组织形式	1.2.1 国体和政体		5
			1.2.2 政党制度	一党制/两党制/多党制	6
		1.3 政治经济政策	1.3.1 经济体制	市场经济/计划经济/混合经济	7
			1.3.2 税收政策	关税/增值税/消费税/营业税	8
			1.3.3 货币与利率政策	币种图片+利率五年表格	9
			1.3.4 汇率政策	五年表格	10
			1.3.5 外商投资政策	行业领域政策/优惠/鼓励政策+负面清单	11
			1.3.6 进出口贸易政策	行业领域政策/优惠/鼓励政策	12
		1.4 政局稳定性	1.4.1 国家风险指数	欧洲货币基金组织指数	13
			1.4.2 政府执政能力	世界银行指数	14
		1.5 双边关系	1.5.1 两国外交关系	建交、时间	15
			1.5.2 友好城市	清单	16
			1.5.3 贸易与投资	五年投资和贸易数据	17
			1.5.4 境外中资企业	境外中资企业数据+清单	18
	2 法律	2.1 法律体系	2.1.1 所属法律体系	大陆法系/英美法系	19
		2.2 相关法律	2.2.1 外商投资法：国际合作方式	每个法律搜索信息主要包含：相关法律目录与连接/相关法律要点	20
			2.2.2 资源环境保护法		21
			2.2.3 劳工法、契约与人员聘用		22
			2.2.4 反腐败法		23
			2.2.5 反倾销法		24

续表

制度环境层面	一级指标	二级指标	三级指标	指标说明（数据搜索内容）	标号
积雪层	3 科技	3.1 科技水平	3.1.1 产业结构	三大产业比例 三大产业从业人口比例	25
			3.1.2 能源消耗结构		26
			3.1.3 R&D 投入占 GDP 比例		27
		3.2 科技政策	3.2.1 新技术准入政策	政策概要	28
			3.2.2 知识产权保护	专利法/商标法/know-how（专有技术保护法	29
			3.2.3 技术偏好与选择	对不同技术的政策优惠等	30
		3.3 城市发展	3.3.1 城市化率	数据+说明	31
			3.3.2 通信水平	有线电视覆盖率/手机信号拥有率和覆盖率/无线网络拥有率和覆盖率	32
			3.3.3 道路服务水平	人均高速公路长度/人均普通公路长度/人均铁路长度	33
冰冻层	4 教育	4.1 教育体系	4.1.1 国民教育体系	办学体系与学制 大学排名（国际国内）	34
			4.1.2 国际教育体系	办学体系与学制/国际教育学校/国际学生比例	35
		4.2 受教育程度	4.2.1 初等教育比例		36
			4.2.2 中等教育比例		37
			4.2.3 高等教育比例		38
			4.2.4 留学比例		39
		4.3 专业教育	4.3.1 外语教育	外语培训机构/中小学外语教育/高等教育外语教育	40
			4.3.2 MBA、EMBA 情况	学校与年招生人数	41
		4.4 人力资源能力	4.4.1 国民素质	阅读能力/数学能力/创新能力 参照 OECD 组织的国际成人能力评估调查（PIAAC）	42
			4.4.2 健康能力	医疗卫生总支出占 GDP 比率/人均医疗健康支出/人均寿命	43

制度环境层面	一级指标	二级指标	三级指标	指标说明（数据搜索内容）	标号
冰冻层	5 社会组织	5.1 企业类型	5.1.1 企业所有制结构、国有企业比例	国有、外商、民营（企业数结构、税收结构、就业结构）	44
		5.2 商会及行业协会	5.2.1 行业协会		45
			5.2.2 华商会		46
			5.2.3 贸易促进会		47
		5.3 工会	5.3.1 工会的组织和功能	外商投资时工会的组织安排	48
		5.4 消费者行为	5.4.1 受欢迎品牌		49
			5.4.2 消费者保护	消费者保护法的概要介绍	50
		5.5 工作习惯	5.5.1 周工作时间		51
			5.5.2 加班态度		52
		5.6 社会结构	5.6.1 人口数量与结构		53
			5.6.2 家庭结构	双亲家庭/单亲家庭/丁克家庭/单身比例/其他（含同性婚姻比例）	54
			5.6.3 基尼系数		55
	6 价值观	6.1 权力距离指数		指数+说明	56
		6.2 个人主义指数		指数+说明	57
		6.3 不确定性规避指数		指数+说明	58
		6.4 男性化指数		指数+说明	59
		6.5 长期导向指数		指数+说明	60
		6.6 放任与约束指数		指数+说明	61
河水层	7 语言	7.1 所属语言	7.1.1 官方语言		62
			7.1.2 地方语言		63
		7.2 主要媒体	7.2.1 通讯社	各类别最主要的官方媒体名称、网站链接、联系方式	64
			7.2.2 电视媒体		65
			7.2.3 广播媒体		66
			7.2.4 报纸		67
			5.2.5 网络媒体		68
		7.3 语言服务机构		名称、网站链接、联系方式	69

续表

制度环境层面	一级指标	二级指标	三级指标	指标说明（数据搜索内容）	标号
河水层	8 宗教	8.1 所属宗教	8.1.1 主要宗教	从中挑选出研究对象国所属的宗教，并给出相应宗教的比例和分布区域	70
			8.1.2 其他宗教		71
		8.2 基本教义			72
		8.3 仪式			73
		8.4 假日			74
		8.5 禁忌			75

资料来源：作者自制。

表 3-6 指标体系冰河模型三大来源的交叉对比

指标体系冰河模型 来源一：现有论文		指标体系冰河模型 来源二：现有书籍		指标体系冰河模型 来源三：实地访谈	
积雪层	政治	政治经济政策（29）双边关系（10）政局（4）疆域（3）国家组织形式（2）	政治（23）	自然资源	政治（32+4）*
					当地政策（1）
					当地政府支持情况（1）
					双边政治关系（2）
					政局稳定性（1）
					政治风险（1）
					中国国力提升（1）
					中国政府支持（1）
					产品的国际认证（1）
					产品属性、性质、价格（4）
					当地产品的价格（1）
					当地经济情况（2）
					当地竞争者情况（2）
					当地市场容量、市场情况（2）
					关税（1）
					劳动力价格（1）
					全球经济（2）
					外汇情况（1）
					消费文化、习惯、偏好（3）
					消费者的价格敏感度（3）
					消费者认知（1）

续表

指标体系冰河模型 来源一：现有论文			指标体系冰河模型 来源二：现有书籍		指标体系冰河模型 来源三：实地访谈	
积雪层	法律	相关法律（6）	法律（15）	法律 （13+1）	法律意识（3）	
					法律约束（6）	
					腐败现象（1）	
					市场透明度（1）	
					制度（2）	
	科技	科技水平（9）	科技（10）	科技 （2+0）	运输期、交货期（1）	
		政策（3）			知识产权的保护情况（1）	
		城市（1）				
冰冻层	教育	教育体系（34）	教育（14）	教育 （2+0）	管理者认知水平（1）	
		人力资源能力（14）			受教育水平（1）	
		专业教育（12）				
		受教育程度（3）				
	社会组织	工作习惯（25）	社会组织（12）	婚姻家庭体系	社会组织 （12+1）	当地机构（2）
		企业类型（11）				当地劳动力情况（4）
		消费者行为（5）				当地人口（1）
		工会（4）				工会（2）
		行业协会（3）				行业协会（1）
	价值观	长期导向指数（13） 个人主义（8） 放任/约束（6） 不确定性规避（3） 权利（2） 男性化指数（2）	价值观（26）	处世态度 时空观念 艺术 美学 伦理 社会责任 人际关系	价值观 （28+6）	"中国制造"刻板印象（4）
						个人关系（3）
						加班态度（1）
						面子（1）
						契约态度（2）
						人情（2）
						认知差异（1）
						商业惯例（2）
						社会责任（2）
						文化认同（1）
						消费观（1）
						用户忠诚度（3）
						中外思维方式的差异（5）

续表

		指标体系冰河模型 来源一：现有论文	指标体系冰河模型 来源二：现有书籍		指标体系冰河模型 来源三：实地访谈	
河水层	语言	所属语言（1）	语言 （19）		语言 （6+2）	当地语言（3）
						地方语言（1）
						沟通方式、途径（2）
	宗教	禁忌（2）	宗教 （21）	饮食 服饰 称呼	宗教 （7+3）	假日（2）
						宗教契合度（1）
						宗教习俗、禁忌（4）

注：＊访谈所构建的指标体系冰河模型中，"+"号前的表示三级子指标出现的频次统计，"+"号后的表示二级指标单独出现的频次统计。

资料来源：作者自制。

第四章 文化环境指标大数据采集

第三章构建了基于冰河模型的文化指标体系，依据文化数据的多元、异构、海量的特点，本章采用大数据方法进行采集。本书课题组利用大数据方法，通过机器网络抓取、人工梳理采集两种方式获取课题所需要的信息，尽量全面覆盖所需要数据。基于所获取数据，设计友好展示界面，使用户清晰明了地查看相关文化信息，实现跨文化信息可视化。

第一节 用大数据方法进行研究的优点

大数据（Big Data）是指"无法用现有的软件工具提取、存储、搜索、共享、分析和处理的海量的、复杂的数据集合"。其特征主要表现在数量（Volume）、种类（Variety）、价值（Value）、速度（Velocity）四个方面：首先是数量上为海量数据。截至目前，所生产的纸质印刷品的数据体量在200PB（1PB = 210TB）左右，而从古至今人类整体所说话语的数据量总和大约是5EB（1EB = 210PB）。当前，普通的个人计算机外部硬盘存储器容量已可达TB量级，而一些大型公司的数据存储容量已接近EB量级。其次是数据类型多样性。由于数据类型的多样性，数据通常被分为结构化数据与非结构化数据。较之于文本数据这样易于被存储的结构化数据，如今视频、音频、图片、日志、地理位置等非结构化数据也越来越受到关注与重视，而这些多样性数据对计算机数据处理能力与水平提出了更高的要求。再次是价值密度低。数据的价值密度与其数据量存在反比例关系，即数据量越大则其价值密度越低。以视频数据为例，时长为1小时的视频，在其连续的视频播放数据中，其中有用的视频数据可能只有1~2秒。当前大数据广泛应用前提与背景下，如何通过有效及强大的计算机算法而分析得出数据价值是急需解决的问题。最后是数据处理速度快。该特点大数据分析与传统数据分析之间差异的最显著特征。大数据发展主要经历了三个阶段，即孕育期、启动期、高速发展期（见图4-1）。

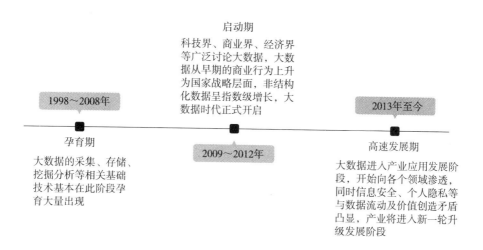

启动期
科技界、商业界、经济界等广泛讨论大数据，大数据从早期的商业行为上升为国家战略层面，非结构化数据呈指数级增长，大数据时代正式开启

1998～2008年

2013年至今

孕育期
大数据的采集、存储、挖掘分析等相关基础技术基本在此阶段孕育大量出现

2009～2012年

高速发展期
大数据进入产业应用发展阶段，开始向各个领域渗透，同时信息安全、个人隐私等与数据流动及价值创造矛盾凸显，产业将进入新一轮升级发展阶段

图4-1　大数据发展的主要历程

资料来源：作者自制。

利用大数据进行分析，具有如下三个优势：

（1）数据的丰富性。随着大数据、互联网、云计算的飞速发展，尤其是近几年移动社交网络、物联网、新硬件、传感器，以及各种可穿戴设备的广泛应用，以数量巨大，类别繁多，时效性强为特征的结构化和非结构化数据大量出现。相较于传统小数据而言，大数据所涉及的数据量已经大到分析传统数据的工具方法无法在合理时间内提取数据并进行价值分析，进而无法为企业获取有效的数据与结果。大数据指的是巨量、快速、实时的信息，大数据的处理需要速度更快、性能更好、方法更为适宜海量数据的处理方法。大数据由于其多源多维度多种类全方位的数据分析为企业带来了更多的发展机会与潜力。国内外网民也越来越倾向于在网上发表有关政治、经济、文化等各方面的评论，同时，一些专业的官方网站也为分析提供丰富的相关政策数据。

（2）减少"未知"。传统数据收集量小范围窄，数据种类也较少，造成数据不够全面，而研究人员本身也不可能全知全能，从而会造成分析问题时，问题会存在更多的未知与不确定性。而当前互联网大数据的使用，其多源融合数据的分析，为问题分析提供了更全面、更深入的视角，从而可以帮助有效降低问题的"未知"与不确定。

随着可供分析数据量的增多，信息也会随之增大，事物间的规律也会逐渐更为清晰地显现出来。所有的信息都掺杂有用信息和无用信息，而无用信息又称为噪声信息，有用信息从自然规律角度来看属于低频信息，是易于为人所分辨识别的信息，而噪声则归属高频信息，不易为人所分辨识别。当将信息映射于频域之中，随着信息量的显著增多，低频信息即有用信息的频谱值也将会随之增大，而噪声信息服从高斯分布，其频谱值固定没有变化。另外，信息就是数据的反馈。当数据较少时，数据受噪声的影响会比较大，造成能反馈的有用信息较少；但是，当数据量显著提升时，低频信息即有用信息将会占主导地位，从而受到噪声的影响就会相对减少，故能反馈的有用信息也会相对增加。因此，大数据分析可以帮助发现事物之间的规律，减少事物的"未知"与不确定性。

（3）数据的实时性。传统研究与分析，数据通常为某个时间点下的截面数据，呈现出"一次性"的缺点，而大数据的实时采集技术，可以使分析研究人员及时获取到时效数据。

从物联网、新硬件到大数据分析，如今的信息通信技术飞速发展。5G等移动互联网络的普遍应用，也促使实时数据采集与分析成为重点关注对象。要实现实时采集与分析，需要更为迅速高效的数据处理方式，而其最为理想的解决方案即应用大数据分析。大数据分析以高速有效地处理速度分析海量数据，并可以做到实时分析。从而使分析更具有时效性与可信性。

第二节　数据采集方法

一、网络抓取

移动互联网信息通信时代，各种信息层出不穷。甚至人们获取信息的方式方法也都发生着深刻变化，从传统的纸质阅读与查找，已经演变为普遍的通过百度、谷歌等搜索引擎进行信息查找。人们转身从信息匮乏的时代跨入海量信息溢出的时代。在如今，困扰的人们的不是信息量太少，而是信息量太多，人们无法从杂乱无章且海量繁多的数据中进行分辨与选择。因此，提供一个能够在互联网上自动抓取数据，并进行自动分拣和分析的工具非常有意义。传统的搜索引擎所获取的信息，通常是以网页形式展现的，这种信息人工阅读起来自然亲切，但计算机却很难进行加工和再利用。而且检索到的信息量太大，很难在大量的检索结果中抽取出有用和人们需求的数据。采用关键词自动识别技术，将所需要的信息从海量的信息中筛选出来，就是数据抓取。

课题组主要采用 Fixed Site 和 SERA 相结合的方式。如图 4-2 所示。

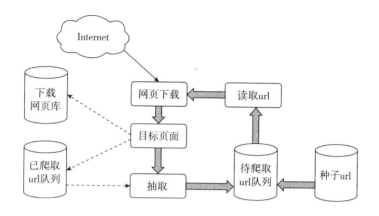

图 4-2 网络抓取

资料来源：作者自制。

Fixed Site：应用自主开发的网站数据爬虫（Spider/Robot）对指定的网站数据进行采集，主要定点网站如表 4-1 示。

表 4-1 主要定点网站

新闻	论坛	百科	社交类	官网	搜索引擎
人民网 新华网 腾讯网 新浪网 光明网 网易 100 多新闻网站	知乎 百度贴吧 携程旅游等旅游论坛	百度百科 维基百科 MBAlib	微博 微信	国家的一些官网，如印度外交部、财政部、中国商务部、世界银行、国际货币基金组织等	Google 百度 必应

资料来源：作者自制。

SERA（Search Engine Result Aggregator）：应用自主开发的数据爬虫对指定的关键词在特定搜索引擎里的搜索结果进行采集。

上述两种方式的有机结合，能最大限度地覆盖到超过 98% 的主流网站的信息，避免重要信息的缺失；能够实时监控和采集来自目标网址的内容并对采集到的信息进行过滤和自动分类处理，同时能快速定位更新目标网页，起到各类实时信息监控的作用。

Fixed Site 和 SERA 相结合的方式的优势：

（1）灵活性：系统将采用模块化建设，对于采集信息相关的国家、网站站点、采集频率的变更需要能够灵活调整。

（2）安全性：从系统软件、数据库软件、硬件与网络设备等角度全方位考虑与提升系统与数据的安全性，杜绝因本系统原因所导致的数据丢失或关键业务监控不力等问题。

（3）智能性：从数据到智能，提供多维度的数据分析，从而帮助提供完整的数据决策支持。

（4）扩展性：随着客户的需要新增目标国家和采集网站，系统需要为增加对新网站的数据提供模块支持。

二、人工采集与筛选

除了机器网络抓取的数据，课题同时结合人工的方式采集相关数据。

网络上 PDF 文档中的数据内容不能直接机器获取，需要人工阅读相关文档后人工获取相关数据，同时论文、书籍中的数据也需要人工阅读获取。主要数据源有：

（1）相关科研论文。跨文化相关的中外论文，从中国知网、万方数据等中文数据库，以及从 SSCI、Emerald、EBSCO 等外文数据库中近五年来所有相关论文。

（2）相关书籍。霍夫斯坦特出版的文化相关书籍及文化相关经典书籍。*Exploring Culture：Exercises，Stories and Synthetic Cultures，Culture's Consequences：Comparing Values，Behaviors，Institutions and Organizations Across Nations*，《全球化语境下的跨文化传播》《跨文化传播》《跨文化交际》等书籍。

（3）网络上 PDF 文档。如对外投资合作国别（地区）指南、当地国家政策等。从各国商务部、外交部等网站上采集，有一些政策文档，还有一些统计年鉴等，这些文档都是 PDF 格式，无法机器识别，均为人工获取。

（4）相关出版的咨询报告。如《文化中行国别（地区）文化手册》系列咨询报告等。《文化中行国别（地区）文化手册》分为国情纵览、政治环境、经济状况和双边关系四篇，分别介绍了多国的自然地理、历史人文、风俗习惯、政治体制、司法环境、政策导向、资源状况、外国企业、金融市场、经贸关系、华人华侨等方面，附录还给出了各国在世界银行发布的各国营商环境排行榜中的排名，以及中国驻外使领馆的联系方式。

人工获取的数据基本都是需要人工阅读和处理，得到符合课题指标要求的内容，而一部分机器抓取所获取的数据同样也需要人工阅读和处理，如从大段的文章中整理出概要核心点。

主要人工数据处理方式有：

（1）人工阅读。对人工获取的数据，人为的阅读，并提取出课题指标所需要的相关内容。对于文献、咨询报告、书籍、PDF 文档等，这些均需要人为阅读相关内容。

（2）概要核心提取。一部分机器获取的数据为大段的内容，需要人工阅读，提取出相关的概要核心点，比如国家的相关政策等，各国发布的一般为长篇文档，不利于用户查阅。课题组成员通过人工方式对所有相关政策文档等内容进行核心内容及关键点提取，使用户通过概要点阅读即可得知总体上的政策主要内容。

（3）清洗和剔除。部分机器获取但无法识别出的无关数据，需要人工识别、清洗和剔除。对于机器网络抓取的内容，通过机器可以过滤多数无效无关数据，但是仍有部分无关数据机器无法识别，课题组成员通过人工检查过滤方式对其进行清洗过滤。

第三节　重要指标

数据总体处理过程如图 4-3 所示。对于爬取的数据以及人工获取的数据，都需要通过数据检查、过滤、封装并通过文本分析后进行入库。

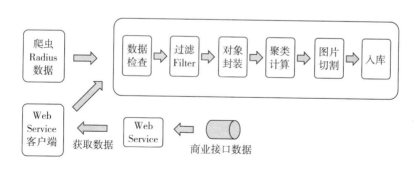

图 4-3　数据总体处理过程

资料来源：作者自制。

一是，所涉及的国家信息必须符合并 100% 覆盖项目组的需求和规定。利用监测系统中的关键词智能追踪模型，信息检索规则将 100% 覆盖项目组的需求，并有一定的扩展规则。网民在网络上讨论或发表评价时，往往会有多种称呼，甚至是错别字。比如"伊斯兰"，可能还会有伊丝兰、伊思兰、al-Islam 等多种写法，我们会使用机器学习和人工介入修正的方式，确保所涉及的名称100%全覆盖。

二是，数据的准确性不低于95%（定期进行样本抽查）。为了提高客户获取信息的准确性，通过开发去重、自动分类程序，将从网络上获取的信息进行初步的处理，去除掉相似度较高的信息，同时进行话题分类。最后再由项目组成员对资料进行人工处理，最大限度确保准确性。

基于领先的数据采集和语义识别技术，我们的垂直搜索引擎能直达信息源根部，通过量身制定的关键词库，帮助客户获取最需要的数据信息。我们对于信息数据的采集、识别、定性、归类等各个环节有严格的操作规范。

通过监控警示系统，对整个商品数据同步方案中的各部分进行实时监控和记录，对异常事件发布警报提醒。采集数据时采用分布式、分站点式采集，该功能提供各线程按照采集规则采集数据运行情况的监控及采集异常情况的报警。在采集数据过程中如果有异常现象，系统报警后通过人工干预来对数据进行补采。

三是，数据的重复率必须小于2%（定期进行样本抽查）。信息去重是数据处理的重要环节。为提高处理效率，确保数据的低重复率，我们采用了标题去重和内容去重相结合的方法。

第一步，对中间库信息根据标题初步去重：对标题相似度阈值>0.8的信息进行去重处理。

第二步，对进入主表的信息进行二次去重。其中分为两种：一种是内容完全相同的，相似度阈值>0.9；另一种是内容不完全相同，相似度阈值在0.7~0.9。完全相同的记录，系统那个自动删除重复数据。不完全相同的，比对出结果，由人工后期介入处理。

课题设计的一个 Web of Service 订阅客户端程序，用于从上游获取指定规格的数据，然后和已经生产产生的数据进行归并和数据规格整理，最后保存到指定的持久层里。

四是，数据完整性大于95%（定期进行样本抽查）。通过探针机制来测试数据采集的正常性和全面性。每天凌晨探针启动工作，验证各大数据源采集工作是否正常，如有异常则通过邮件向特定人员报警。每周通过 AB 两套方案抽样验证数据全面性，即在日常运行 A 方案，每周选取若干个小时同时启动 B 方案，然后验证 AB 两套不同方案采集获得数据量，以此评估在正式执行的 A 方案的质量。

五是，社交媒体用户评价垃圾无用数据量应小于10%。对于采集到的社交媒体信息，通过第一轮的清洗，剔除不符合既定规则的数据，进入数据存储中间库，等待做下一步处理。目前系统拥有两个高速智能扫描引擎：

①用户身份扫描引擎：社交媒体僵尸用户的形态已从过去以关注为主的低级形态向进行营销的高级形态过渡，为了有效地鉴别社交媒体中的僵尸粉，我们通过分析用户的粉丝数、关注数、微博数/发表数、转发数、转发评论情况、分时段的发文数等代表用户行为的特征向量，构建了一种基于用户行为的智能识别方法。

②词法扫描引擎：是指根据已有的垃圾信息特征词库，对所有信息进行扫描，自动识别无意义水文、纯表情贴、广告帖等。同时，具备一种自学习的扫描方法，可以根据原先设定的样本内容，在扫描过程中对算法做出适当的实时调整。

第四节　技术方案

一、逻辑架构

本书技术架构采用基于云计算框架进行设计与研发，信息的采集、处理、分析等核心工作环节均在服务器"云"端实现。服务器采用集群结构，可实现海量访问。系统具有高安全性、可靠性和扩展性的优势，先进的云技术及双重备份技术可以有效避免因客户端的不稳定造成数据丢失和系统崩溃等严重后果。

部署的服务器包括数据采集服务器、数据库服务器、数据分析服务器和Web管理服务器。

数据采集服务器用来采集关注的论坛、微信、微博、境内（外）网站等海量数据，支持分布式采集和多线程并发采集。将数据实时发布到全文数据库和数据库服务器中。

数据库服务器用来存储采集的元数据，并执行内容去重、无用信息过滤及关键信息提取等动作；同时响应Web管理服务器的数据查询；为了提高建设速度，全文检索采用分布式技术，采取基于SPINXS内核扩展的专用检索技术保障业务需要。

数据分析服务器用来实现数据推送、相似分析、实体抽取及自动摘要等相关分析，可集成部署到数据库服务器中，可根据实际情况选择。

Web 管理服务器进行用户管理、组织架构管理、关键词维护、系统管理、分类管理等。

总体逻辑架构如图4-4所示。

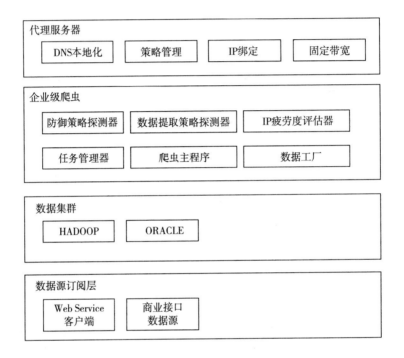

图4-4 逻辑架构

资料来源：作者自制。

二、物理架构

物理架构定义了"程序如何映射（安装、部署或烧写等）到硬件"，以及"数据如何在硬件上保存和传递"。物理架构的设计着重考虑的是"安装和部署需求"，即如何将软件系统最终安装或部署到物理机器。物理架构视图描述运行软件的计算机、网络、硬件设施等情况，还包括如何将软件包部署到这些硬件资源上，以及它们运行时的配置情况。

课题数据抓取物理架构如图4-5所示。

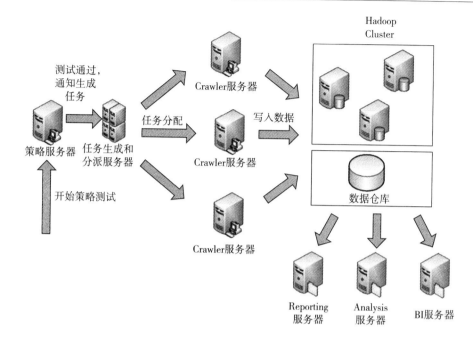

图 4-5 物理架构

资料来源：作者自制。

三、数据流

数据流过程如图 4-6 所示。

四、防御策略探测器

网站通常通过单一 IP 非常规的访问频次、单一 IP 非常规的数据流量、大量重复简单的网站浏览行为（绝大多数情况只有机器人才会做深翻页）、只下载网页，没有后续的 js、CSS 请求（在应用层）、通过一些陷阱来发现爬虫，例如一些通过 CSS 对用户隐藏的链接，只有爬虫才会访问等方式发现爬虫。一般网站从三个方面反爬虫：用户请求的 Headers，用户行为，网站目录和数据加载方式。前两种比较容易遇到，大多数网站都从这些角度来反爬虫。第三种一些应用 ajax 的网站会采用，这样增大了爬取的难度。

由于网络爬虫带来的安全威胁，不少网站的管理人员都在考虑对爬虫访问进行限制甚至拒绝爬虫访问。由于目标站点一定存在防御策略，因此需要设计一个程序对其进行主动探测，为爬虫程序的执行提供基础策略数据。探测工具一般最开始以每 30 秒一次发送请求，观察 100~150 次，确认无误后，将发送请求的时

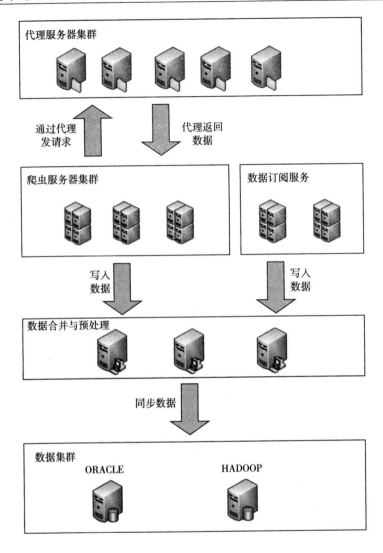

图 4-6　数据流过程

资料来源：作者自制。

间间隔缩短一半（折半法）后再执行相同数量的发送动作，一直到触发站点防御规则为止。防御策略探测器需要在每天的批次任务执行前运行，确保防御规则的变化不会影响到主要任务的运行。

五、数据提取规则探测器

由于我们需要从站点请求应答的正文里提取比较复杂的数据以及附加信息，

因此需要确保每次请求获得的 HTML 正文符合已经设置好的提取规则，避免浪费流量和丢失数据的情况发生。探测工具在每一个批次的任务运行前，随机选择 3~5 个关键词组，时间跨度则随机到 5~10 天，组合产生不多于 500 个数据任务，在 5 分钟内运行完毕，评估其整体的失败率和数据获取率，决定是否需要抛出警告。

六、IP 疲劳度评估器

在目标站点防御策略已经探测清楚的前提下，我们需要对每一个代理服务器的 IP 地址对目标域的访问疲劳度做出评估。评估后可以得知 IP 地址是否足够健康来执行当前的请求，如果 IP 地址过于疲劳，则需要其停止请求一定的时间（具体的时间以防御策略探测结果为准），待其恢复后再执行请求。

当一个 IP 当天的工作总次数或者工作频率已经十分接近某个域名对应的上限阈值时，我们就认为该 IP 疲劳度比较高，不宜再执行该域名下的对应任务。

七、任务管理器

针对每一个国家，我们可以根据其对应的指标来生成需要运行的批量任务。任务生成完毕后，将其加入任务管理队列，由爬虫主程序来读取任务，并执行采集动作，当任务执行失败时，爬虫主程序将通告任务管理器，由任务管理器根据任务的失败类型决定是否将任务加入重试队列。

任务失败主要划分为两大类型：网络通信类和站点响应类。网络通信类主要是由于网络硬件和通信层面引发的问题，该类问题的特点是异常级别低，出现频率低。站点响应类是由于站点的策略和应答不符合爬虫预期而引发的问题，该类问题往往可以通过 HTTP 协议应答的状态码识别。

八、爬虫主程序

爬虫主程序由两个部分组成：一个是线程池；另一个是具体执行抓取动作的爬虫工厂。当任务管理器根据策略和负载的情况将任务分配给爬虫主程序后，爬虫主程序会根据线程池的忙碌程度来决定是否需要将任务加入工作线程池，并且根据任务去往的站点从爬虫工厂里读取对应的抓取动作来执行。

<h1 style="text-align:center">第五节　关键技术</h1>

一、网页采集技术

按需控制采集的目标和范围，并且支持深度采集和复杂的动态网页采集。课题组主要结合使用了通用网络爬虫技术、聚焦网络爬虫技术，以及增量式网络爬虫技术。

1. 通用网络爬虫

通用网络爬虫又称全网爬虫（Scalable Web Crawler），一般爬行对象会从某些特定种子 URL 开始爬取进而逐渐扩展到整个 Web，该爬虫方式主要为一些门户站点搜索引擎以及大型 Web 服务提供商所使用的采集数据方式。而由于商业原因，它们的技术细节很少公布。这类抓取数据的方式其爬行范围和爬行数量都非常大，对于数据抓取速度和数据存储空间拥有较高要求，同时其对爬行页面的顺序要求则相对较低，此外，由于其需要待刷新的网络页面太多，通常采用并行工作方式，但会需要较长时间才能刷新一次页面。虽然通用爬行方式耗时长代价高，但其广泛各搜索引擎服务商所使用，具有较强的应用价值。

通用网络爬虫的结构一般分为"页面爬行模块、页面分析模块、链接过滤模块、页面数据库、URL 队列、初始 URL 集合"几个部分。为保障数据爬取的效率，通常也需要遵循一定的爬行策略。深度优先策略和广度优先策略是广为使用的两种爬行策略。

（1）深度优先策略：将网页之间的链接看成一层层的层级，从初始层级开始爬取，依据链接逐层深入爬取。一个网络页面一般会有多个链接，而爬虫在沿着链接一直爬到没有新的链接页面后会逐层返回上级链接页面，对上级链接页面中还未进行爬取的链接进行爬取，直至所有的链接页面都爬取完成。深度爬行是层层深入，从第一个页面开始，接着会爬取第一个页面上所有链接中的一个链接作为第二个爬取页面，然后会对第二个页面链接中的一个链接作为第三个爬取页面。这种策略对于垂直搜索或站内搜索有相对优势，但当爬行页面链接较多且链接层次较深时会造成资源的巨大浪费。

（2）广度优先策略：不同于深度优先的层层深入，广度优先策略则是依次爬取页面中所有的链接页面后，再接着对链接页面中的链接页面进行爬取。广度优先策略是从第一个页面开始，第一个页面有多个链接，不是选取其中的一个链接接着进行爬取，而是对第一个页面上所有的链接都进行爬取，而后再对这些第一个页面的链接上的页面的新增链接进行爬取，直至所有的链接都爬取完成。这种策略将会有效控制爬取页面的深度，避免遇到一个无穷深层分支时无法结束爬行的问题，实现方便，无须存储大量中间节点，不足之处在于需较长时间才能爬行到目录层次较深的页面。其工作流程如图4-7所示。

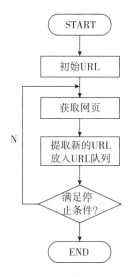

图4-7　通用网络爬虫工作流程

资料来源：作者自制。

2. 聚焦网络爬虫

聚焦网络爬虫（Focused Crawler），又称主题网络爬虫（Topical Crawler），是指"选择性地爬行那些与预先定义好的主题相关页面的网络爬虫"。和通用网络爬虫相比，聚焦爬虫只需要爬取那些跟主题相关的页面，针对性强，由于只针对主题相关因此保存的页面显著减少，可以极大地节省硬件和网络资源，并且可以很好地满足特定人群对特定领域信息的需求。

较之通用网络爬虫，聚焦网络爬虫增加了链接评价模块以及内容评价模块。评价页面内容的重要性以及网页链接的重要性是聚焦网络爬虫的重要特点与特性，通过不同的评估方法得出的网页链接重要性以及内容重要性得分不同，从而也会造成页面的爬取顺序不同。聚焦爬虫过程如图4-8所示。

3. 增量式网络爬虫

增量式网络爬虫（Incremental Web Crawler）是针对已经爬取的网页和内容进行增量式的更新，并且只爬行新产生的或者有更新的网页内容，其能够在一定程度上保证爬取页面的时效性与实时性。与周期性爬行和刷新页面的网络爬虫相

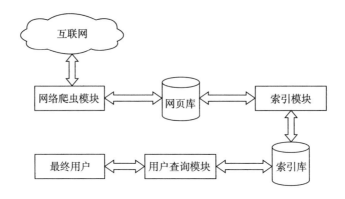

图 4-8　聚焦网络爬虫过程

资料来源：作者自制。

比较而言，只有在有更新或者有变化时增量式爬虫才会重新爬取相关页面，而对于没有任何更新和变化的页面则不重新进行数据抓取，该方法可以有效节省页面抓取量，从而可以降低时间和存储空间的浪费，但是较之传统爬行方法增量式爬虫方法通常更难实现。

二、网页解析技术

除了解析和提取网页的标题和正文，还要按需提供时间、来源、作者及其他元数据解析，包括网页中特定内容的提取。

（1）html 文档解析（DOM Tree）。在浏览器没有完整接收 HTML 文档时，它就已经开始显示这个页面了。生成解析树即 dom 树，是由 dom 元素及属性节点组成，树的根是 document 对象。

（2）浏览器发送获取嵌入在 HTML 中的对象。加载过程中遇到外部 css 文件，浏览器另外发出一个请求，获取 css 文件。遇到图片资源，浏览器也会另外发出一个请求，获取图片资源。这是异步请求，并不会影响 html 文档进行加载。

但是当文档加载过程中遇到 js 文件，html 文档会挂起渲染（加载解析渲染同步）的线程，不仅要等待文档中 js 文件加载完毕，还要等待解析执行完毕，才可以恢复 html 文档的渲染线程。

（3）css 解析（parser Render Tree）。浏览器下载 css 文件，将 css 文件解析为样式表对象，并用来渲染 dom tree。该对象包含 css 规则，该规则包含选择器和声明对象。css 元素遍历的顺序，是从树的底端向上遍历。

（4）js 解析。浏览器 UI 线程：单线程，大多数浏览器（比如 chrome）让一个单线程共用于执行 javascrip 和更新用户界面。浏览器里的 http 请求被阻塞一般都是由 js 所引起，具体原因是 js 文件在下载完毕之后会立即执行，而 js 执行时候会阻塞浏览器的其他行为，有一段时间是没有网络请求被处理的，这段时间过后 http 请求才会接着执行，这段空闲时间就是所谓的 http 请求被阻塞。

三、索引和检索

由于信息专业性需求以及信息使用价值需求，通常需要实现索引和检索，并且能够针对结构化数据和非结构化数据实现相对较为准确的索引和检索。

数据索引主要包括三个步骤：网页内容的提取、词的识别、标引库的建立。其处理流程如图 4-9 所示，即需要分析需要搜索的关键词，将关键词映射为唯一的 wordID 值，wordID 关键词标引；查找标引库得到 docID 列表，docID 为文档标引，docID 会表引出该 ID 文档中出现的各关键词的次数以及位置等信息；遍历 docID 列表则可以得到哪些 docID 中出现了 wordID 所代表的关键词，每个关键词

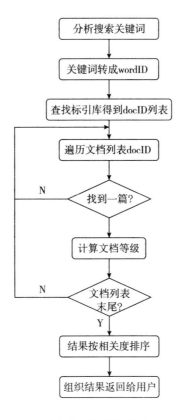

图 4-9　索引和检索

资料来源：作者自制。

所分配的 wordID 也都具有唯一性。出现 wordID 所代表的关键词的文档可能不止一篇，对于存在 wordID 的文档需要对其等级重要性进行排序，对于更为重要的文档，则排序靠前优先提供给客户。

四、文本挖掘

文本挖掘是将文本也看作数据，对其进行词频、主题、情感等分析，同时也可以应用各种机器学习算法对其进行深度挖掘，所得的分析与挖掘结果会对用户有重要意义。通常文本挖掘包括以下几个方面：

1. 对文本进行预处理

网页中存在很多不必要的信息，比如说一些广告，导航栏，html、js 代码，注释等，对于分析没有用的信息需要进行删除。如果是需要正文提取，可以利用标签用途、标签密度判定、数据挖掘思想、视觉网页块分析技术等策略抽取出正文。

2. 文本流的语言学处理

（1）分词。在找出中心词之前，首先在每个文本中得到所有词，即用到一个分词系统或者说分词工具。现在针对中文分词，出现了很多分词的算法，有最大匹配法、最优匹配法、机械匹配法、逆向匹配法、双向匹配法等（可以参考各类文献）。课题组采用的是经常用到的中科院的分词工具 ICTCLAS，该算法广为众多科研人员所采用，并且支持用户自定义词典，加入词典，对新词、人名、地名等的发现也具有良好的效果。

（2）词性标注。同时也可以使用词性标注。通过很多分词工具分出来的出会出现一个词，外加该词的词性。比如说，啊是语气助词。

（3）去除停用词。有些词比如说句号并不需要。显然，句号对意思的表达没有什么效果。还有"是""的"等词，也没有什么效果。因为这些词在所有的文章中都大量存在，并不能反映出文本的意思，可以处理掉。当然针对不同的应用还有很多其他词性也是可以去掉，比如形容词等。

3. 特征选择

特征选择有多种方式，最为广泛使用效果也最好的是 TF-IDF 特征提取方法。TF-IDF 的主要思想是：如果某个特定词汇或短语在某篇文章里出现，而在其他文章里却基本不出现，则认为该词或短语具有良好的可区分性，可以用以区分不同类别的文章。TF-IDF 其本质上是 TF×IDF，

$$词频(TF) = \frac{某个词在文章中的出现次数}{文章的总词数}$$

$$逆文档频车(IDF) = \log\left(\frac{语料库的文档总数}{包含该词的文档数+1}\right)$$

TF－IDF＝词频（TF）×逆文档频率（IDF）

4. 共词分析

共词分析是通过统计文献集中词汇或名词短语的共现情况，来反映关键词之间的关联强度，其主要分析过程如图 4-10 所示。

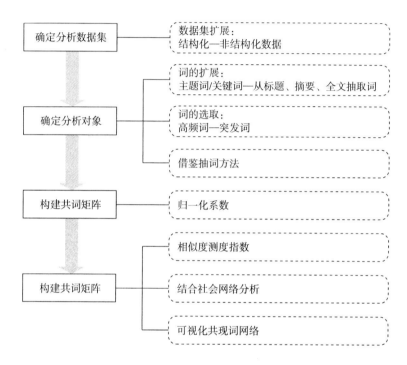

图 4-10　共词分析过程

资料来源：作者自制。

5. 主题分析

采用 LDA 主题分析，其过程如图 4-11 所示。

按照先验概率 p（d_i）选择一篇文档 d_i。

从 Dirichlet 分布 α 中取样生成文档 d_i 的主题分布 θ_i，主题分布 θ_i 由超参数为 α 的 Dirichlet 分布生成。

从主题的多项式分布 θ_i 中取样生成文档 d_i 第 j 个词的主题 $z_{i,j}$。

从 Dirichlet 分布 β 中取样生成主题 $z_{i,j}$ 对应的词语分布 $\phi_{z_{i,j}}$，词语分布 $\phi_{z_{i,j}}$ 由参数为 β 的 Dirichlet 分布生成。

从词语的多项式分布 $\phi_{z_{i,j}}$ 中采样最终生成词语 $\omega_{i,j}$。

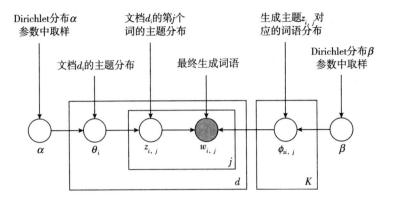

图4-11 主题分析过程

资料来源：作者自制。

6. 情感分析

采用基于情感词的情感分析，其过程如图4-12所示。

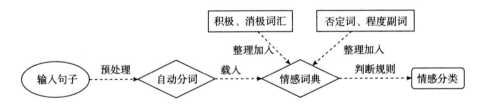

图4-12 情感分析过程

资料来源：作者自制。

首先构造情感词典，当前有较多较专业的情感词典，如图4-13所示。

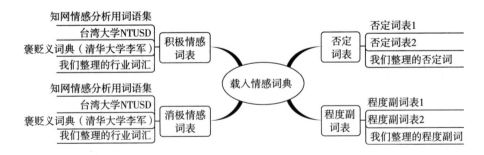

图4-13 构造情感词典

资料来源：作者自制。

而后基于情感词进行匹配，从而得出情感倾向，如图 4-14 所示。

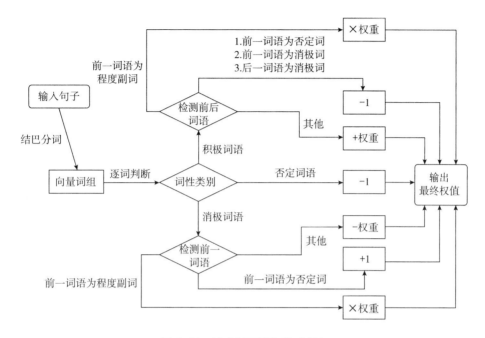

图 4-14　情感词匹配与情感倾向

资料来源：作者自制。

7. 利用算法进行挖掘

经过上面的步骤之后，可以把文本集转化成一个矩阵。能够利用各种算法进行挖掘，比如说如果要对文本集进行分类，我们可以利用 KNN 算法、贝叶斯算法、决策树算法等。

第六节　本项目数据情况与数据更新

本项目目前网络抓取和筛选数据量超过百万。如印度文化数据情况如表 4-2 所示。进行定期进行数据更新。使用 PostgreSQL 数据库，上传数据来源地址，有的实现后台定期自动更新平台数据（如价值观调查方面的数据被再次打开来源地址时，后台可自动进行更新）。

1. 原始裸数据（命中关键词）

举例：Jatakarma（庆生）是印度教徒人生圣礼的第 4 项，前 3 项都是产前的

表 4-2　印度一国文化数据抓取情况

数据来源	Fixed Site 方式采集	SERA 方式采集
①原始裸数据采集（命中关键词）	11093	42102
②第一次清洗（合并去重、剔除乱码）	45011	
③第二次清洗（歧义识别）	41932	
④第三次清洗（话题识别）	1253	

资料来源：作者整理。

仪式，从这项开始才是一个人出生后的仪式。这项仪式在婴儿出生时举行，目的是庆祝他来到人世间。婴儿的父亲要用一个小金勺给婴儿的舌头上点一点蜂蜜拌奶油，对着婴儿的耳朵轻轻说一声"Vedosi"，意思是"你是一个有知识的人"。随后，母亲开始给婴儿哺乳。

2. 第一次清洗（合并去重、剔除乱码）

通过 Fixed Site 和 SERA 方式采集的数据，有可能指向同一个站点的同一条 URL 链接，因此需要做去重处理。网页也可能存在广告或乱码，这些需要剔除。通过 SERA 会采集到上述这种命中关键词的广告，需要在第一轮处理中剔除。

3. 第二次清洗（歧义识别）

对于有可能存在歧义的搜索结果，进行第二次清洗，剔除掉不符合要求的结果。

4. 第三次清洗（话题识别）

话题识别主要采用 NearRule 方法识别，比如在关键词"印度"前后 20 个字符之间存在"文化""经济"等核心词，则作为命中结果。

抓取示例如图 4-15 和图 4-16 所示。

图 4-15　抓取示例（1）

资料来源：Simply Analytics 系统平台内截图。

图 4-16　抓取示例（2）

资料来源：Simply Analytics 系统平台内截图。

第五章 文化环境可视化

经过第四章文化环境指标大数据的采集，本章对基于冰河模型的文化指标进行"可视化"处理。本项目（中国企业走出去跨文化大数据管理平台）可视化平台主题背景色为蓝色（见图5-1），主要可视化设计与界面介绍如下：

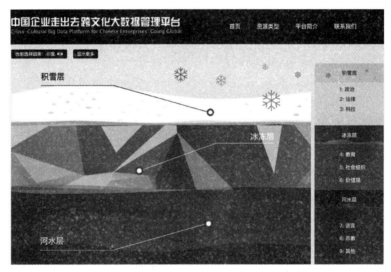

图5-1 中国企业走出去跨文化大数据平台界面

资料来源：本课题组"中国企业走出去跨文化大数据平台"。

第一节 可视化设计与程序开发

一、本项目可视化平台系统特点

本书课题组在进行了大量的数据采集工作之后，开发了一套相应的冰河模型可视化系统即"中国企业走出去跨文化大数据管理平台",以期更好地展示相关数据和服务相关企业。系统基于 J2EE 平台,主体代码采用 Java 编程语言和服务器端 Java 技术开发,使用数据库为 PostgreSQL。基于 B/S 提供数据可视化和数据管理服务,兼容当前主流浏览器,如 chrome、IE 9+、Safari、firefox,能够保障更多用户的访问体验。在功能设计方面,采用多级元数据字段定义,统一数据结构,使数据能够得到规范、有效管理,同时通过批量导入功能,简化管理员工作。在页面设计方面,结合"积雪层""冰冻层""河水层"三层特点设计样式,突出特色,结构清晰。同时在不同宗教、法律、价值观等可视化图中,设计每个分类的合适色彩。在交互方面进行了一系列人性化设计,如点击通过地图快速链接对应国家,提供可输入的国家检索框等,优化用户交互体验。

二、本项目可视化开发流程

总开发流程如图 5-2 所示。

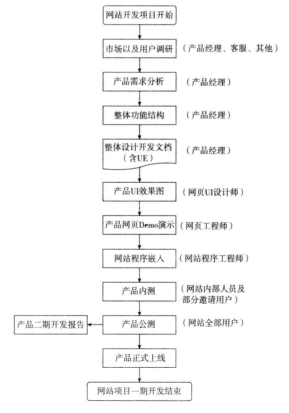

图 5-2 可视化总开发流程

资料来源:作者自制。

操作开发流程如图 5-3 所示。

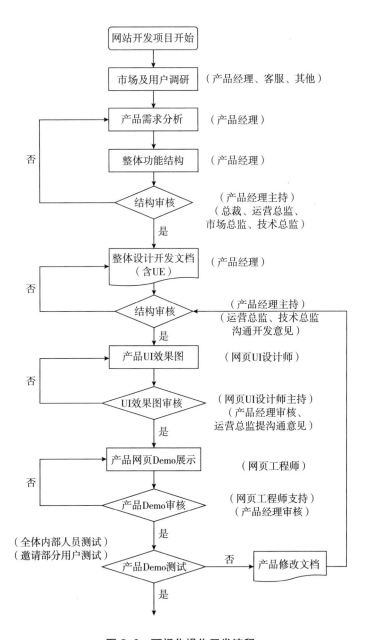

图 5-3 可视化操作开发流程

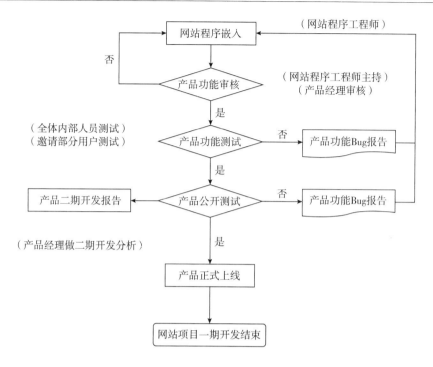

图 5-3 可视化操作开发流程（续图）

资料来源：作者自制。

可视化部署、开发流程如图 5-4 所示。

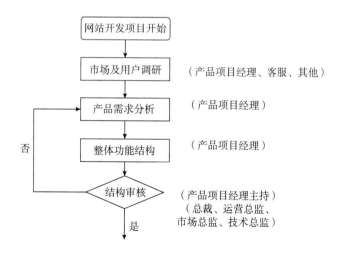

图 5-4 可视化部署、开发流程

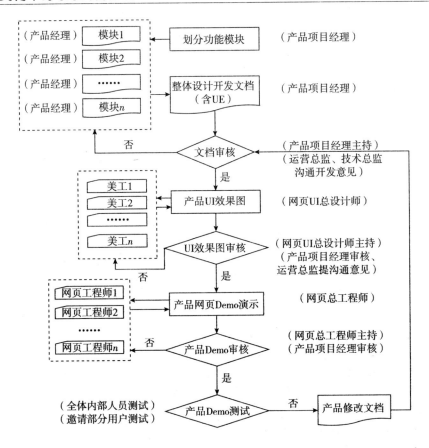

图5-4 可视化部署、开发流程（续图）

资料来源：作者自制。

第二节 可视化页面方面

一、主页面可视化

主页面主要为世界地图，右侧为导航，主要有地理、法律、价值观、语言、宗教五幅世界地图（详见中国企业走出去跨文化大数据平台）。

地理地图界面，从地理上看，世界有亚洲、非洲、欧洲、北美洲、南美洲、大洋洲五大洲，因此根据此五大洲，于地图上为不同颜色，如亚洲为浅蓝色，北美洲为橙色。

法律地图界面，根据加拿大渥太华大学（World Legal Systems Research Group）的数据而来。法律地图上，粉红色是执行英美法系，又称普通法、判例法制度的国家；浅蓝色是执行欧陆法系，也称大陆法系制度的国家。大陆法系的系统，主要是源自罗马法的遗产；绿色是执行伊斯兰教法，又称穆斯林法系（也叫 Sharia，音译是沙里亚）制度的国家，沙里亚在中文里的意思是道路（Road＝is the way）；白色是执行（混合法律）体系的政治实体，在这些国家的司法系统中，是可以两个或多个司法系统同时或交互地运用的。

价值观地图界面，是根据 Hofstede 的文化价值观数据聚类分析而来。霍夫斯坦特的文化价值观数据包含 6 个维度：权力距离、个人主义与集体主义、男性化与女性化、长期取向与短期取向以及自身放纵与约束。课题采集世界各国这 6 个维度的数据进行聚类分析。

聚为同一类的意味着这些国家文化价值观类似，采用同一种颜色。不同类别则采用不同种颜色。

语言地图界面，根据不同国家的第一官方语言所设计的地图。同一颜色代表官方语言相同。

宗教地图界面。根据不同国家的宗教信仰所得出的地图，数据源主要来自 Pew Religious Study 报告（详见中国企业走出去跨文化大数据管理平台）。

二、中间页面可视化

选中或搜索相应的国家后会显示如图所示 5-5 界面。总体上显示该国家的地理信息，以及总体的气候信息。

总体上的背景设计根据三层冰河模型，如图 5-6 所示。根据冰河模型，有积雪层、冰冻层、河水层三层。积雪层上呈雪花样式，颜色偏白；冰冻层颜色比积雪层颜色更深，呈冰块样式；最底层河水层为水流样式，颜色最深。右侧为各层指标，积雪层指标有政治、法律、科技，冰冻层指标有教育、社会组织、价值观，河水层指标有语言、宗教、其他。

三、内容页面可视化

内容页面则根据其所在的层次不同而有不同的背景。如图 5-7 所示，国旗国歌国徽指标位于积雪层指标，因此总体背景为积雪层背景，淡蓝色偏白。课题展示结合多种形式，有图形、音频。

图 5-7 为冰冻层指标展示样式。可以看出，冰冻层背景色与图 5-6 冰冻层颜色一致，较之积雪层颜色稍深。

图5-8河水层指标展示样式。河水层背景色与图5-6河水层颜色一致，颜色最深。

图5-5　国家总体页面

资料来源：本课题组"中国企业走出去跨文化大数据平台"。

图5-6　总体背景页面

资料来源：本课题组"中国企业走出去跨文化大数据平台"。

图 5-7 冰冻层内容页

资料来源：本课题组"中国企业走出去跨文化大数据平台"。

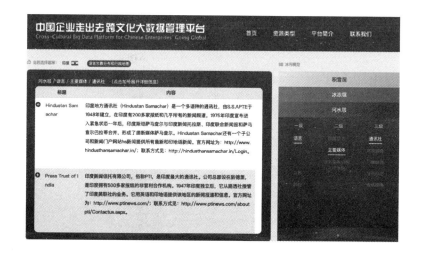

图 5-8 河水层内容页

资料来源：本课题组"中国企业走出去跨文化大数据平台"。

四、其他页面可视化

图 5-9 为积雪层科技政策内容页示例。可以看到对于政策内容，展示页面将政策概要核心进行总结显示，并附有原文链接，方便用户可以快速了解政策主要内容，同时也便于用户直接查看原文件。

图 5-9　积雪层科技政策内容页示例

资料来源：本课题组"中国企业走出去跨文化大数据平台"。

图 5-10 为冰冻层行业协会内容页示例。页面会对协会做简要介绍，并有该协会的官方网站地址。

图 5-10　冰冻层行业协会内容页示例

资料来源：本课题组"中国企业走出去跨文化大数据平台"。

图 5-11 为河水层宗教禁忌内容页示例。可以看到下面有内容来源。

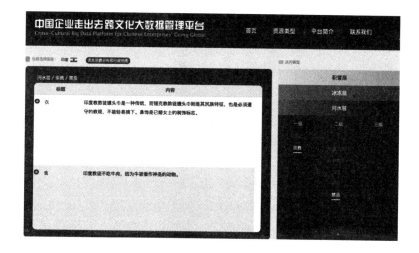

图5-11 河水层宗教禁忌内容页示例

资料来源：本课题组"中国企业走出去跨文化大数据平台"。

图5-12为河水层宗教仪式内容页示例。课题对仪式进行整理分析，以表格的形式展示各类仪式内容。

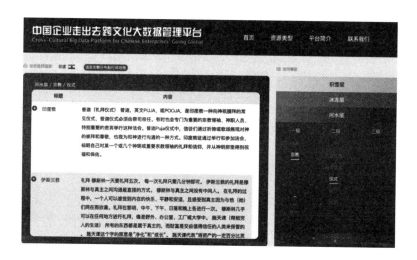

图5-12 河水层宗教仪式内容页示例

资料来源：本课题组"中国企业走出去跨文化大数据平台"。

第三节 可视化国别

本项目可视化拟展现"一带一路"（The Belt and Road，B&R）所有国家，鉴于经历和经费限制，目前可视化了22个国家（加上其他类别近30个国家，见表5-1）。如有经费支持，今后将继续组织课题组成员做下去。

表5-1 "一带一路"国家与业已可视化国家

A（12）	阿尔及利亚（Algeria）、安提瓜和巴布达（Antigua and Barbuda）、**奥地利**（Austria）、埃塞俄比亚（Ethiopia）、阿尔巴尼亚（Albania）、阿富汗（Afghanistan）、爱沙尼亚（Estonia）、阿曼（Oman）、埃及（Egypt）、阿联酋（United Arab Emirates）、阿塞拜疆（Azerbaijan）、安哥拉（Angola）
B（14）	巴布亚新几内亚（Papua New Guinea）、玻利维亚（Bolivia）、巴拿马（Panama）、波黑（Bosnia and Herzegovina）、**巴勒斯坦**（Palestine）、巴基斯坦（Pakistan）、巴林（Bahrain）、不丹（Bhutan）、白俄罗斯（Belarus）、波兰（Poland）、保加利亚（Bulgaria）、秘鲁（Peru）、巴巴多斯（Barbados）、布隆迪（Burundi）
C（1）	赤道几内亚（Equatorial Guinea）
D（4）	多米尼克（Dominic）、东帝汶（East Timor）、多米尼加（Dominican）、多哥（Togo）
E（2）	**俄罗斯**（Russia）、厄瓜多尔（Ecuador）
F（3）	**菲律宾**（Philippines）、斐济（Fiji）、佛得角（Cabo Verde）
G（7）	哥斯达黎加（Costa Rica）、圭亚那（Guyana）、格鲁吉亚（Georgia）、格林纳达（Grenada）、**古巴**（Cuba）、冈比亚（Gambia）、刚果（Congo）
H（3）	黑山（Montenegro）、哈萨克斯坦（Kazakhstan）、**韩国**（Korea）
J（8）	吉布提（Djibouti）、几内亚（Guinea）、**捷克**（Czech）、柬埔寨（Cambodia）、吉尔吉斯斯坦（Kyrgyzstan）、津巴布韦（Zimbabwe）、加纳（Ghana）、加蓬（Gabonese）
K（6）	克罗地亚（Croatia）、卡塔尔（Qatar）、科威特（Kuwait）、库克群岛（The Cook Islands）、肯尼亚（Kenya）、喀麦隆（Cameroon）、科特迪瓦（Côte d'Ivoire）
L（9）	卢旺达（Rwanda）、利比亚（Libya）、立陶宛（Lithuania）、拉脱维亚（Latvia）、黎巴嫩（Lebanon）、老挝（Laos）、罗马尼亚（Romania）、利比里亚（Liberia）、卢森堡（Luxembourg）
M（13）	毛里塔尼亚（Mauritania）、马达加斯加（Madagascar）、**摩洛哥**（Morocco）、缅甸（Myanmar）、孟加拉国（Bangladesh）、摩尔多瓦（Moldova）、马尔代夫（Maldives）、马来西亚（Malaysia）、马其顿（Macedonia）、蒙古国（Mongolia）、马耳他（Malta）、密克罗尼西亚联邦（The Federated States of Micronesia）、莫桑比克（Mozambique）

N（5）	纽埃（Nee）、尼泊尔（Nepal）、**南非**（South Africa）、纳米比亚（Namibia）、**南苏丹**（South Sudan）、尼日利亚（Nigeria）
P（1）	**葡萄牙**（Portuguese）
S（14）	索马里（Somalia）、塞内加尔（Senegal）、**苏丹**（Sudan）、**斯洛文尼亚**（Slovenia）、塞尔维亚（Serbia）、沙特阿拉伯（Saudi Arabia）、斯洛伐克（Slovakia）、斯里兰卡（Sri Lanka）、萨摩亚（Samoa）、塞浦路斯（Cyprus）、萨尔瓦多（El Salvador）、苏里南（Suriname）、塞拉利昂（Sierra Leone）、塞舌尔（Seychelles）
T（8）	突尼斯（Tunisia）、特立尼达和多巴哥（Trinidad and Tobago）、土库曼斯坦（Turkmenistan）、**泰国**（Thailand）、塔吉克斯坦（Tajikistan）、**土耳其**（Turkey）、汤加（Tonga）、坦桑尼亚（Tanzania）
W（7）	乌拉圭（Uruguay）、文莱（Brunei）、乌克兰（Ukraine）、**乌兹别克斯坦**（Uzbekistan）、乌干达（Uganda）、瓦努阿图（Vanuatu）、委内瑞拉（Venezuela）
X（5）	**希腊**（Greece）、**新西兰**（New Zealand）、叙利亚（Syria）、**新加坡**（Singapore）、匈牙利（Hungary）
Y（11）	**印度**（India）、也门（Yemen）、约旦（Jordan）、印度尼西亚（Indonesia）、越南（Vietnam）、**以色列**（Israel）、亚美尼亚（Armenia）、伊拉克（Iraq）、伊朗（Iran）、牙买加（Jamaica）、**意大利**（Italy）
Z（2）	智利（Chile）、乍得（Chad）、赞比亚（Zambia）、**中国**

注：粗体为业已可视化的国家，其他业已可视化国家有：**巴西、法国、美国、日本、英国**等。
资料来源：作者自制。

第四节 印度文化数据可视化展示

本项目可视化了近 30 国的文化三级指标体系。印度的各项指标及可视化展现（3 层/8 类/75 项）在课题结项报告中一一呈现，限于篇幅，本书略去。

第六章 文化环境指数排名及其可视化

通过跨文化大数据平台获得一国文化数据后，我们可以对该国文化风险进行评价。为了我国企业在走出去的时候能够走得更稳更远，我们必须提高"风险意识"和防范水平。这一部分通过利用模糊综合评价方法，设计了中国企业走出去的文化风险评估总体框架，评价集合定义为 V = {V1，V2，V3，V4，V5}，其中 V 表示风险程度的评价，从 V1 到 V5 分别表示高、偏高、中、偏低、低。权重集的确定选用专家打分法。

第一节 选择具有风险性的文化因素

在对中国企业走出去风险评价时，考虑到国家疆域等因素对文化风险影响较小，并剔除这些因素，剩下 8 个一级指标，23 个二级指标，40 项评估内容（见图 6-1）。

政治风险点包括政局稳定性 A1 和双边关系 A2；法律风险点包括外商投资法B1、资源环境保护法 B2、劳工法 B3、反腐败法 B4 和反倾销法 B5；科技风险点包括科技水平 C1、科技政策 C2、城市发展 C3；教育风险点包括教育体系 D1、受教育程度 D2、专业教育 D3、人力资源情况 D4；社会组织风险点包括消费者行为 E1、工作习惯 E2、社会结构 E3；价值观风险点包括权力距离指数 F1、个人主义指数 F2、不确定性规避 F3、男性化指数 F4、长期导向指数 F5、放任与约束指数 F6；以及语言风险点、宗教风险点。图 6-1 呈现了 8 个一级指标和 23 个二级指标，因 40 项评估内容太多，不在该图中进一步展示。

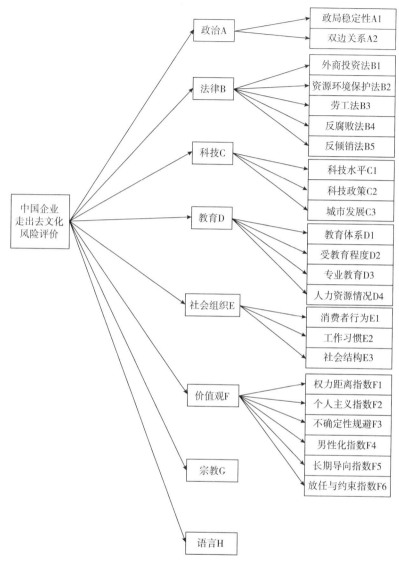

图 6-1　文化风险评价体系

资料来源：作者自制。

第二节　确定指标权重的判断矩阵

本项目采用层次分析法（AHP）来确定各指标权重，选取具有丰富企业海外投资经验的企业家和具有企业国际化经营研究经验的高校教师组成专家组来对指标进行比较。以印度为例，确定指标权重的判断矩阵。"先分解、后综合"是层次分析法的基本思路，基于此将研究问题细化为若干个小问题予以解决，针对问题的不同层次分解出相应的要素，并按照层次间的逻辑和要素间的优劣关系形成多层次的分析结构模型，最终归结于底层相对于高层的相对重要程度的赋值或相对优劣次序的问题。

本项目将使用层次分析法对中国企业走出去评价指标的权重进行计算，根据层次结构模型构建比较判断矩阵，采用表6-1"1-9标度法"并邀请专家对相对重要性进行打分量化，进而形成判断矩阵。进行层次单排序，即确定同一层指标对于所属的上一层指标的相对重要性次序的权重值。进行列向量归一化、行和归一化，求出特征向量，并求出相应权重。

表6-1 1-9标度法及含义

I_i/J_i	相等	稍显	明显	强烈	极强	介于相邻判断中间
a_{ij}	1	3	5	7	9	2、4、6、8

资料来源：作者自制。

由此得出各风险点下的指标两两比较矩阵，如表6-2至表6-7所示。

表6-2 政治风险点的两两比较矩阵计算

A	政局稳定性 A1	双边关系 A2	权重 wi
政局稳定性 A1	1	5	83.33%
双边关系 A2	0.2	1	16.667%

资料来源：作者自制。

表6-3 法律风险点的两两比较矩阵计算

B	外商投资法 B1	资源环境保护法 B2	劳工法 B3	反腐败法 B4	反倾销法 B5	权重值
外商投资法 B1	1	3.921	4	2.611	5	45.456%
资源环境保护法 B2	0.255	1	2.3419	1.6207	2.5907	19.096%
劳工法 B3	0.25	0.427	1	2.61097	2.3923	16.063%
反腐败法 B4	0.383	0.617	0.383	1	2.61097	12.825%
反倾销法 B5	0.2	0.386	0.418	0.383	1	6.560%

资料来源：作者自制。

表 6-4 科技风险点的两两比较矩阵计算

C	科技水平 C1	科技政策 C2	城市发展 C3	权重值
科技水平 C1	1	2.762430939	4.201680672	59.780%
科技政策 C2	0.362	1	3.424657534	28.996%
城市发展 C3	0.238	0.292	1	11.223%

资料来源：作者自制。

表 6-5 教育风险点的两两比较矩阵计算

D	教育体系 D1	受教育程度 D2	专业教育 D3	人力资源情况 D4	权重值
教育体系 D1	1	2.398	2.725	5.1020	47.475%
受教育程度 D2	0.417	1	2.5575	3.472	27.782%
专业教育 D3	0.367	0.391	1	3.472	17.490%
人力资源情况 D4	0.196	0.288	0.288	1	7.253%

资料来源：作者自制。

表 6-6 社会组织风险点的两两比较矩阵计算

E	消费者行为 E1	工作习惯 E2	社会结构 E3	权重值
消费者行为 E1	1	2.83286119	4.048582996	60.194%
工作习惯 E2	0.353	1	3.048780488	27.916%
社会结构 E3	0.247	0.328	1	11.890%

资料来源：作者自制。

表 6-7 价值观风险点的两两比较矩阵计算

F	权力距离指数 F1	个人主义指数 F2	不确定性规避指数 F3	男性化指数 F4	长期导向指数 F5	放任指数 F6	权重值
权力距离指数 F1	1	2.778	3.096	3.717	3.4364	5.2083	35.525%
个人主义指数 F2	0.36	1	2.8329	8.6505	3.1056	5	28.518%
不确定性规避指数 F3	0.323	0.353	1	2.9412	2.9762	4.0816	15.685%
男性化指数 F4	0.269	0.1156	0.34	1	1.667	2.611	8.276%
长期导向指数 F5	0.291	0.322	0.336	0.6	1	2.439	7.731%
放任指数 F6	0.192	0.2	0.245	0.383	0.41	1	4.264%

资料来源：作者自制。

最终，各指标的权重结果如表 6-8 所示。

表 6-8 中国企业走出去文化风险评价指标

风险点	一级评价指标及权重	二级评价指标及权重
政治 A （12.500%）	政局稳定性 A1（83.330%）	国家风险指数 A11（71.942%）
		政府执政能力 A12（28.058%）
	双边关系 A2（16.670%）	
法律 B （12.500%）	外商投资法 B1（45.460%）	
	资源环境保护法 B2（19.096%）	
	劳工法 B3（16.063%）	
	反腐败法 B4（12.825%）	
	反倾销法 B5（6.560%）	
科技 C （12.500%）	科技水平 C1（59.780%）	产业结构 C11（54.688%）
		能源消耗结构 C12（18.849%）
	科技政策 C2（28.996%）	研发与开发投入占 GDP 比例 C13（26.463%）
		知识产权保护 C21（76.359%）
	城市发展 C3（11.223%）	技术偏好和选择 C22（23.641%）
		城市化率 C31（71.485%）
		通信水平 C32（19.982%）
		交通运输水平 C33（8.534%）
教育 D （12.500%）	教育体系 D1（47.475%）	大学排名 D11（58.684%）
		国际教育学校 D12（24.215%）
		国际学生比例 D13（17.100%）
	受教育程度 D2（27.782%）	初等教育比例 D21（39.895%）
		中等教育比例 D22（27.160%）
		高等教育比例 D23（17.949%）
		留学比例 D24（14.996%）
	专业教育 D3（17.490%）	外语教育 D31（71.891%）
		MBA，EBMA 情况 D32（28.109%）
	人力资源情况 D4（7.253%）	国民素质 D41（77.280%）
		健康能力 D42（22.720%）
社会组织 E （12.500%）	消费者行为 E1（60.194%）	
	工作习惯 E2（27.916%）	
	社会结构 E3（11.890%）	人口数量结构 E31（61.305%）
		家庭结构 E32（15.073%）
		基尼系数 E33（23.622%）

风险点	一级评价指标及权重	二级评价指标及权重
价值观 F （12.500%）	权力距离指数和我国之差（35.525%）	
	个人主义指数和我国之差（28.518%）	
	不确定性规避指数和我国之差（15.685%）	
	男性化指数和我国之差（8.276%）	
	长期导向指数和我国之差（7.731%）	
	放任与约束指数和我国之差（4.264%）	
语言 （12.500%）	所属语言	
宗教 （12.500%）	宗教分布	

资料来源：作者自制。

第三节　一致性检验

为避免层次之间因素结果出现矛盾，需要对打分结果进行一致性检验。一致性指标 CI 的计算方法见式（6-1），CI 值越小，判断举证的一致性越好。在 CI 不为 0 时，需计算一致性比率 CR，计算方法见公式（6-2），且当 CR<0.1 时，认为矩阵具有满意的一致性；当 CR>0.1 时，需根据矩阵维度参考 RI 值。

$$CI = (_{\pi}max - n)/(n-1) \tag{6-1}$$

$$CR = CI/RI(n>2) \tag{6-2}$$

表 6-9　1-9 标度随机性指标 RI 值

阶数	1	2	3	4	5	6	7	8	9
RI 取值	0.00	0.00	0.58	0.90	1.12	1.24	1.32	1.41	1.45

资料来源：作者自制。

经一致性检验，各一级指标和二级指标的一致性都小于0.1，通过检验。具体各指标数据见表6-10、表6-11。

表6-10　各一级指标判断矩阵数据汇总

判断矩阵	最大特征值	归一化后的特征向量	相容性指标 CI	一致性指标 CR
A	2	(0.833，0.167)	0	0
B	5.345	(0.455，0.191，0.161，0.128，0.065)	0.086	0.077
C	3.074	(0.598，0.29，0.112)	0.037	0.071
D	4.138	(0.475，0.278，0.175，0.072)	0.046	0.052
E	3.065	(0.602，0.279，0.119)	0.032	0.062
F	6.51	(2.132，1.711，0.941，0.497，0.464，0.256)	0.102	0.081

资料来源：作者自制。

表6-11　各二级指标判断矩阵数据汇总

判断矩阵	最大特征值	归一化后的特征向量	相容性指标 CI	一致性指标 CR
A1	2	(0.7194，0.2806)	0	0
C1	3.023	(0.5469，0.1885，0.7646)	0.011	0.022
C2	2	(0.7636，0.2364)	0	0
C3	3.086	(0.7149，0.1998，0.08533)	0.043	0.083
D1	3.099	(0.5868，0.2422，0.171)	0.049	0.095
D2	4.163	(0.3989，0.2716，0.1795，0.15)	0.054	0.061
D3	2	(0.7189，0.2811)	0	0
D4	2	(0.7728，0.2272)	0	0
E3	3.002	(0.6131，0.1507，0.2362)	0.001	0.002

资料来源：作者自制。

第四节　模糊综合评价模型评价

本书在进行指标评价时，针对不便于量化的评价因子采用模糊性评分的方式，请专家结合各项指标，对应于评语集 P 进行判断，评语加权系数矩阵 F = (1, 2, 3, 4, 5)，分别对应风险 {高、偏高、中、偏低、低}。专家评分结果如表 6-12 所示。

表 6-12　专家评分结果

第一层		第二层		第三层		专家打分频数分布表				
权重			权重		权重	1分	2分	3分	4分	5分
A	12.500%	A1	83.330%	A11	71.942%		1	4		
				A12	28.058%		5			
		A2	16.670%				1	2	2	
B	12.500%	B1	45.460%				1	3	1	
		B2	19.096%					4	1	
		B3	16.063%				1	4		
		B4	12.825%					5		
		B5	6.560%				2	3		
C	12.500%	C1	59.780%	C11	54.688%		1	1	3	
				C12	18.849%		1	3	1	
				C13	26.463%		3		2	
		C2	28.996%	C21	76.359%		4		1	
				C22	23.641%		1	3	1	
		C3	11.223%	C31	71.485%		3	2		
				C32	19.982%		1	3	1	
				C33	8.534%	1	2	1	1	
D	12.500%	D1	27.782%	D11	58.684%		1	4		
				D12	24.215%		2	2	1	
				D13	17.100%		1	3	1	
		D2	47.475%	D21	39.895%		2	2	1	
				D22	27.16%			2	3	
				D23	17.949%		2	3		
				D24	14.996%		1	4		
		D3	17.490%	D31	71.891%			1	2	2
				D32	28.109%		1	2	2	
		D4	7.253%	D41	77.280%		1	4		
				D42	22.720%		2	3		

第一层		第二层		第三层		专家打分频数分布表				
E	12.500%	E1	60.194%				1	3	1	
		E2	27.916%				1	3	1	
		E3	11.890%	E31	61.305%			3	2	
				E32	15.073%		1	3	1	
				E33	23.622%			4	1	
F	12.500%	F1	35.525%					2	2	1
		F2	28.518%					3	1	1
		F3	15.685%					3	1	1
		F4	8.276%					2	1	2
		F5	7.731%			1	4			
		F6	4.264%				1	2	1	1
G	12.500%					1	2	2		
H	12.500%					1	4			

资料来源：作者自制。

由此计算各层模糊综合判断矩阵，以政治风险点下政局稳定性为例，第二层政局稳定性的综合判断矩阵是用第三层的权重矩阵乘上第三层下指标的判断矩阵。由此递推第一层的综合判断矩阵则使用得到的第二层判断矩阵乘上第二层的权重矩阵。

因为政治稳定下第三层的权重：$W_{A1} = [0.7194, 0.2806]$，判断矩阵：

$$R_1 = \begin{bmatrix} 0 & 0.2 & 0.8 & 0 \\ 0 & 1 & 0 & 0 \end{bmatrix}$$

故，模糊综合判断矩阵：$A_1' = W_{A1} \cdot R_1 = [0, 0.4245, 0.5755, 0, 0]$

第二层权重 $WA = [0.833, 0.167]$，判断矩阵：

$$R = \begin{bmatrix} 0, & 0.4245, & 0.5755, & 0 \\ 0, & 0.2, & 0.4, & 0.4 \end{bmatrix}$$

因此政治风险点模糊综合判断矩阵：

$A' = W_A \cdot R_A' = [0, 0.387, 0.546, 0.0668, 0]$

评语集矩阵 $= [1, 2, 3, 4, 5]$，

故政治风险点的评价值为 2.6792，风险处于偏高到中等之间。

同理得 $B' = W_B \cdot R_B' = [0, 0.0638, 0.7159, 0.1291, 0]$，故法律风险点的评价值为 2.7917，风险处于偏高到中等之间。

$C' = W_C \cdot R_C' = [0.0019, 0.43, 0.2216, 0.3466, 0]$，故科技风险点的评价

值为 2.9131，风险处于偏高到中等之间。

$D' = W_D \cdot R'_D = [0, 0.1605, 0.5042, 0.2463, 0.088]$，故教育风险点的评价值为 3.2588，风险处于中等。

$E' = W_E \cdot R'_E = [0, 0.1798, 0.6056, 0.2145, 0]$

故社会组织风险点的评价值为 3.0344，风险处于中等。

$F' = W_F \cdot R'_F = [0.0155, 0.4167, 0.3931, 0.1863, 0.04]$

故价值观风险点的评价值为 2.9734，风险处于偏高到中等之间。宗教风险点的评价值为 2.2，风险偏高。语言风险点的评价值为 1.8，风险处于较高和高之间。

最后在计算综合风险值时，综合层判断矩阵：

$$R = \begin{bmatrix} 0, & 0.387, & 0.546, & 0.0668, & 0 \\ 0, & 0.0638, & 0.7159, & 0.1291, & 0 \\ 0.0019, & 0.43, & 0.2216, & 0.3466, & 0 \\ 0, & 0.1605, & 0.5042, & 0.2463, & 0.088 \\ 0, & 0.1798, & 0.6056, & 0.2145, & 0 \\ 0.0155, & 0.4167, & 0.3931, & 0.1863, & 0.04 \\ 0.2, & 0.4, & 0.4, & 0, & 0 \\ 0.2, & 0.8, & 0, & 0, & 0 \end{bmatrix}$$，评语集矩阵 $= [1, 2, 3, 4, 5]$。

第五节 文化风险计算并可视化

因此综合评价值为 2.7038，属于风险处于较大和中等之间。由于篇幅有限，本书仅以印度为例，采用层次分析法对中国企业走向印度进行了风险评估。基于上述各风险点评价计算，绘制印度各风险点"雷达图"。通过雷达图（见图 6-2）可清晰发现，走向印度时中国企业面临不同指标的风险不同，如价值观、社会组织与教育等文化方面存在的风险可能较大，也意味着对中国企业的影响也较大。该结果表明，中国企业在向印度开展相关业务时，应特别重视印度社会的价值观，熟悉其相应的社会组织，并清楚地了解当地的教育基础，这些因素都有可能直接对企业经营造成影响。综上所述，该研究结果能帮助中国企业管理者更好地进行决策。

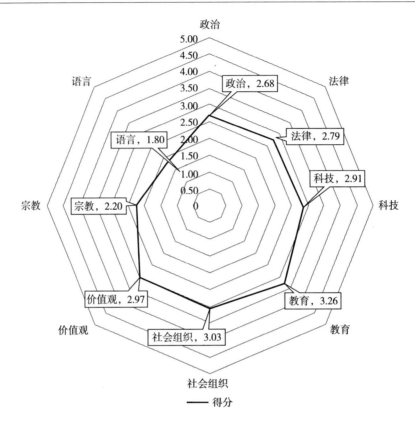

图 6-2 印度文化风险雷达

资料来源：作者自制。

第六节　国别区域文化环境指数排名

经过如同前面步骤的测算，已可视化"一带一路"22 个国家的国别区域文化环境指数情况如表 6-13 所示，其排名情况也可见一斑。

表 6-13　国别区域文化环境风险指数及其排名

类别	国家或地区	分值	排名
A	奥地利（Austria）	2.345	18
	埃及（Egypt）	3.006	4

续表

类别	国家或地区	分值	排名
E	俄罗斯（Russia）	2.999	6
F	菲律宾（Philippines）	2.700	9
G	古巴（Cuba）	3.000	5
H	韩国（Korea）	2.576	10
J	捷克（Czech）	2.354	20
M	摩洛哥（Morocco）	2.300	21
N	南非（South Africa）	2.566	12
	南苏丹（South Sudan）	3.456	2
P	葡萄牙（Portuguese）	2.299	22
S	苏丹（Sudan）	3.465	1
	斯洛文尼亚（Slovenia）	2.478	15
T	泰国（Thailand）	2.567	11
	土耳其（Turkey）	3.123	3
W	乌兹别克斯坦（Uzbekistan）	2.998	7
X	希腊（Greece）	2.565	13
	新西兰（New Zealand）	2.456	16
	新加坡（Singapore）	2.345	18
Y	印度（India）	2.703	8
	以色列（Israel）	2.500	14
	意大利（Italy）	2.346	17

资料来源：作者自制。

第七章　跨文化经营管理工具箱包

基于业已初步建立的"跨文化大数据平台",本课题组开发了企业走出去跨文化经营管理应用"工具箱包",试图帮助企业回答以下八大问题,用以探索合适的跨文化管理策略选择。为中国企业海外经营提供指导,帮助中国企业顺利走出去。鉴于时间、精力和经费限制,部分模型只是概念模型,有待进一步开发成智能服务系统。企业走出去跨文化大数据平台应用工具箱包如表7-1所示。

表7-1　企业走出去跨文化大数据平台应用工具箱包

序号	基本问题	工具方法
(1)	如何获得一国文化冰河模型各文化因素?	单国文化冰河模型各因素认知获取方法
(2)	如何比较多国基于文化冰河模型的管理模式?	基于冰河模型的全球十大管理模式分析框架
(3)	文化对企业走出去的影响机制如何?	文化对跨文化管理战略选择影响的理论模型
(4)	如何计算文化距离?	文化距离计算方法
(5)	如何计算文化成本?	文化成本计算方法
(6)	企业跨文化经营的战略有哪些?	跨文化解决方案9种
(7)	企业该采取哪种战略(全球化、地方化、全球地方化)?	企业跨文化策略罗盘
(8)	全球化、地方化、全球地方化三种战略的具体做法是什么?	跨文化管理一般解决方案

资料来源:作者自制。

第一节　单国文化冰河模型各因素认知获取方法

为更好地展示冰河模型各文化因素认知获取方法,这里以中国企业走出去跨文化大数据管理平台中的"印度"为例,从企业的视角展示平台具体使用操作方法如下：

第一，企业使用者需要搜索"中国企业走出去跨文化大数据平台"，登录本平台官方网址（见图7-1）。

图7-1 中国企业走出去跨文化大数据平台主页面

资料来源：本课题组"中国企业走出去跨文化大数据平台"。

第二，当打开大数据平台首页的页面后，使用者可以看到世界地图。需要在右侧搜索框中输入走出去的相应国家名称，如企业需要向印度开展相关业务，可以在搜索框中输入"印度"；可以在地图中直接选中相应国家；也可以在右边的选择栏中选择五大洲，然后进一步缩小选择范围。

第三，点击搜索按回车进入内容，便会出现该国的相关信息（见图7-2）。该部分主要展示印度的一些基本信息，包括地理位置、国土面积、气候等因素。该部分所跳出的对话框只是印度的一个基本情况，同时背后已展示出文化冰河模型的概况。

第四，关闭提示页面，接下来看主屏右侧（积雪层等）。将鼠标放置在一级指标（如：政治）上，漂浮窗会显示其所包含的二级指标。该页面中。课题组形象生动地展示了冰河模型在跨文化大数据平台管理中的应用，具体包括积雪层（政治、法律、科技）、冰冻层（教育、价值观、社会组织）与河水层（语言、宗教、其他）（见图7-3）。

图7-2 选中国别后提示界面

资料来源：本课题组"中国企业走出去跨文化大数据平台"。

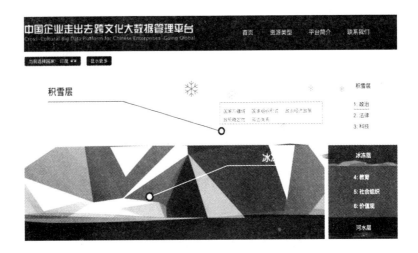

图7-3 文化冰河三层体系界面

资料来源：本课题组"中国企业走出去跨文化大数据平台"。

第五，点击一级指标（如：法律）后进入新页面，新页面中同时含有一级指标和二级指标，点击二级指标（如：法律体系），该指标字体从灰色变成蓝色，同时出现三级指标，如图7-4所示。

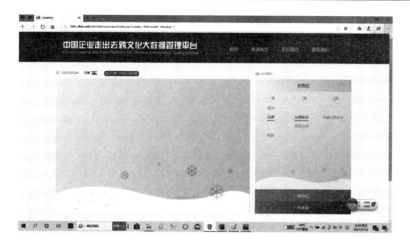

图7-4 法律二级因素界面

资料来源：本课题组"中国企业走出去跨文化大数据平台"

第六，点击三级指标（如：所属法律体系），该指标从灰色变成蓝色，相关内容会展示在网页中（需要注意的是，如有三级指标，一定要点击到三级指标，相关的内容才会出现）。

图7-5 法律三级因素界面

资料来源：本课题组"中国企业走出去跨文化大数据平台"。

第七，点击标题下的"+"，则"+"会变成"−"，滑动内容框，下方会出现对应内容的网页链接来源（见图7-6）。该部分内容可实现数据实时同步与更新保证数据的及时性和准确性。

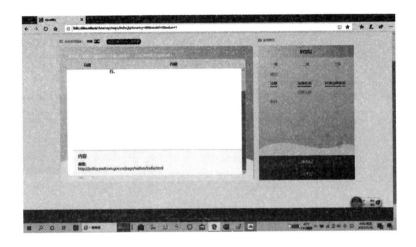

图 7-6　数据来源显示页面

资料来源：本课题组"中国企业走出去跨文化大数据平台"。

　　第八，每次都要逐层点击各级指标，比如主要宗教，就要先点击河水层，再点击一级指标（宗教），再点击二级指标（所属宗教），再点击三级指标（主要宗教），最终内容则会展示在网页上（见图 7-7）。

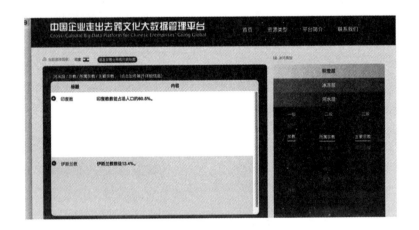

图 7-7　宗教因素三级页面

资料来源：本课题组"中国企业走出去跨文化大数据平台"。

　　以上只是对印度这一个单一国家个别指标的初步展示，目前，该平台已对所有指标进行了数据汇总并实现了数据同步更新。该系统可以帮助企业管理者在"走出去"过程中更好地决策。部分试用企业反馈平台的使用体验较好，能提供大量重要信息，能有效地帮助企业走出去。

第二节 基于文化冰河模型的全球 10 大管理模式分析框架

在"跨文化大数据平台"上，通过"单国文化冰河各因素认知获取方法"可以获得相应国别的文化 3 层 8 类 75 指标数据；再通过"文化风险"层次分析评价方法，便可获得该国相应文化风险评价数据。本书在此基础上，进行了多国文化冰河模型比较和相应管理模式总结。

基于世界 10 大文明体系（见图 7-8），通过"跨文化大数据平台"的数据挖掘，便可总结出"基于世界 10 大文明体系的全球 10 大管理模式"（见表 7-2）。详见《全球 10 大管理模式》（范徵，2021）。

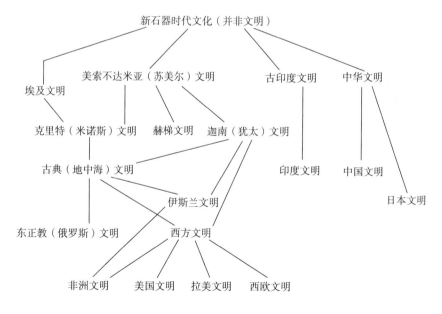

图 7-8 世界文明体系

资料来源：作者根据 Hunting（1996）改制。

基于此，本书总结出基于世界 10 大文明体系的全球 10 大管理模式（如表 7-2 所示）：基于美国文明的美国管理模式（含加拿大）；基于西欧文明的欧盟管理模式（含大洋洲和南非）；基于日本文明的日本管理模式（含韩国）；基于中华文明的中国管理模式（含东南亚）；基于伊斯兰文明的阿拉伯管理模式；基于东正教文明的俄罗斯管理模式；基于印度文明的印度管理模式；基于拉美文明的拉美管理模式；基于非洲文明的非洲管理模式；基于犹太文明的犹太管理模式。

表 7-2　基于世界文明体系的全球管理模式分析框架

管理模式	文明基础			管理模式			领导者
	积雪层	河水层	冰冻层	外显特质	隐现特质	内隐特质	
美国管理	自由企业民主政治	盎格鲁—撒克逊裔民族性格印第安土著人	实用主义美国精神	短期利润优先	组织硬管理	企业家精神	英雄
欧盟管理	欧盟一体化	基督教古希腊古罗马	精神性理性民主	管理国际多样化	中道管理	以人为本	教练
日本管理	岛国情结美国接管	神道、士道绳纹文化中国儒教	大和理念耻感伦理公司资本主义	质量控制	根茎组织	命运共同体	教父
中国管理	混合经济社会主义	儒释道法管理马克思主义毛泽东思想	中庸官本关系	和谐管理	差序格局	太极管理	儒商
阿拉伯管理	阿拉伯同心圆中东石油经济	伊斯兰教贝都因人原教旨主义	和平中正自由	外部责任	伯特结构	忠诚胜于效率	酋长
俄罗斯管理	大国情结薄弱帝国社会制度突变	东正教拜占庭斯拉夫主义	亚欧两重性西方精神东方情结	产业报国	公社模式	极端管理	斗士
印度管理	半社会主义英国殖民	印度教雅利安文明英文思维	矛盾心理平和包容保守安分	内部控制	外包并购模式	利他主义	职业买家
拉美管理	两级嬗变	天主教印第安文明拉丁文化	多元、矛盾价值观	个人渗透	部落制度	摇摆理念	独裁家长

管理模式	文明基础			管理模式			领导者
	积雪层	河水层	冰冻层	外显特质	隐现特质	内隐特质	
非洲管理	落后 混乱 公有经济	伊斯兰教 基督教 传统宗教	非洲个性 村社概念 自然和谐	对人不对事	部族关系	传统信仰和 管理文化	政客
犹太管理	边际迦南 流浪生涯	犹太教 哈比如基因 叙利亚文明	危机意识 学习意识	简洁高效 掌控自我 守约诚信	参与性结构 合作性结构	创新能力 应变能力	世界商人

资料来源：范徵. 全球 10 大管理模式［M］. 北京：经济管理出版社，2020.

第三节 文化对跨文化管理战略选择影响的理论模型

在系统解剖了各国文化指标体系后，比较不是目的，为解决文化对企业走出去的影响机制问题，本项目构建了文化对跨文化管理战略选择影响的理论模型，尝试揭示了文化对企业走出去的影响机制（见图 7-9）。

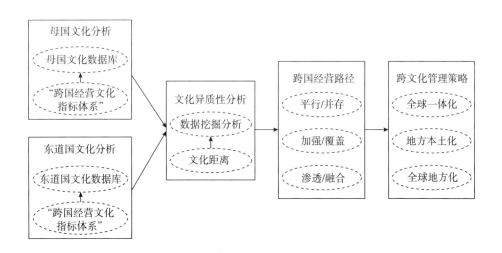

图 7-9 文化对跨文化管理战略选择影响的理论模型
资料来源：作者自制。

（1）描述各国（或各地区）不同的文化。世界上至少有 10 个文明体系（Huntington，1997），但目前没有统一的标准来解释各个国家或地区的文化。本书通过构建"影响企业海外经营的文化因素"数据库，描述各国（或各地区）不同的文化。

（2）计算母国与东道国文化距离。得到文化距离数据集（详见本章第四节）。

（3）选择跨文化经营战略路径。根据投资国—东道国文化距离数据，借助分类匹配技术，探索跨文化管理战略路径。依照 Kogut 等（1998）的理论，进入模式选择主要可以分成合资进入与独资、分公司模式进入。这两者的区别在于前者具有较小的风险和股权控制程度，而后者却恰恰相反。如果文化差异较小，可以选择分公司、独资等的方式进入目标国家；如果文化距离大，可以采取子公司、控股公司方式进入；如果文化距离一般，可以采取合资等方式进入。

（4）确定文化管理解决方案。分析母国与东道国的进入方式，选择跨国企业的跨文化管理策略（详见本章第八节）：子公司、控股公司进入方式一般采取地方化策略；合资进入方式一般采取全球地方化策略；分公司、独资进入一般采取全球化策略，该部分内容将在下文重点阐述。

第四节　文化距离计算方法

不同维度的不同类数据很难比较，但是同一维度的数据可以通过数据变换进行比较。本书首先分别比较不同维度的文化差异，即文化距离，再由各个维度的差异值得到文化距离数据集。

对于每个维度的关键词集都被分成了两组，分别代表了高和低之间的对立，如和谐按照定义就被分成了和谐（100）和掌控（0）两极，一组关键词用以描述自主性，其他的则与保守相关。为了读者能更容易理解，我们称代表分值为 100 的维度为主维度（MD），这里是自主性，分值为 0 的维度为副维度（AD）。

$$avgMD = (MD_1 + MD_2 + \cdots + MD_n)/n \tag{7-1}$$

$$avgAD = (AD_1 + AD_2 + \cdots + AD_n)/n \tag{7-2}$$

$$DS_j = MD_j/(MD_j + AD_j) \times 100 \tag{7-3}$$

$$CD_a = \sum_j^{12} [(DS_{ja} - DS_{jb})^2/V_j]/12 \tag{7-4}$$

其中，j 代表维度的序号。式（7-1）和式（7-2）都是通过计算期望的方式得到主副维度的绝对值，n 代表关键词集中关键词的数量；式（7-3）计算主维度在整体数据中的比重，从而得到维度的相对值，其范围在 0 ~ 100；式（7-4）参考了 Kogut 和 Singh（1998）的计量方法，对两个不同文化之间的文化距离进行计算。

文化距离（CD）。参考 KSI 指数的构建方法，对两个国家的基于 Hofstede 的六维度——权力距离、个人主义、不确定性避免、男性化、长期倾向、个人放纵共六个文化维度进行构建。这一计算方式的优势在于构建了一个欧式空间，其结果有较高的可靠性，已经为研究者所认可。

$$CD_{ab} = \sum_{j}^{12} [(DS_{ja} - DS_{jb})^2 / V_j] / 12 \tag{7-5}$$

其中，DS_{ja} 指 a 国的第 j 个文化维度指数，DS_{jb} 指 b 国的第 j 个文化维度指数，V_j 指第 j 个文化维度的方差，CD_{ab} 则是 a、b 两国的文化距离。运用 Hofstede 价值观数据计算，印度与中国的文化距离数值为 7.98（较小）。

第五节　文化成本计算方法

导致跨文化困惑的文化差异成本的估算可以应用经济学中机会成本的概念来衡量（Hall，1995）。具体步骤是，勾勒潜在合作方和本公司的文化的大致特征，用额外工作天数为单位计量 TEA 成本，并在文化影响矩阵中找到现实合作关系的位置。

一、TEA 成本评估

在不少情况下，公司往往要面对一个对本企业文化一无所知的合作伙伴，经常会做出缺乏理智的行动，经济上的纠纷也会很频繁。如果情况是这样的话，那么一次集中的文化知识培训将是必需的。这就会产生一个实实在在的费用。培训造成的成本是显而易见的。除培训成本外，另外还有三种文化成本是无形的。对于无形的文化成本，可以用"TEA"来表示。它意味着当我们和不同文化的伙伴共事时为了完成基本的经营任务所需要的额外的时间、努力及注意力。

（1）时间成本（Time Costs）。也就是从协议签订一直到联合增效计划（synergy plan）成立的整个进展速度。一般地，在联合增效出现之前，双方需要 1~2 年的磨合期。双方越是坦诚自信，花费的时间就会越少。文化模式不同则需要更多的努力来避免误会。

（2）努力成本（Effort Costs）。指在相互交往时所需要的心理上的付出，即耐心、耐挫折、交流时的专心等。双方语言不通会带来很高的努力成本，特别是通过翻译进行交流时。文化模式不同则需要更多的努力来避免误会。

（3）注意力成本（Attention Costs）。指的是高级管理人员为了处理合作关系中的一些"软"事务，所被占用的工作时间，可以表现为：回顾合作进展的总部会议、正式访问、社交活动，以及对内外股东们解释合作的目的和意义等各个方面。

在表7-3中，两个合作方的额外文化成本被描述为"X"。"X"指的是一个工作日。而占用管理人员一天工作的成本是可以计算的。TEA＝时间＋努力＋注意力（以额外工作日为单位）。在合作情况下做决策将比独立制定决策花更多的时间。要整合文化差异则还需要更多的时间。当双方的文化模式相似时一般需要多花3~5天来做决策。如果文化模式相对的话，那么就会有更高的成本，包括更多的时间、努力和注意力。一般需要多花8天的时间。当双方都比较坦诚自信时，一般需多花3~5天。"天"这一单位是在估计文化成本时一个比较保守的量，可以被看作一个最小成本单位，其具体成本不是一个确定的值。由于文化误解造成的拖延高达数周或数月的例子也是经常可以看到的。特别是当双方都忽视了文化差异时，文化成本就直线上升。在这种情况下处理合作关系，时间、努力和注意力就会显得不够用。结果，整个合作整合的计划就不得不停顿下来。当合作关系呈螺旋式下降时，为了维持关系还得付出更多的时间、努力和注意力。带来的延误不再是以天、周、月，而是用年来计算。有时候联合增效的产生时间被大大拖后，使整个过程成本抬高，甚至超过了联合增效效应带来的预期利益，于是合作关系就会破裂。

表7-3　文化差异的成本

各战略伙伴的文化类型	（X＝1个工作日）			过程成本（额外工作日）
同类文化组合	时间	努力	注意力	
北—北	2X	X	2X	5天
南—南	X	X	X	3天
东—东	2X	X	2X	5天
西—西	X	X	X	3天
相对文化组合				
北—南	2X	3X	3X	8天
东—西	2X	3X	3X	8天
坦率度相同组合				
北—东	2X	X	2X	5天
南—西	X	X	X	3天

续表

各战略伙伴的文化类型	（X＝1个工作日）			过程成本（额外工作日）
同类文化组合	时间	努力	注意力	
反应度相同组合				
北—西	2X	X	2X	5 天
南—东	2X	X	2X	5 天

注：此表描绘了当合作伙伴间文化呈相似或相对时，额外的时间、努力和注意力的付出所带来的成本。Hall（1995）用决断力（assertive，指一个公司的行为被别的公司看作有力的或直接的程度）与反应力（responsive，指一个公司的行为在情感上被表达的程度）两维度形成一个矩阵，由此组合成四种企业文化类型：北方型（低决断力/低反应力）、南方型（高决断力/高反应力）、东方型（低决断力/高反应力）和西方型（高决断力/低反应力）。

资料来源：Hall, W.（1995）。

二、考虑文化影响矩阵

上述 TEA 方法虽在一定程度上量化了文化差异成本，但文化影响的程度有大有小。为更好地反映文化差异的权重方面，可以用"文化影响矩阵"来表示它。其中，纵轴代表的是公司间的相互作用。其程度从小（如某一特定产品部门间）到大（如各总部之间）。横轴代表相互依赖的程度，从大（如双方共同拥有控制权）到小（如合作的一方处于主导地位）。当"相互作用"和"相互依赖"都处于高水平时，文化差异的影响力最强。各种组合情况如表7-4所示：伙伴之间的相互依赖程度越高，文化差异造成的影响就越强（见表7-4，1A）。当伙伴之间的相互作用和相互依赖程度都不高时（见表7-4，2B），文化差异造成的影响就不那么值得注意了。在通常情况下（见表7-4，1B，2A），文化差异造成的影响不算巨大但也是显著的。

表7-4　文化影响矩阵：计量文化差异影响的相对权重

相互作用	相互依赖	
	高（共同管理）	低（单方管理）
要求高相互作用	1A 强影响 2 倍的 TEA	1B 一般影响 1 倍的 TEA
要求低相互作用	2A 一般影响 1 倍的 TEA	2B 弱或无影响 0 倍的 TEA

资料来源：Hall, W.（1995）。

三、一个实际案例

假定有一个大型的合并项目，比如某一项兼并案，牵涉到要做约 1 万个决定，这些决定都要求企业的决策层来做出。为了估计文化差异的成本，让我们假定一个决定的做出需要 10 个管理人员 1 天的工作，因为管理人员可能要对问题进行收集、核对、分类、整理、分析之后才能做出决定。同时我们还假定有另外 90 个管理人员，他们的工作依赖于这一决定的做出。如果这个决定没有及时做出，这 90 个管理人员的工作也将被耽搁。按一个管理人员每个工作日的成本 100 美元计算，那么 100 个管理人员的一个工作日的成本为 1 万美元，这还是一个保守的估计。如果一个单一公司决策平均需要 1 天（可以不连续）的话，其成本为 1 万美元。而涉及两个并购公司间的决策需要的时间就更多，其成本也就越高昂。通过 TEA 估计的成本是以额外工作日来表示的。同类型文化模式公司之间的文化成本是 3~5 天，也就是每个决策 3 万~5 万美元。相对类型文化模式公司之间的文化成本是 8 天，也就是每个决策 8 万美元。假设整个过渡过程中要做出 1 万个决策，那么总的文化成本就是 3 亿~5 亿美元甚至是 8 亿美元。以上计算可参见表 7-5。虽然这种计算不甚精确，但是合作各方对合作的文化成本进行评估是明智的举动。

对于文化成本的估计需要再一次和文化影响矩阵进行核对调整。当合作组合处于一个低相互作用和相互依赖的类型时，往往选择忽略对文化成本的估计。而处于一般相互作用和相互依赖的类型时，就不能忽略文化成本了。而处于高相互作用和相互依赖类型时，最好能把前面的估计值再放大一倍。实际上，针对每一个相互作用和相互依赖的组合类型，都可以有一个比较粗略的成本估计。

文化成本预算可以针对每一个合作组合进行调整。如果是比较小的公司，决策数会较小，一般文化成本也比较低。表 7-5 所列举的例子是一起欧洲企业合并案，对于所有的重要决策都由双方各自的最高 5 位管理人员共同决定。而另外一些合并也有可能是由某位首席执行官一个人做出所有重要决定。参与决策的管理人员越少，决策速度越快，在决策过程中发生的文化成本也越低。

表 7-5 评估文化差异成本

（1）评估 TEA 成本的假设

一个决策=10 个管理人员工作一天；影响/耽搁另外依赖这一决策的 90 个管理人员 100 个管理人员一个工作日的成本：最小 1 万美元/天；平均决策花费时间 10 天＝1 万×10＝10 万美元；相同文化组合：需多花 3~5 天＝3 万~5 万美元

相对文化组合：需多花 8 天＝8 万美元

战略伙伴关系的建立需要高层做出约 1 万个决策

相同文化组合：需多花（3 万~5 万）美元×1 万＝3 亿~5 亿美元

相对文化组合：需多花 8 万美元×1 万＝8 亿美元

（2）结合文化影响矩阵分析		
相互作用	相互依赖	
	高（共同管理）	低（单方管理）
要求高	6亿~10亿美元（相同文化组合）	3亿~5亿美元（相同文化组合）
相互作用	16亿美元（相对文化组合）	8亿美元（相对文化组合）
要求低	3亿~5亿美元（相同文化组合）	0美元
相互作用	8亿美元（相对文化组合）	

注：以上的分析结果可能是粗略的，文化差异的真实成本可能要低得多。但当人们了解事实上几乎没有一家公司把所有的文化差异的成本打入预算时，可能就不会那么反对以上的结果了。关键是，当我们计算为了达到联合增效而付出的过渡期成本时，我们要确认是否对文化模式间的差异做出了合理的估计。

资料来源：Hall，W．（1995）。

第六节 跨文化管理解决方案9种

跨文化解决方案有9种，其中3种由本书作者开发（见本章第七节至第九节相关论述），其他6种介绍如下：

一、Berry 的文化适应模型和 Nahavandi 的文化整合模型

Berry（1990）在研究文化适应过程中个体所面临的问题时提出了一个双维度文化适应模型：是否保持自己的文化特色（X轴）？是否愿意接触异族文化（Y轴）？提出了一个文化适应模型，将文化适应分为四个类型，其中融合是最健康、理想的方式。边缘化是最糟糕、痛苦的方式。Nahavandi（1993）又将此方式定义为文化破坏（deculturation），员工之间的文化和心理纽带断裂，价值观和行为变得混乱无序（见图7-10）。

（1）融合（Integration）。第一象限，有机地将两者结合在一起指导自己的行动，调整、协调，最终发展出一套新的独特的双方文化都可接受的文化准则。

（2）同化（Assimilation）。第二象限，接触新文化后，抛弃原来的价值观，完全融入新文化。

（3）边缘化（Marginalization）。第三象限，接触新文化后，不知所措，既不愿接受新文化，也不再继续认同自己原有文化。

（4）分离（Separation）。第四象限，接触新文化后，坚持自己的传统习惯，不愿接触，更不愿理解和接受当地文化。世界上的许多"唐人街""意大利城"即典型的例子。

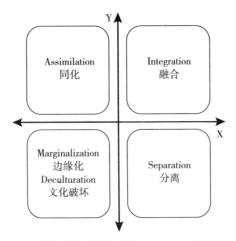

图 7-10　Berry 的文化适应模型和 Nahavandi 的文化整合模型

注：X 轴代表是否保持自己的文化特色。Y 轴代表是否愿意接触异族文化。

资料来源：作者自制。

二、Harris 和 Moran 的解决文化差异四种模式

Harris 和 Moran（1987）提出的凌越（Dominance）、妥协（Compromise）、协调（Synergy）和隔离（Isolation）四种模式，以及 Hasperslagh 和 Jemison（1991）提出的保存（preservation）、共生（Symbiosis）、不变（Holding）、吸收（Absorp-tion）四种模式，这些模式大多是基于一国之内的企业并购的整合提出的，并且仅仅是从企业文化的层面进行分析的（见图 7-11）。

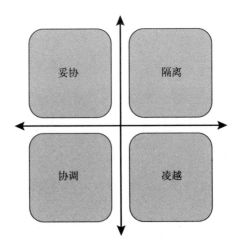

图 7-11　Harris 和 Moran 的解决文化差异四种模式

资料来源：作者自制。

（1）隔离、保存。第一象限，双方在极其有限的接触、交流的前提下，彼此保持各自文化的独立。

（2）妥协、吸收。第二象限，一方向另一方妥协。

（3）协调、共生。第三象限，指并购双方认识到构成组织的两个或多个文化群体的异同点，但并不是忽视或压制这些文化差异，而是通过文化间的相互补充和协调，形成完全新的统一的组织文化。

（4）凌越、不变。第四象限，是组织内一种民族或地域文化凌越于其他文化之上，在这种情况下，组织的决策及行动均受这一文化的指导，而持另一文化的员工的影响力微乎其微。

三、Bartlett 的跨国战略矩阵

著名的巴特莱特的《跨越国界的管理》（*Managing Across Borders*: *The Transnational Solution*）一书中也提出四种战略（见图 7-12）：

图 7-12　**Bartlett** 的跨国战略矩阵

资料来源：作者自制。

（1）国际战略（International）。是指企业将其具有价值的产品与技能转移到国外的市场，以创造价值的举措。在大多数的国际化企业中，企业总部一般严格地控制产品与市场战略的决策权。

（2）多国战略（Multinational）。是为了满足所在国的市场需求，企业可以采用多国本土化战略。这种战略与国际战略不同的是，根据不同国家不同的市场，提供更能满足当地市场需要的产品和服务。相同的是，这种战略也是将自己国家所开发出的产品和技能转移到国外市场，而且在重要的国际市场从事生产经营活动。因此，这种战略的成本结构较高，无法获得经验曲线效益和区位效益。

（3）全球战略（Global）。是向全世界的市场推销标准化的产品和服务，并在较有利的国家集中地进行生产经营活动，由此形成经验曲线和规模经济效益，以获得高额利润。企业采取这种战略主要是为了实行成本领先战略。

（4）跨国战略（Transnational）。是要在全球激烈竞争的情况下，形成以经验为基础的成本效益和区位效益，转移企业内的特殊竞争力，同时注意当地市场的需要。为了避免外部市场的竞争压力，母公司与子公司、子公司与子公司的关系是双向的；不仅母公司向子公司提供产品与技术，子公司也可以向母公司提供产品与技术。该书还发展了"跨国公司"的概念，并指出一种新的国际商业战略和机构模式正在崛起，提出老式的多国公司和全球公司在全球效应和本地响应性的呼声推动下已经不得不改革了。面对全球化和本土化的选择，公司只能同时接受这两种策略。其基本前提是必须认识到跨国公司分布在世界各地的子公司各自继承了不同的管理传统，而且每个传统都具有独特的竞争优势。

Bartlett 和 Ghoshal（1998）认为，跨国公司实施的"全球整合"与"当地响应"平衡战略决定了它们的组织结构，并且构建了一个全球整合当地响应平衡框架。其主要观点是：如果跨国公司受到的全球整合压力大于当地响应压力，那么就会在全球范围内配置资源，以获取效率和成本优势，因此会采取全球战略；相反，如果当地响应压力大于全球整合压力，那么跨国公司就会更多地关注东道国的差异化需求，赋予子公司较多的自主权，因此会采取多国战略；如果全球整合和当地响应的压力都比较大，那么跨国公司就会对全球战略和多国战略进行折中，采用所谓的跨国战略。

四、Schneider 的处理文化差异的战略方法

Schneider（1997）指出，跨国公司的那些不同的管理方法与公司制定的对待和处理文化差异的不同战略是相互对应的（见表 7-6）。但在此之前，我们首先要建立这样三种假设：不同文化之间是不相关的；会产生问题或构成威胁；是相互学习并进行革新的机会或是产生竞争优势的原因。这三种假设分别对应三种对待和处理文化差异的组织战略，并指出了文化多样性的优势（见表 7-7）。

表 7-6 Schneider 的处理文化差异的战略方法

	忽略	最小化	利用
假设的文化	不相关的	会产生问题或构成威胁	相互学习并进行革新的机会或产生竞争优势的原因
集团总部与子公司的关系	总部以自我民族为中心	多中心或地区文化中心倾向	全球中心倾向
可能带来的好处	标准化、全球化合作	地区差异化、地区应变能力	革新和相互学习的便利
行为标准	高效率	适应性	地区间合作
沟通交流方法	从上到下	从上到下、从下到上汇报	各种可能的沟通途径

续表

	忽略	最小化	利用
面临的主要挑战	得到各方面的认可	达到各方面一致	差异均衡
主要缺陷	管理无灵活性、容易错失机会	分裂、错失潜在可能的合作，许多工作带有重复性	无秩序，部门间存在摩擦
方法	生意就是生意	将各种文化均等化、产生一致性；或是将各种文化孤立起来，相互隔绝，以减少潜在矛盾的发生	从已存在的文化差异中发掘出对公司有用的方面，而不仅仅将其影响减弱到最小化

资料来源：Schneider（1997）。

表7-7　文化多样性的优势

市场方面	提高公司对于地方市场上文化偏好的应变能力
资源获取方面	提高公司从具有不同国家背景的人员中聘用员工，充当当地公司人力资源的能力
成本方面	减少了公司在周转和聘用非当地人士担任经理方面花费的成本
解决问题方面	更广阔的视角范围和更严格的分析提高了制定决策的能力和决策质量
创造性方面	通过视角多样性和减少关于一致性的要求来提高公司的创造力
系统灵活方面	提高了组织在面临多种需求和环境变化时的灵活应变能力

资料来源：作者根据 Schneider（1997）改制。

五、Lucke 的多元文化论模式

Lucke（2014）基于一系列与多元文化认知的内容和结构相关的条件，从认知角度开发了五个文化多元论的模式：有两个模式保留了原始文化内容，但是联结方法有区别——区分模式和整合模式；有两个对原始内容进行了重组——包容模式和聚合模式；还有一个模式反映了新文化认知的出现——泛化模式（见表7-8）。

（1）区分式（Compartmentalization）。在区分模式中，个人已经把不同文化中的意义内化了，并且多元文化是被分开保存的，而不是作为一个整合的认知架构被保存。区分化的多元文化的精神理解由多组文化机制组成，深入反映了各种文化的知识，该模式被用来在不同文化背景下进行理解、沟通和行动。

（2）整合式（Integration）。在整合的多元文化模式中，个体内化了多种意义系统，并且这些意义系统都是在一个一致的文化机制中联系起来的。整合与区分相似的一点就是，整合也需要对文化环境有一个深入的了解，因为它包含了不同的具体文化的认知。不同的是，整合模式下的多元文化认知是有关联的，而且经常被一起触发。

（3）包容式（Inclusion）。包容的文化多元化模式产生在一种被拓展、修改

了的文化内容出现之后，这种文化内容在先前占主导地位的文化的基础上，又吸收了其他文化认知的元素。

（4）聚合式（Convergence）。聚合的文化多元化模式被定义为从不同文化中提取重叠的相似部分并进行内化的过程。事实上，这种模式汇集了各种文化认知的共有部分中被简化和减少了的内容。

（5）泛化式（Generalization）。泛化模式是指对文化意义的内化，还有那些基于原始文化但又和原始文化不同的文化认知的出现。由多种文化的共同原则和抽象概念形成新的文化认知。

表 7-8　Lucke 的多元文化论模式

区分式： 区分文化认知	A B C
整合式： 整合文化认知	A, B, C 三角互联
包容式： 加入外来元素提升本国文化认知	B, C → A A+
聚合式： 由跨文化中相重叠的内容和结构 形成一致的文化认知	A, B, C 重叠
泛化式： 由多种文化的共同原则和抽象概 念形成新的文化认知	A, B, C → D

资料来源：Larcke（2014）。

六、Perlmutter 的四中心模式

珀尔马特（Perlmutter）和巴特莱特（Bartlett）在其发表在《哥伦比亚世界

商务》(*The Columbia Journal of World Business*) 杂志上著名的"多国公司的演进历程"(*The Tortuous Evolution of the Multinational Corporation*) 一文中首创了所谓EPRG 战略体系：本国中心主义（Ethno‑centrism）、多中心主义（Poly‑centrism）、地区中心主义（Regio‑centrism）和全球中心主义（Geo‑centrism）。其要点如表7-9 所示。

表 7-9　Perlmutter 四中心模式

	本国中心	多中心	地区中心	全球中心
奋斗目标	获利	被当地接受	获利并被当地接受	获利并被全球接受
制定方式	自上而下	由下而上	地区内协商	国际企业各级互相协商
信息沟通	等级制	递交总部信息少	地区内沟通	国际企业内部沟通
资源配置	母公司主导	子公司主导	可能区域配置	全球配置
战略特征	全球一体化	东道国国民反应	地区一体化与东道国国民反应	全球一体化与东道国国民反应
组织结构	等级制产品部	有自主权的子公司结构	矩阵制地区结构	组织网络
文化特征	母国文化	东道国文化	地区文化	全球性文化
生产规模	大量生产	批量生产	灵活制造	灵活制造
产品计划	总部开发并拥有	海外子公司自己开发并保有	在地区开发	全球产品
营销策略	由总部做出	在东道国做出	在地区做出	相互协商后共同做出

资料来源：Perlmutter 和 Bartlett（1979）。

第七节　企业跨国经营路径选择矩阵

跨国公司对待和处理不同文化关联方式的战略是不同的。正如冰河间的三种作用方式，不同文化之间存在三种关系：互相排斥、渗透或强加。如果形象地用两个圆来表示两种公司文化，从几何逻辑的角度来讲，可以有以下三种情况（范徵，2004，2010）：文化平行/并存，文化包含/覆盖，文化交叉/融合。这样，跨文化管理也有三种基本方式：

（1）"平行/并存"即"地方本土化"战略（Local Strategy）。指跨国公司将全球视为异质性市场，基本参照东道国文化实施海外经营管理。

（2）"包含/覆盖"即"全球一体化"战略（Global Strategy）。意味着跨国公司将全球视为一个同质性的市场，基本依据投资国文化实施海外经营管理。

（3）"交叉/融合"即全球地方化战略（Glocal Strategy）。通常指跨国企业在海外进行投资，与当地社会文化融合创新，运用双方都能接受的文化进行管理。

图 7-13 中显示：在"母国维度""东道国维度"二维逻辑矩阵中，国际企业起始于"国际化起始战略"，然后可以分别选择"全球一体化战略""多国地方化战略"或"全球地方化战略"，最后进入"无国界管理战略"。"无国界管理战略"是"全球地方化战略"的高级形式，作为跨国公司战略的最高境界，未必所有的跨国公司均能达到。

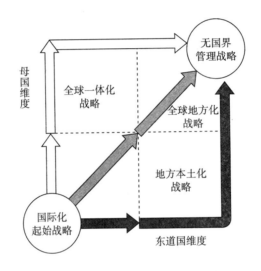

图 7-13 企业跨国经营路径矩阵

资料来源：范徵（2010，2020）。

（1）国际化起始战略（International Strategy）。企业的国际化经营活动起始于国际化起始战略。企业试着通过国内公司半生不熟的外销或特许、投资活动，借着当地的代理商和经销商或自己的渠道进军新市场，试图通过把有价值的技术和产品转移到当地竞争者缺乏这些技术和产品的国外市场来创造价值，产品的研发工作一般在母国进行。随着企业国际化的推进，企业可以根据企业、行业、东道国的情况，分别可以选择"全球一体化战略""多国地方化战略"或"全球地方化战略"，逐步发展国际化。企业国际化起始阶段的战略，最简单的方式，是拷贝"全球一体化战略"。不过，此时，该企业的海外经营可能尚未盈利。

（2）全球一体化战略（Global Strategy）。意味着跨国公司将全球视为一个同质性的市场，在全球范围内生产与销售标准化的产品与服务，追求规模经济的竞争优势。它把重点集中在通过获得来自经验曲线作用和区位经济的成本来提高盈利能力上，实际上是一种低成本战略，企业的生产、销售和研发活动集中在几个有利的地方进行。

（3）地方本土化战略（Local Strategy）。指跨国公司将全球视为异质性市场，根据各细分市场的特征和消费者需求，设计和生产不同的产品或提供不同的服务。企业以获得最大的当地需求响应为方向，它们常常在每一东道国建立一套完整的含生产、销售、开发方面的价值创造活动。

（4）全球地方化战略（Glocal Strategy）。通常指跨国企业在海外进行投资，与当地社会文化融合创新，运用双方都能接受的文化进行管理。采取全球地方化战略适合两国文化冲突一般，母公司擅长全球范围学习能力，其公司特质一般是"股权式的联盟企业"（如合资，尤其是双方共管型的合资）。

（5）无国界管理战略（Borderless Strategy）。"无国界管理战略"是"全球地方化战略"的高级形式、跨国公司战略的最高境界，未必所有的跨国公司均能达到。这时，企业完全迈入一个新时代，企业试图同时获得成本优势和差异性优势，同时建立全球效率、经营灵活性和世界范围的学习能力。公司在运营模式中去除本土色彩，创造一套由公司全球经理人员共有的价值系统，取代以本国为基础的导向。下文所剖析的摩托罗拉无国界管理价值观发展案例很好地说明了这个问题。

所谓无国界管理，指的是公司摆脱与国家之间的纽带，超越民族国家和独立区位的利益，以全球为目标，为全球市场服务，通过全球性系统决策的方法，把不同的子公司统一起来，通过全球经营网络来实现公司的战略目标和世界公民的发展愿景。"无国界管理"突出地拥有以下八个方面的显著特征：①企业使命是为着获利并被全球接受，同时发挥效率、灵活性和全球范围的学习能力；②世界范围开发和分享知识，全球企业各级互相协商制定公司目标；③公司总部的区位概念淡化，公司相关总部移居海外，全球配置资源；④贯穿全球网络、联盟的组织结构；⑤全球布点，实施灵活制造；⑥利润不再返回母国，而在全球重新分配；⑦全球培养人才以供世界各地公司子公司之需，绩效考核不再适用母公司标准；⑧呈现全球性文化特征，体现世界公民价值观，关注资源、生态和环境保护。

第八节　企业跨文化策略罗盘

跨国企业的成功并不是取决于它采用了哪种战略，而是因为它采用了适当的战略，达到"全球化与地方化之间的平衡"（范徵，2004；张新胜，王湲，Jeff Wrathall，Michael M. Berrell，2002）。企业在跨国、跨文化经营过程中是选择全球化战略、地方化战略，还是全球地方化战略，取决于图 7-14 所示 9 项权衡考量。其中行业特征、业务职能、核心能力 3 项由企业内在因素决定；进入方式、价值链、母子公司文化 3 项取决于企业走出去过程；东道国状况、投资国状况、东道国—投资国关系 3 项则需考虑企业所处的国际环境。全球一体化、地方本土化、全球地方化三种跨文化战略的总适用条件总结如表 7-14 所示。

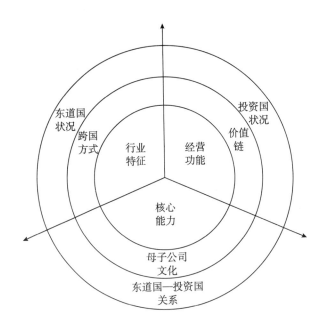

图 7-14 企业走出去跨文化策略适用条件罗盘模型

资料来源：范徵（2020，2021）。

（1）"全球一体化战略"适用条件：适用两国文化冲突较轻，母公司擅长全球效率导向，其经营方式的公司特质最好是战略性文化差异小的公司间的 100%并购企业，强势文化压倒弱势文化；或为分公司、独资兴建式；如果合资经营，一般采取一方为主型而非双方共管型。适应全球一体化的"行业—企业"因素组合状况一般是"功能性的产品"，企业价值链优势来源于上游活动；母公司文化占统治地位，而又能进行文化整合。适用全球一体化战略的职能管理或经营方面依次是：品牌、研发、产品设计、质量体系、分销网络、公司文化、资源采购、生产制造、市场营销、产品销售、人力资源管理等。

（2）"地方本土化战略"适用条件：适用两国文化冲突较重，母公司擅长国别响应能力，其经营方式的公司特质大致是一种"控股公司"或"特许经营"的结构，或其海外业务部门一般在跨国公司中都占有重要地位，且母子公司的企业文化差异太大，母公司文化不占统治地位，而又能进行文化整合。适应地方本土化战略的"行业—企业"因素组合状况一般是接近东道国消费者的活动，即跨国公司跨国经营的价值链活动中的下游活动，如最终消费者为个人的品牌包装品行业，大都属于个人情感型产品。

（3）"全球地方化战略"适用条件：适合两国文化冲突一般，母公司擅长全球范围学习能力，其公司特质一般是"股权式的联盟企业"（如合资，尤其是双方共管型的合资）。当跨国公司价值链中的竞争优势主要来源于企业的下游活动并面临着较高的全球化压力，或者其竞争优势来源于企业的上游活动并且面临着较高的地方化压力，在公司跨国发展和经营的过程中，母公司与下属分公司文化处在一个"平衡"的位置，达成了文化的最佳整合，各部门间的相互学习、取长补短将跨文化的多样性发挥与发展，使企业内部形成一个有机的整体。

全球一体化、地方本土化和全球地方化，这三种不同的跨文化策略，其相应的适应条件也是不一样的。表7-10从内部因素、过程因素与环境因素，分别剖析了三种不同策略的应用条件，供企业走出去进行参考。

表7-10　企业走出去跨文化策略选择的适用条件一览

类别		全球一体化	地方本土化	全球地方化
内部因素	行业性质	功能性产品	情感性产品	功能—情感产品
	管理功能	品牌/研发/设计/质量	人力资源/销售/营销	采购/制造/企业文化
	核心能力	全球化效率	区域响应力	效率—响应
过程因素	跨国方式	分公司/收购/独资	控股公司/特许经营	跨国合资/合并
	价值链	优势来源于上游	优势来源于下游	优势来源于上/下游
	母子公司文化	母子一致	母子不一致	母子文化融合
环境因素	东道国状况	相关度低	相关度高	相关度一般
	投资国状况	美国等对外	欧洲等对外	中国等对外
	东道国/投资国关系	文明间冲突小 两地价值观类似	文明间冲突大 两地价值观矛盾、差异大	文明间冲突中等 两地价值观独特但不矛盾

资料来源：作者自制。

第九节　跨文化管理一般解决方案

以往的研究者中，如大前研一的"全球运营论"五阶段论（Ohmae，1999）；罗宾逊（Robinson，1984）的"国际企业论"六阶段论（国内企业阶段、出口企业阶段、国际企业阶段、多国企业阶段、跨国企业阶段、超国家企业阶段）等，其国际企业战略拓展方式都是基于时间逐步替代的。然而，在图7-13"企业跨国经营路径矩阵"中，"全球一体化战略""多国地方化战略"或"全球地方化战略"三战略是可选择的，企业未必必须经由"全球一体化战略"或"多国地方化战略"进入"全球地方化战略""无国界管理战略"。以上各种战略的实现方式及其适用条件见表7-11。

表7-11　无国界管理战略路径与分析框架

类别	国际化起始战略 international	全球一体化战略 global	多国地方化战略 local	全球地方化战略 glocal	无国界管理战略 borderless
战略图示					
战略特点	开始与异文化通过各种方式接触	文化包含/覆盖	文化平行/并存	文化交叉/融合	历经各种方式冲撞后的文化重塑
适用情况	企业国际化的起始阶段	跨国并购企业全球化压力大	跨国控股公司地方化压力大	跨国合资联盟全球地方双压力	企业国际化的最高阶段
企业使命	获利	获利	被当地接受	获利并被当地接受	获利并被全球接受
战略导向	利用母公司的知识和能力	通过全球规模运营建立成本优势	建立灵活性以应对国别差异	兼顾效率、灵活性和学习能力	兼顾效率、灵活性和学习能力
知识发展	总部开发并将其转移到海外	总部开发并拥有	海外子公司自己开发并保有	互相开发和分享	世界范围开发和分享
目标制定	自上而下	自上而下	由下而上	协商	全球企业各级互相协商
资源配置	母公司主导	母公司主导	子公司主导	可能区域配置	全球配置

续表

类别	国际化起始战略 international	全球一体化战略 global	多国地方化战略 local	全球地方化战略 glocal	无国界管理战略 borderless
总部位置	母国	母国	母国	可能设地区总部	相关总部移居海外
组织结构	代表处、分公司结构	等级制的全球产品型结构	有自主权的子公司结构	联合管理机构或矩阵制结构	全球网络结构、联盟结构
行业规模	大量生产	功能性产品行业大量生产	消费品行业批量生产	通信产品行业灵活制造	全球免税店商品大量生产
利润处理	无利润阶段	利润返回母国	保留于东道国	可能在地区内重新分配	全球重新分配
人事特征	母国派遣管理人员	母国派遣管理人员	子公司自己培养	协商培养	全球培养
绩效考核	适用母国标准	适用母国标准	在东道国决定	协商决定	全球决定
价值标准	贯彻母公司价值观	贯彻母公司价值观	子公司价值观	母子公司价值观融合	世界公民
文化特征	母国文化	母国文化	东道国文化	母国、东道国文化融合	全球性文化

资料来源：范徵（2010，2020）。

第八章　全球文化环境应对指导手册及其案例分析

本章首先分析文化冰河模型所涉 8 大类文化因素的应对策略，然后分别选择相应案例，进行关于企业应对全球文化环境的具体案例剖析。

第一节　政治文化环境及"东方国际"案例

一、政治文化环境应对策略

1. 跨国公司与母国的关系

（1）税收与"转移定价"。一般来说，基于避免双重征税原则，根据母国税收法规，公司属于其所成立所在的国家。因而在母国跨国公司总公司应纳税，而子公司不用纳税（而是向母国控制的股东征税）。直到收入返回母国前，公司可延迟纳税。如果外国的税率比母国的税率低，那么这种特权就能使跨国公司获利。这样就引发了"转移定价"，即跨国公司内部的母公司与子公司之间、子公司与子公司之间提供产品、劳务或技术所采用的定价，这是跨国公司经常使用的国际资金调度管理的手段，目的是使跨国公司避开一些东道国在资金调度上设置的政治和税收障碍并降低外汇交易成本。其价格不是按照市场供求关系变化和独立竞争原则确定的，而是由总公司上层决策者根据跨国公司或集团公司的战略目标和整体利益最大化的原则人为确定的。

（2）资本管制。资本管制是一个特别不具稳定性的政治问题，因为它涉及母国政府对外国投资和利润返回国内的监管。资本管制约束了跨国企业在国外的新投资，在它们对利润返回国内的分配上施压，在筹资以支持海外业务拓展上施加影响。这种管制的前提是认为基于海外投资不会创造足够的收益以抵消投资流动。资本管制不是长久的策略，因为资本外流的收益往往非常大。

（3）出口管理法。如出口管理法授权美国总统监管与其所制裁国家的贸易往来，这项法案适用于所有美国人，以及任何在美国法律下成立的公司工作的人，它还适用于全球符合以上条件的美国人所拥有的合资企业、联盟、公司和组织。

（4）反垄断问题。与其他的贸易伙伴相比，美国的反垄断法更为严苛。美国的反垄断法不仅阻止了美国境内的无竞争活动，还阻止了全球范围内会影响到美国市场的无竞争活动。很多欧洲人没有看到市场存在很多竞争者的好处，更倾向于有序的、竞争弱的市场。

2. 跨国公司与东道国的关系

一是，政府对外国投资的监管越来越大。东道国政府认为收购是反对新投资的行为。此外，某些经济领域有可能对外国人不开放，以维护国内市场竞争、保护国家安全或者将投资转移至最需要资源的领域。例如，澳大利亚和加拿大密切地关注着收购行动，安第斯条约国禁止在银行和保险业的投资。

二是，政府致力于扶持国内企业的发展。国内企业需达到一定的数量。墨西哥限制外国企业的数量占49%。许多国家期待有更多的在所有权和管理上的合资企业。还有许多国家要求公司要雇用一定数量的该国国民，尤其是科技和管理岗位。用于最终产品的原材料和半成品也要保证有一定数量是来自当地资源的。东道国政府以上的这些要求是试图将外国公司本土化、融入本国经济。一方面，外企的本土化会加大外企对本国经济发展的贡献；另一方面，如果一家外企是良好的企业公民，它就能取代国内企业对东道国政府施加影响力。

三是，剥夺国外投资或者将国外投资国有化的进程可以是缓慢的，也可以是迅速的。剥夺资产或者技术可以在双方都同意的流程中进行，比如说"渐弱合同"。在这种合同下，公司同意在若干年后将所有权出售给该国国民。公司能够计算技术优势的时间跨度，在维持一定技术差距的前提下投资研发。有些情况下，剥夺资产或技术有可能是东道国政府单方面导致的。东道国政府会以超额利益或与先进国政府的交易为由为其辩护。东道国政府对于维持对跨国企业的控制有多种选择。大多数东道国政府承认对外国投资的需求。他们意识到，他们需要外国投资所带来的资源、技术、管理方法、资本和外汇。但是，工业国和发展中国家都希望跨国企业能够对其国内的发展作出最大的贡献，而将对国内主权的威胁降至最低。工业国一般都鼓励跨国企业在其国内的投资，但是反对不受约束的投资。

四是，欠发达国家对国际业务提供了一个比较特殊的环境。首先，较贫穷国家的宏观经济目标更倾向于提升发展速率、工业化、提高就业率并偿还负担较重的国债。其次，欠发达国家一般都不是西方国家，这些国家的历史和文化与那些跨国企业母国的历史和文化大不相同。最后,很多发展中国家都是从殖民中摆脱出来的。所有这些因素都会影响政治部门的品质和稳定性,影响对这些曾为西方殖民地的工业国家的判断。在很多发展中国家,跨国企业的"分公司"不受欢迎,其母公司规模及权利让东道国十分警惕。而且,西方跨国企业还背负着"第一世界"与"第三世界"关系的债。东道国会怀疑这些企业和过去的殖民体系有没有关系,是不是以前西方帝国主义的眼线,因此跨国企业往往被看成阻碍国家目标达成的存在,而非为其作出贡献。

3. 对"政治风险"的评估和跨国公司的投资决策

跨国企业必须权衡以下两方面:①全球企业在政治风险下的最大化收益;②东道国商业环境良好但收益只能部分最优化。曾经的一个观点是,大型跨国企业总是在将东道国分公司的利益尽力最大化,却损害了母国的企业利润,而最近的调查对此观点进行了反击。事实上,有些企业实行的是国际一体化战略,而有些则实行的是国内利益为主战略。而战略的选择则取决于公司及国家的"话语权":①跨国企业的话语权主要取决于技术的更新能力、规模经营的经济实力、不同生产阶段的生产分离、国际物流及融资的控制和协调、分公司体系内的市场活动;②国家的话语权主要取决于政府在产业中的控权比例、可从公司或公民手中获得成熟技术的权力、东道国是否能因为跨国企业商品看似奢侈就组织消费者购买的能力。

二、东方国际案例

在上海乃至全国,提起东方国际集团,有些人可能陌生,但说起上海纺织和上海外贸,那可曾经是上海两张响当当的产业名片。东方国际集团正是整合上海纺织和上海外贸两大板块基础上成立起来的大型国企集团,它的董事长就是复旦大学东方管理学博士童继生。复旦大学"改变世界——中国杰出企业家管理思想访谈录"节目组苏勇教授来到东方国际集团有限公司(以下简称东方国际集团),访谈了董事长童继生博士(见图8-1)。

1. 抗疫五战 转危为机

2020年,肆虐全球的新冠肺炎疫情给世界各国带来了极大灾难。在此巨大危机面前,有担当的中国企业家都率领企业员工迎难而上。东方国际集团在童继生董事长带领下,打了五场战役。

(1)遭遇战:童继生凭着企业家敏锐的直觉,在看到媒体有关武汉发生新冠肺炎疫情的报道后,就立刻通知下属企业做好准备。在接到命令后,5天之内雷厉风行地筹措到100万只口罩,随后又从海外采购大量防疫物资,解决上海市民防疫的燃眉之急。

图 8-1 东方国际大楼及童继生先生（左）接受苏勇教授访谈

资料来源：东方国际官方网站。

（2）游击战：利用各种渠道去全国各地和海外尽量寻找口罩和防疫物资。

（3）阵地战：自己设计、生产、组装口罩机，从无到有，最高日产 300 万片。

（4）运动战：从进口、全国搜寻、自己生产供应全市和其他省市，然后到向国外出口。

（5）持久战：全面复工复产。

一个国际化的大型企业集团，在新冠肺炎疫情给世界经济和政治带来巨大影响的情况下，要做到保产稳产、维持增长将面临巨大困难。童继生率领全体员工，克服种种预想不到的困难，确保降幅收窄，并逐步使国内外的生产运营得到了全面恢复。

危中寻机，危中见机。在"战疫"过程中，童继生体会到最重要的两点：一是各公司之间的协同性有了明显增强，改变了原来下属各单位之间互不相通的局面，充分发挥协同力量，这是东方国际集团能够很好完成任务的重要保证；二是员工的精神面貌得到了很大改变。在新冠肺炎疫情带来的巨大困难面前，全体员工同心同德，克服种种困难，为战胜疫情、恢复生产尽最大努力，焕发出巨大能量。

2. 转型发展 提效增能

纺织工业曾经是上海的支柱产业，被称为"上海的母亲工业"，拥有 150 年的历史，为上海乃至全国经济发展做出了重要贡献。但是到了 20 世纪末，纺织工业的落后产能和技术已显然不适应中国经济转型发展的需求，于是时任上海市领导毅然决然做出了"壮士断腕"的决策，大幅度压缩纺织行业产能。与此同时，上海纺织业如何从传统的纺纱织布印染转变为现代化产业，一直是上海纺织在努力探索的重要课题。2014 年就任东方国际集团董事长之后，童继生也一直把这作为努力推动的一项管理实践。他立志要彻底改变人们对传统纺织的看法，把传统产业做成时尚产业，为此，他带领东方国际集团员工围绕这个目标做了多种努力。

在新冠肺炎疫情的倒逼之下，童继生更加意识到要提升企业的快速反应能力。传统的生产方式，不管是中国的品牌，还是国外的大牌，都是大规模的批量生产，先是工厂库存，再变成商店库存，卖不了就变成尾货。这带来一个很大的问题——没有灾难的时候尚可以正常运转，一有灾难马上就出现问题。而且即便是在正常情况下，因为现代消费者喜好经常发生变化，所以以往那种有一个大订单就拼命做，而不管市场变化的情况已经完全不适合了。当今市场要求企业具备快速反应能力，这是下一轮全球纺织行业所必须具备的能力，而且也是上海纺织向现代时尚产业进军的必由之路。对此童继生提出，要无库存发展纺织服装产业。为了彻底塑造集团员工的市场意识和客户意识，东方国际集团在原来上海国际服装文化节的基础上，打造出"上海国际时装周"，童继生认为，时装周并不是几个模特在 T 台上走秀那么简单，而是一场商业革命和工业革命。因为原来是以生产为导向，生产出来什么就尽力在市场上去卖，而现在通过时装周等各种形式去摸准市场的脉搏，按照市场需求来组织生产，这样才能真正使企业做大做强。

要使上海纺织真正得到发展，还要实现科技革命，提升产业科技含量。并不是纺织行业出身的童继生，经过认真学习，看到当代纺织业发展的科技趋势具备五大方向：一是生命纺织品，用纺织科技来制造人体器官，以帮助患者康复；二是空天纺织品，即生产航空航天相关产品；三是军用纺织品；四是医用纺织品；五是现在广大公众认知的纺织品。纺织品在通常的服装之上有 12 个档次的专业划分，上海纺织现在还只能生产其中的一半，所以还大有科技发展空间。童继生认为，大型国有企业就应该做高端、高科技的新型纺织，而在传统的纺织服装里，就要在创意设计、款型、颜色上做文章。一般的加工或者是劳动密集型生产，让中小型企业做，找内地企业做，或者放到亚洲、非洲其他国家去做，我们就研发全自动服装生产线。东方国际集团现在的技术路线不是在服装上，而是在高科技新纺织这一方面。为此，东方国际集团做了资本投资和智力投资，从产品、生产、库存管理、供应链管理、销售、服务六个方面实现全方位智能化，打造"智能化纺织产业体系"。同时大胆吸引和起用人才，进行智力投资，实现纺织产业的转型升级。

3. 兼容并蓄　融会贯通

作为我国为数不多的东方管理学博士，又是一个大型国企的掌门人，童继生在管理实践中自然而然地会经常思考如何将东方智慧运用于企业管理之中。童继生认为，国企改革最大的问题不是人才问题，也不是技术问题，而是思想观念的问题。对于东方国际集团这样一个老国企的改革，童继生从增量做起，打造了全亚洲第一个"国际棉花交易中心平台"，打通纺织产业从一产到三产，还和野村证券合资成立了"财富管理公司"，为东方国际集团注入全新业态，也用新的思维来改变东方国际集团员工的思维定式。

童继生认为，他在复旦大学所学习的东方管理学博士课程，对实践的指导作用很大。在工作过程中，无论是东方文化还是西方文化，其形成都是和其所处的历史地理环境和经济环境有关系，因此，简单地用西方管理学来管理中国员工是不适用的，而东方管理学最基本的核心，是以人为本，以德为先，人为为人。东方管理学不是一分为二，非黑即白，而是一分为三，在黑白之间还有个灰色地带。认识到这一点，在管理中会有很大益处。童继生自述，到了东方国际集团后，很自觉地把东方管理学的理论和思想运用于管理实践中，收到很好的效果。他认为，在中国管理企业，一定要东西融合，兼容并蓄。只有这样，才能切实促进中国企业在现代化、国际化的浪潮中获得新的发展。

如今的东方国际集团，已经成长为拥有员工约 9 万人（其中 2/3 在海外），在海外有 46 个工厂、40 个贸易公司、6 个物流公司，还有 4 个世界一流科学实验室的大型国际化企业集团。在童继生董事长的带领下，东方国际集团正在向世界 500 强迈进！

三、东方国际案例分析

东方国际案例思维坐标解剖如图 8-2 所示，中心为企业主体东方国际国企政治担当；纵轴时与空维度两端分别是时间和空间；横轴危与机维度两端分别是危机与转型，转型的逻辑是全球化（产品/数字化）与地方化（人文/时尚化）的平衡。

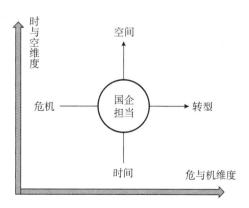

图 8-2　东方国际案例思维坐标剖析

资料来源：作者自制。

（1）企业维度：东方国际的国企政治担当：本访谈案例中所涉及的文化因素有：网上时装周、国际棉花交易所等企业数字化转型的科技文化因素；企业家的自学习方面的教育文化因素；东方国际所涉及时尚产业的价值观文化因素等。其中最突出的文化因素是疫情口罩政治任务的政治文化因素。

（2）时间—空间维度分析：时装产业链所涉及的三方面的时空考量：长度：从田头到衣柜；宽度：从出生到死亡；厚度：涉及时尚生活方式。还有线下、线上的方式考量，国内、国外的市场考量等。

（3）危机—转型维度分析：转型的逻辑是全球化（产品/数字化）与地方化（人文/时尚化）的平衡。古代时尚中心在东方；当代时尚中心在西方；未来时尚中心一定在东西方交汇的时尚之都——上海。

第二节　法律文化环境及"华润电机"案例

一、法律文化环境的应对策略

国内的法律很明显是管辖某一特定国家内的市场，如果交易涉及国际业务的话，就会涉及"适当法律"和"法庭管辖权"的问题，我们可以看到，适用于国际业务纷争的国际法非常少。此外，也根本没有"国际法庭"可以去。

（1）了解东道国法律。跨国业者对于海外法律有着非常实际的兴趣。企业想要知道在特定市场当地法律会如何影响他们的实际运营，为此目的，仅仅知晓法律是不够的。我们必须了解一下法律是如何被"强制执行"的。大部分国家都有一些写在法典里的法律，但是已经长久被遗忘也不会被执行；有一些是间或被想起，或被三心二意会被执行的；而还是有一些会被严格遵照执行的。因此，跨国业者必须看穿法律背后与市场相关的现行法律地位。例如，法律管辖权的一个要点就是司法公正程度。在法律面前，一家海外分支机构和国有企业享有同等地位吗？众所周知，在面对外企时，法院会偏向于国企。在这样的情况下，法律本身是泛泛的一视同仁的，但是歧视性执行使其在实践中变得更偏向于国人，而知悉这种不公平待遇将有助于评估法律环境。

（2）法律适用。当两个不同的国家产生了商务纠纷，各方都想到自己国家的法庭用自己的法律来解决这个争端。然而，在纷争产生的那刻，"管辖权"问题通常已经通过某种方式解决：一种方式是某方可以首先通过在合同里加入"管辖权条款"来进行事前约定（在合同签署时，各方均同意了哪国的法律或者哪个洲的法律来管辖）。如果当事人没有就管辖权完成事先约定，那么上诉法院有权决定。他们可以选择"合同签署地"所在国或者州的法律适用。另一种方式是基于"合同实施所在地"。

（3）聘请涉外法律顾问和律师。业务经理毕竟不是律师。何况律师也不可能掌握所有国内、国际法务的相关细节。就算国际业务从业者不可能知悉所有相关法律，但他们必须要知道哪些业务决策会受到法律影响。在法律知识和建议方面，企业会自行找"法律顾问"进行咨询。但如果我们知道哪些决定会被法律影响，那么就可以在需要专业意见的时候找"律师"了。这里的法律顾问不仅包括那些国内或是海外部门的法务人员，还包括那些企业海外市场总代理。

企业对于法律知识的需求和他们介入国际业务的深度有关。如果企业仅仅涉及出口或者许可业务，那么其法律需求就不如那些开设海外分支结构和合资企业的公司来得多。在那些通过被许可方或分销商运作业务的国家，他们会减轻企业部分法律负担。而那些设有分支机构的国家，企业就需要找当地的法律顾问了。跨国业者也需要一个"汇报线安排"或信息系统来与相关法律发展近况保持一致。

（4）仲裁还是诉讼？对出口销售和与经销商和分销商打交道来说，跨国业务从业者更关心法律和合同。法律和合同保证了两件事：①规定了每一方的责任义务；②提供了法律追索权来获取满意度。但是，实际上，跨国业务从业者认为诉讼是最后一根稻草，宁愿用其他方式来解决纷争。由于某些原因，作为解决与海外合作方产生纷争的一种方式，诉讼并不被推崇。诉讼通常意味着更长时间的耽搁，而与此同时存货可能会变质，贸易可能被终止。此外，诉讼还非常昂贵，这不仅意味着耗费很多金钱，而且也会损耗客户商誉和公共关系。企业通常会惧怕在外国法庭受审过程中遭遇歧视待遇。因此，诉讼通常被作为最差选择。仅仅当其他手段都不奏效时才会考虑使用。即使赢得了诉讼，最后也往往是个空心胜利。

更多和平解决跨国商业纠纷的方式有"和解""调解"和"仲裁"。作为争端解决的自主性途径，和解和调解比较吸引人。但如果尝试失败，更强硬的方法比如仲裁或诉讼就要用上了。鉴于上所述诉讼的诸多缺点，仲裁在国际商务中的使用更广泛。

二、华润电机案例

2009年4月10日，法国巴黎大事法院对 TI 汽车燃油系统股份有限公司（TI Automotive Fuel Systems SAS）（以下简称 TI SAS）诉浙江温州华润电机有限公司（以下简称华润电机）汽车总成装置专利侵权和不正当竞争案作出一审判决：华润电机未侵犯 TI SAS 的专利，也未对其实施任何不正当竞争行为。

这意味着持续近四年之久的中国企业应诉国外企业提起的专利侵权案以中方一审胜诉而告捷。作为中国最具竞争力高成长型创业企业 500 强之一，华润电机的胜诉，不仅为华润电机汽车总成装置进入欧洲市场扫除了障碍，也大大增强了中国企业反击海外频频无端提起的知识产权侵权诉讼的信心。

图 8-3　华润电机

资料来源：华润电机官网。

1. 在法参展遭遇诉讼

据华润电机的中国代理律师、北京市永新智财律师事务所的邵伟介绍，2005年 10 月 18 日，华润电机在参加法国举办的国际汽车工业展览会（Equip Auto 2005）时，被 TI SAS 以其展出的产品涉嫌专利侵权为由扣押了两个参展汽车总成装置样品以及印有该样品的产品宣传册一本，并被 TI SAS 起诉到巴黎大事法院，请求法院判决华润电机停止侵权及不正当竞争行为，不得在法国制造、销售涉嫌侵权产品，向 TI SAS 支付 40 万欧元的损害赔偿及 3 万欧元的律师费。而且，TI SAS 还请求法院在其选定的 5 种刊物上刊登判决书，刊登费用由华润电机承担。

面对原告 TI SAS 极为苛刻的诉讼请求，华润电机虽然认为自己不构成侵权，但对法国的知识产权法律不了解，如果在法国审理专利侵权案的同时，也要提起专利无效程序，诉讼就会拖延很长时间，应诉的成本很高，是否应诉，华润电机顾虑重重。如果不积极应诉，就意味着华润电机与国际汽车工业展览会失之交臂，迈向欧洲市场的第一步也将退回来，毕竟巴黎汽车工业展览会与美国拉斯维加斯车展、德国法兰克福车展并列为世界三大汽车工业展。

随后，华润电机通过永新智财律师事务所咨询得知，法国与中国的司法程序不同，法国的专利无效程序及侵权诉讼程序由受理侵权诉讼的同一个法院进行，即法院对是否构成专利侵权作出裁决的同时，也对专利是否有效进行裁决，也就是说，诉讼程序没有华润电机想象得那么漫长。

华润电机的相关负责人向记者表示，通过对该案缜密的分析，华润电机对胜诉有了较大的把握。为了维护自身的合法权益以及中国企业在海外的形象，华润电机决定积极应诉，他们委托了永新智财律师事务所和与其合作的法国 MSR 律师事务所代理诉讼事务。

2. 诉讼历时四年

原告 TI SAS 于 2005 年 10 月 18 日起诉后，因为原告的原因，该案件一直在法院搁置。直到 2007 年 9 月，在国际汽车工业展览会（Equip Auto 2007）即将举行前的一个月，该案在法院搁置近两年后又被原告 TI SAS 重新提起。

随后，法院先后于 2007 年 12 月和 2008 年 2 月、3 月、4 月、6 月组织了 5 次非正式开庭，针对原告 TI SAS 的诉讼请求及不断补充的诉讼理由，华润电机双管齐下，对 TI SAS 的诉讼请求进行有理、有力的反驳，请求法院判决，TI SAS 的涉案专利无效且华润电机不构成专利侵权和不正当竞争。

华润电机辩称，该装置能够控制叶片移动源于两方面的技术效果：一是位于交叉散热片之间的硅油；二是对储存在半圆形槽穴里且位于叶片之间的硅油流量的控制。而这两项技术都已被欧洲第 025425 号专利、美国第 4229973 号专利、德国第 1155262 号专利以及德国 GM 7515193 单独公开。根据法国的法律，两项均已单独被公开的技术的结合只有在上述结合能够产生显著的或预想不到的效果时才可能被授予专利权，而 TI SAS 的涉案专利并非如此。而且，TI SAS 的该涉案专利因不具有新颖性和创造性而不应授予专利权。

而且，据华润电机介绍，362BM 总成主要用于菲亚特汽车，其技术在中国属公知技术，在中国市场有该产品出售。华润电机在展会上展出的产品由国内另一企业制造，而其仅是代该企业展出该装置，并未生产、销售或向法国出口该产品。因此不构成侵权，也不构成不正当竞争。而且，TI SAS 未能向法院提交华润电机涉嫌侵权的证据。

3. 中方企业提起反诉

相反，华润电机要求法院追究 TI SAS 的不当扣押行为和不当起诉行为的责任，要求 TI SAS 赔偿其不当行为给华润电机造成的损失。因为，司法执达员在展会上对华润电机的样品进行扣押时，未在其出具的扣押通知上签字。按照法国民事诉讼法，该扣押行为无效而应被撤销；而且，根据原告的起诉意见以及司法执达员的书面报告，扣押的两个样品中只有一个涉嫌侵犯 TI SAS 专利，而另一个扣押的样品与该专利无关，TI SAS 对该样品的扣押于法无据，其目的仅是获知华润电机该样品的生产秘密，涉嫌侵犯华润电机的商业秘密。更为重要的是，TI SAS 明知其涉案专利因不具有专利性无效且于 2006 年 2 月到期，而在该专利到期前的四个月对并未生产、销售涉嫌侵权产品的华润电机提起诉讼。该行为不仅使华润电机迫于压力而放弃参加 2007 年国际汽车工业展览会（Equip Auto 2007）这一全球重要的汽车零部件展会，因而失去与行业内的大客户合作的机会，给其造成严重的经济损失，也严重损毁了其在参展商及潜在客户心目中的形象。因此必须受到惩罚。

4. 法方专利被认定无效

2009 年 3 月 6 日，该法院就该案进行了最后一次正式的开庭审理，并于 2009 年 4 月 10 日作出判决，认定与涉嫌侵权产品技术方案相关联的涉案专利的权利要求无效，华润电机未侵犯 TI SAS 的法国专利 FR8602420，也未对其构成不正当竞争行为，华润电机不承担任何律师费用和诉讼费。相反，法院判决 TI SAS 向华润电机支付 8000 欧元的律师费。

三、华润电机案例分析

温州华润电机在法涉嫌专利侵权事件，严格遵循了前文法律文化环境的应对策略。该案例思维坐标解剖如图 8-4 所示：中心为华润电机企业的作为；纵轴法律适用维度两端分别是中法法律差异和法律事务所；横轴维权方式维度两端分别是应诉和反诉。企业跨文化管理需要平衡好全球化与地方化战略，需要兼顾中法法律差异，依靠法律事务所进行有力的应诉和反诉。

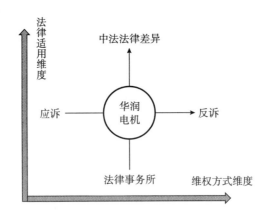

图 8-4　华润电机案例思维坐标剖析

资料来源：作者自制。

（1）法律适用—了解中法法律差异。面对原告 TI SAS 极为苛刻的诉讼请求，华润电机虽然认为自己不构成侵权，但对法国的知识产权法律不了解。如果在法国审理专利侵权案的同时，也要提起专利无效程序，诉讼就会拖延很长时间，应诉的成本很高。是否应诉，华润电机顾虑重重。后来，华润电机通过永新智财律师事务所咨询得知，法国与中国的司法程序不同，法国的专利无效程序及侵权诉讼程序由受理侵权诉讼的同一个法院进行，即法院对是否构成专利侵权作出裁决的同时，也对专利是否有效进行裁决，也就是说，诉讼程序没有华润电机想象得那么漫长。

（2）应诉、反诉—请涉外法律顾问和律师。当润电机对胜诉有了较大的把握，为了维护自身的合法权益以及中国企业在海外的形象，华润电机决定积极应诉。他们委托了永新智财律师事务所和与其合作的法国 MSR 律师事务所代理诉讼事务。应诉胜利后，华润电机还要求法院追究 TI SAS 的不当扣押行为和不当起诉行为的责任，要求 TI SAS 赔偿其不当行为给华润电机造成的损失。

第三节　科技文化环境及"中国中车"案例

一、科技文化环境的应对策略

首先，东道国和母国对于跨国公司技术的管制的要求是不同的：一国先进对另一国不一定；一国合规，对另一国也不一定。

其次，不论何时，跨国公司若计划将制造部门建在技术不如自己的国家，都将面对如何将自身技术适应东道国条件的问题。这个问题并不简单。转移技术是一个涉及以下对象的沟通活动：东道国政府、国际金融市场、给东道国政府提供建议的国际监管部门，比如世界银行、联合国贸易和发展会议。这些代理对于评估项目持有不同的标准。为了降低成本而转移最新技术可能会迎合世界银行家，但却不受希望增加就业率的东道国政府的欢迎。

（1）东道国反应。公司需要评估东道国政府的反应来评估计划对东道国条件的适应度。公司应当区别东道国对适当技术的修辞界定（可能是针对该地区的本国受众的措辞）和它的实行。一些国家倾向于要求最先进的技术作为国家引以为傲的事情；这些国家希望发展示范产业。一些国家区分计划出口的生产和计划国内分配的生产，如果跨国公司做计划出口的生产，将会有更自由的选择，因为这将改善东道国的国际收支平衡；如果跨国公司做计划国内分配的生产，将会受到更大的压力去做出遵守适当技术规定的选择。

还需要注意的是，转移不当技术所产生的冲突将会使公司和东道国均遭受重创。如果公司被驱逐出境，它将会失去在东道国尚未达成的销售和与子公司的联系。除了驱逐出境，东道国还有许多选择来惩罚被认定违反东道国利益的跨国公司。东道国在执行更为严厉的惩罚前也受到一些制约，比如税收、国际收支平衡、当地就业、潜在跨国公司投资者等方面的影响。当一家大公司被告知离境时，其他公司则会修正他们对于在该国投资的政治风险的评估。

（2）培训需求。一家公司必须评估采用一项技术后的培训需求。公司可能需要培训外籍和当地工程师以及当地的工人。如果公司选择了一项10年前就已采用的技术，那么它在母国的员工也许会不需要大量培训就知道如何操作；而如果选择的是一项40年前就已采用的技术，母国的员工将有必要接受培训。与此相反，技术越久远，对东道国工程师和工人的培训的需求就越小。

对于技工好招工的刻板印象应该避免。一家在新加坡设立工厂的日本公司在招工时，他们发现适合他们行业的工人招不到，因为这些人都被培训后为政府服务。在花大成本引进日本籍员工后，这家公司认为如果在新加坡设立培训中心，成本花费会少一些。现行政策是评估员工并为员工设立培训计划，作为在海外设立运营机构后勤的一部分。一些国家认识到并对这种需求做出了反应：新加坡为来自发达国家并培训新加坡供应商的投资跨国公司提供税收抵免。

（3）管理技术转移过程。根据国际商业关系的类型，公司可能需要修正选择、培训和监督参与国际技术转移的职员。国际技术转移是一个比销售个人消费品有更大难度的沟通事项。技术信息是无形和模糊的。当转移在跨国和跨文化环境中进行时，转移技术信息的难度则增大。商业公司的员工是相当社会化的：在他们的民族文化（商业文化/公司文化）中，技术的转让人需要跨文化的沟通技能和技术技能。

如果技术是从公司总部转移到子公司，为涉及跨国技术转移的跨文化沟通任务而选择和培训员工就是一个相对简单的任务。在这种情形下，公司总部控制接受方的组织文化。即总部可以设立一个培训项目来保证信息的发送者（技术的转让方）和信息的接受方（技术的受让方）分享理解和期望。

如果技术是因为许可协议或者作为跨国合资的一部分而被转让到一个独立的外国公司，那么情形就截然不同了。在这些情形下，转移方不能控制接受方的组织文化。相反，转让方可能需要设立一套选拔和培训机制来保证负责技术转移的项目组能熟练应对国外获得许可方或合资合伙人的组织文化。

（4）技术转移的社会和环境影响。公司必须考虑技术转移对社会和环境的影响。建议从东道国的角度使用"成本收益分析法"作为项目评估的一部分。

这种方法考虑潜在项目的收益和机会成本，举例来说，收益是指 GNP 的增加和经济中就业工人数量的增加；机会成本是指国内金融市场资金的分配。项目的经济影响仅是其社会影响的一部分。

社会影响分析包括前期影响、后期影响和决策过程。前期影响评估试图预测一个项目对特定群体的结果。当考虑是否执行或如何执行某个项目时，这种预测可以用来权衡社会收益和成本。步骤需要：①该群体社会特征和与项目相联系的社会活动的相关知识；②该群体的社会特征改变的过程模型。后期影响的评估和研究是在项目运行之后，不仅允许对预计和实际影响的比对，对于评估类似仍在规划阶段的项目也同样有用。例如，一个正在运营的水库项目的社会影响可以被一个对水力发电项目的前期影响研究建模所借鉴。

二、"中国中车"案例

在 2018 年召开的"IFSAM 世界管理大会"上，中国中车集团有限公司（以下简称中国中车）新闻发言人兼企业文化部（党委宣传部、党委统战部）部长曹钢材，应邀作了题为"中国高端装备制造企业如何融入全球——新时代中国企业跨文化传播"的主旨演讲（见图 8-5）。

图 8-5　中国中车案例

资料来源：曹钢材（2018）。

中国中车的发展，一直得到以习近平同志为核心的党中央的亲切关怀。党的十八大以来，总书记两次走进中车生产车间，多次面向全球推广"中车制造"，是中国高铁和中国中车最光彩夺目的代言人。

说到中国中车，大家最熟悉的就是高铁和地铁。至 2017 年 4 月 18 日，中国动车自上线以来，高铁动车已经载客超过 70 亿人次。地铁更是城市流动的大动脉，仅北京、上海每天的载客量都能超过 1000 万人次。截至 2017 年底，中国中车的产品已经遍及全球六大洲 104 个国家和地区，是唯一实现欧美澳发达国家全覆盖的中国高端装备制造企业。

中国中车位居财富 500 强和品牌 500 强之列，是世界轨道交通装备行业的世界冠军。2017 年的销售收入超过 2200 亿元人民币。2018 年 4 月，《参考消息》发布舆情报告，国际媒体对中国企业的报道中，中国中车的曝光度和美誉度高居第一位。2018 年 5 月，位于伦敦的世界影响力组织发布的报告中，中国中车依然位居中国品牌之首。这是来自国际的指标。在 2018 年清华大学国家形象研究中心发布的报告中，中国中车的知名度和美誉度也高居中国企业首位。中国中车是世界轨道交通装备行业的世界冠军，这个冠军的体量比第二名至第五名的总和还要大。中国中车的跨文化管理和传播主要有以下几个方面：

1. 打造"受人尊重的国际化公司"

中国中车在跨文化管理和国际融合上做出一些特色，根本原因在于中国中车提出了一个与众不同的愿景，那就是打造"受人尊重的国际化公司"，要做到"大而强""富而善""新而美"。这是中国中车的文化坐标和努力方向，也是跨文化传播和管理的基础。令我们非常引以为豪的是，这样的目标更有利于我们开展跨文化管理，是我们有效开展跨文化管理的强劲动力。以"受人尊敬"为导向，我们在跨文化管理上主要采取了六种做法：

（1）秉持正确的理念，才能确保我们做正确的事。我们确定了"连接世界，造福人类"的中车使命，以"正心正道善为善成"为核心价值观，在国际化中始终坚持"共商共建共享"的理念，这个与人为善的理念，指导了我们的行动，也很容易与不同文化背景下的人取得共鸣。

（2）尊重和辩证对待文化差异。不用"外国"来笼统概况文化差异，而对"每一国"深入其里，了解他们的政治、经济、法规、文化环境，赞美他们引以为豪的传统、文化等其他方面，尊重对方集体记忆，同时让他们了解中华文明和中车代表性元素。

（3）对管理模式进行适应性调整。以战略协同为目标，在经营理念、管理模式、沟通方式上进行适应性调整，降低不同价值观带来的冲突，增进彼此的情感认同。

（4）重视全方位地履行社会责任。这个全面指的是不单单热心公益事业，还体现在提供可靠适用的产品，诚信经营，积极维护社区关系等。

（5）建立广泛的利益联盟乃至坚实的命运共同体。团结一切可以团结的力量，只有这样才能真正成为每一国的"本土企业"。

（6）推动品牌国际化传播。通过传播，对内对外都能促进认同、理解，也能更加主动地获得话语权。

2. 视频无声天下共鸣——让一枚硬币"网红"全球

传播学大师麦克卢汉提出"热媒介"和"冷媒介"两个著名的概念。今天，当我们把这两个概念灵活运用到国际文化交流和融合中，发现神效显著。由于有语言和文化的天然屏障，文字、手稿、漫画以及依靠语言解读的传统"热媒介"在国际传播中都成了"冷媒介"；而准确且富有冲击力的无声短视频则成了穿透不同文化背景的"热媒介"。我们高铁上的硬币传播就是"热媒介"的国际运用（见图8-6）。

图8-6　中车硬币"网红"全球

资料来源：曹钢材（2018）。

2015年夏天，我们在一个很小的网站上发现了这个视频。一名瑞典人在京沪高铁上竖了一枚硬币，一直挺立着，直到列车进站。经过评估，我们判断这一视频符合众人的审美要求和欣赏习惯，再加上这视频纯属外国人主动拍摄，具有很强的公正性和可信度。

随后，就将这个视频发到网络上，并在中车微博、微信、Facebook及Twitter上予以推送，进行二次传播，中外主流媒体纷纷跟进，全球竖硬币的热潮就这样被点燃。2017年9月21日，"复兴号"在京沪高铁上以350千米/时的速度投入运营。矿泉水瓶、手机、钢笔、硬币……什么都能竖立起来，这是新华社记者体验，这个视频成为中国新时代"复兴号"站在世界高铁之巅最形象的表达。如今，"竖硬币"仿佛成为坐高铁的必须仪式，大家在短视频平台效仿，发动高铁"硬币挑战"的人不计其数。人们也不再满足通过硬币证明高铁的稳定。在国际社交媒体YouTube上，高铁竖硬币也成了热门视频，非常形象地成了中国高铁的宣传大使。

据一份调查，"大熊猫""高铁""共享单车"已成为现代中国新的代表元素，在海外十分火爆。这样的传播，无论对国际公众，还是对中国中车的海外员工，都是最好的推广。

3. 尊重共享的美国范式

对于我们这个行业来说，美国不仅是一个高端市场，也是一个特殊市场。特殊在何处？主要有两点：一是要满足"买美国法"的要求；二是要满足"最大价值"要求。在此特殊环境之下，我们在美国开展本土化制造，实现双方和多方的最大共享共赢。

2017年4月和11月的中美元首会晤，情节之一都有一个，那就是"中车制造"的美国波士顿地铁。从技术上说，出口美国地铁只是中国中车万千产品中的一件，但在我们的手中，我们不仅将这俩地铁打造成精品，更将它们打造成"中国制造"走向高端市场的"金名片"和中美文化融合的典范，为我们的"超级推销员"撑台。我们希望，未来中美元首会晤的寒暄之词，不谈天气谈地铁。

图 8-7　美国老房子

资料来源：曹钢材（2018）。

位于美国马萨诸塞州春田市的工厂，是中国中车在美国投资兴建的第一个工厂。有座老房子是美国西屋电气的老厂房，到如今100多年了（见图8-7）。根据最初的规划，中国中车应该拆除这座老房子。当这个信息被当地人知道后，他们流露出依依不舍的表情，很多人跑过来跟这老房子合影。这让人感觉很奇怪，于是就去打听，得知这座老房子寄托了当地7000人的回忆，承载了7000个家庭的眷恋，很多人家祖孙三代都在这里工作。对于只有15万人口的春田市来说，这座老房子对于春田的很多人都意义非凡。不仅如此，这座老房子也是美国工业辉煌时期的典型代表。围绕着房子是拆除、捐献还是保留，经过了一段时间的讨论，最终决定这座老房子经修缮加固后作为办公室使用。没想到，中国中车这种对待老房子的做法，赢得了当地居民的赞赏。在2015年9月3日的奠基仪式上，当地人打出了"欢迎中国中车"的标语。

在奠基仪式的当天，来了一个穿着老式西装的老人，他叫麦克。他的父亲和爷爷都在西屋电气这座老房子里工作。听说中国中车把本来该拆除的老房子保留了下来，保留了他们的记忆，让他们全家都很感动。由于他的母亲行动不便，便委托他来参加奠基活动。他还带来了一句话——"我们的春田终于又迎来了希望"。

后来，麦克在厂房附近开了一个酒吧，酒吧面向街道的墙壁上，刷了两条标语，"欢迎中国中车"。这种影响是持续的。2017年9月，我们的春田工厂接近完工。102岁的老房子又迎来人生第二春。10月14日，组织了春田工厂的公众开放日，美国马萨诸塞州州长、春田市市长，还有当地民众参观我们的工厂，给予了大大的点赞，这件事情轰动了美国东北部和海外人华侨界。如今，红房子已经修缮一新，并且正式投产，这座百岁的"红房子"又返老还童。

目前，在美国市场上，中国中车至少实现了四大共享：一是与当地政府共享，激活产业和税收；二是与当地民众共享，创造优质的产品和就业岗位；三是与用户共享，为其提供质量卓越的产品和服务；四是与各大高校和科研院所共享，共同探索轨道交通行业的新科技新技术。

4. "用户至上"：理念和行动

中国中车的英文名称为"CRRC"，很多人以为这是英文名字的简称，想把CRRC原貌给恢复，却硬是凑不出来。有的甚至凑出来一个哥斯达黎加铁路公司（Costa Rica Railway Company）。

中国中车在确定四个字母时，赋予了其特殊的意义。四个字母的首字母分别对应客户导向的（Customer-oriented）、负责任的（Responsible）、可靠的（Reliable）、创造的（Creative）。

2015年，中国中车获得特拉维夫120辆轻轨列车的合同。这是中国轨道交通车辆首次出口到以色列，以前他们的产品都来自欧洲。所以，从签约之日起，他们对这车的研制过程就很关心。2017年5月，以色列交通部长和驻华大使两次过问这事。于是，中国中车在"一带一路"高峰论坛闭幕的当天，邀请他到访中国中车总部，给他看了打印版的PPT。这不看不知道，一看"吓一跳"——他连续说了三次"Wonderful"。

5. "共商共建共享"+社会责任

2018年是"一带一路"倡议五周年，我们都是"一带一路"倡议的受益者，我们也无时无刻不在体现着"工商共建共享"的"一带一路"理念。在中国中车"走出去"的过程中，我们借鉴著名跨国公司和中国企业"走出去"正反两方面的经验教训，深刻认识到社会责任既是中国企业走向世界的硬通货，又是中国企业走向世界的软实力。为此，我们形成了"共商共建共享"+社会责任的"一带一路"建设新模式。其中，中国中车的"五本五帮"就是这种新模式的具体体现。

6. "文化的难题要用文化去解决"

企业界都有共识，企业重组合并最大的难题不是资金、机构、人员的重新组合，而是文化的融合或重建。国有企业之间融合有难度，国企与民企之间融合更有难度，中国企业和外国企业之间的融合更是难上加难。中国中车通过这几年的实践，认为"文化的难题要用文化去解决"。

接下来说说海外并购。德国博戈集团，主要从事橡胶和塑料业务，为汽车提供配件。中国中车一表示出收购的意向，就会遭到"当头一棒"。这个博戈总部工厂只有 1800 名员工，竟然串联了包括母公司员工在内的上万人联合签名反对中国中车并购。这个逆反效应不仅吓坏了中国中车，也吓坏了博戈公司的高管团队。

是放弃收购，还是抓住大好机会往前走？中国中车最终决定继续收购。针对博戈集团的收购融合，中国中车砍下了"3+N 板斧"。第一板斧，"画地图"。完成此次收购后，博戈集团的市场将从以前的欧美市场扩展到全球市场。第二板斧，"画大饼"。博戈集团的管理团队和总部地点不变、运营机制不变、员工福利不变；绝不裁员。第三板斧，秀肌肉。博戈集团聘请的第三方顾问公司，低调地来中国，了解中车到底怎么样，不问不知道一问吓一跳，知道中车是中国的"金名片"，是轨道交通行业的世界冠军。这"三板斧"砍下之后，博戈员工对收购的支持率立马飙升到 99%。其中，博戈德国西蒙尔工厂的工会主席自掏腰包购买了中德两国的国旗，员工们高高悬挂中德两国国旗，迎接中车的到来。第四板斧是"文化游"。通过组织"中车文化之旅"，邀请博戈集团全球员工代表，实际上就是优秀员工来到中国，走进中国中车的车间，跟员工交流，这个效果出奇的好。博戈总裁亲笔写来感谢信说，"中车文化之旅"使他们感受到了中车大家庭的温暖，听见中车的员工称他们为同事，他们感到很高兴。

前"三板斧"推动收购，第四板斧加速融合。后面还有第五板斧、第六板斧、第 N 板斧。收购完成后，全部兑现承诺。当地政府也非常满意。2015 年 9 月，博戈所在的达默市、西蒙尔市的市长，相约专门访问中车表示感谢。德国媒体评价到，中车收购博戈后，"中国之伞撑出更大发展空间""公众对于陌生事物的害怕已经消失"。现在，博戈集团在中车旗下，不断创造盈利新纪录。在中车的拉动下，他们的工厂和市场已经从原有的欧美为主变为辐射全球，在墨西哥等低成本国家建立起新的工厂。

三、中国中车案例分析

中国中车案例思维坐标解剖如图 8-8 所示，中心为企业主体中国中车；纵轴主体化维度两端分别是受人尊敬的公司、命运共同体；横轴跨文化维度两端分别是全球化（产品/质量）与地方化（人文）。企业跨文化管理需要平衡好全球化与地方化战略。

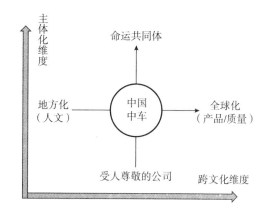

图 8-8　中国中车案例思维坐标剖析

资料来源：作者自制。

（1）企业维度分析：体现高端装备制造的高速平稳性的"高质量科技文化因素"。中国中车的产品已经遍及全球六大洲 104 个国家和地区，是唯一实现欧美澳发达国家全覆盖的中国高端装备制造企业。

（2）"受人尊敬的国际化公司—命运共同体"维度。中国中车在跨文化管理和国际融合上做出一些特色，根本原因在于中国中车提出了一个与众不同的愿景，那就是打造"受人尊重的国际化公司"，同时提出了"命运共同体"的理念：第一，共商共建共享理念普遍适用。第二，不要用外国来笼统地概括文化差异，而要对每一国深入其里，了解他们的政治、经济、法规和文化生态。第三，要赞美他人引以为豪的传统文化和习俗，尊重对方的集体记忆。第四，消除恩主心态，不强化施恩行为。第五，根据海外经营的不同模式，制定恰当的跨文化管理的策略，还要在制度和规格上加以体现。第六，社会责任多做少说，绝不以宣传为目的来履行社会责任。第七，要推动品牌的国际化，对内能够促认同，对外扩大中车的话语权。

（3）全球化—地方化平衡维度。在马来西亚，中车建有东盟十国里面技术最先进的铁路工厂。"本土化"是"国际化"的必由之路，中车在马来西亚实行"本土化制造、本土化采购、本土化用工、本土化维保、本土化管理"的"五本模式"。为当地创造就业和税收，目前本土化员工已经超过80%，未来要超过95%；在南非，在"五本"之上，中车还践行"五帮"：为当地妇女高管提供管理培训，为孤残儿童提供学习用具，为当地警察传授少林功夫，参与社区传统文化活动，对当地工人进行业务培训。通过"五帮"，中车赢得了南非各界的尊重。当然，拿到的订单也很多，2016年底，中国中车拿到20多亿美元的维保订单，创造世界同类订单之最。在南非，通过实施"五本五帮"行动，实现了深度融入当地社会。

第四节　教育文化环境及"亚吉铁路"案例

一、教育文化环境的应对策略

在教育和人力资源方面，跨国公司在机构内部会采取直接培训方式，而在参与东道国政府教育项目时会采取间接培训方式。下文为公司教育政策的六个要点：

（1）教育在企业层面的影响。教育水平影响待就业人口的素质。因此也会间接影响工作效率和生产率。教育水平会影响管理及产业层面的方方面面。尤其是整体员工表现、工业企业规模和整体组织架构、管理去中心化程度、技术专业度、流程类型、所采用技术和科技、生产成本以及企业整体生产率和管理层效率等方面。

（2）作为革新的企业培训。尽管企业对于工人或管理层的直接培训项目是为了促进公司内部关系，但企业要记得为确保行之有效，此类培训应该吸取此前个人所经历过的社会化教育经验。每个个体都经历了文化社会化，有很多还经历了商业文化社会化。从雇员角度出发，他们所在企业的教育是一种创新。而创新只有在不与他们原先接受的教育大相径庭的时候才能得到贯彻执行。

（3）选拔、培训及监测体系。在制定企业教育政策时，企业还要想好最终目的：无论是培训工人还是管理层，企业是试图教授"技术技能"而已，还是与此同时也在试图将雇员整合进"企业文化"中。对于雇员们的行为举动，所有企业都必须采取合作及控制的两手抓态度，并同时就与员工选拔、培训和监测相关流程的每一步投资金额作出决策。在选拔和培训上额外的开支可能会省下监测工人的相应开支。对于选拔和培训的关注可被称为"文化控制"。对活动观测的关注可被称为"行政监测"。事实证明尽管隔着一定的物理和心理距离，文化控制往往比行政监测更为重要。许多公司的运营高度依赖各类严格制定的政策和固化的汇报流程，以此来标准化它们分布于不同国家的各类分支机构经营业绩的会计核算。而它的成本在于：削弱了对于独特文化环境的责任感。结果也丝毫不让人惊讶，构建起各类政策及汇报流程的条条框框通常较为适合于母国情况，而在境外的适应度则相应减弱。

（4）培训技巧的调整。即使没有经过正规教育，所有工人在各自文化背景中也是充分社会化的。而在那些正规教育体系仍欠发达的地区，工人培训技巧是必须采纳的。通过观察模仿学习的技巧在欠发达国家已发展得炉火纯青。培训项目可借鉴并善用之。课堂里可以设立展示实验室。机械大师可以上阵直接演示设备的用法而不是通过抽象的画图或者教科书来教授。学习，是在情境里自然而然地发生的，而不是通过死记硬背抽象概念来完成的。此外，用"母语"的话，创新内容会更容易沟通传达。对于技术技能的初次培训，用母语教授能避免产生不必要的误解。再用些文化所特有的比喻笑话，紧密联结就更易达成了。而针对技术技能更高阶培训和企业文化传达等，培训可转为工作语言。

（5）政府要求。发达国家的跨国企业可能会面临来自民族主义和国家层面对于员工再培训的双重要求。企业可以选择在总部培训来自各国的员工，抑或把培训导师派去各分部进行培训。该选择可以反映其教育目标的比重（技术技能和企业文化）。如果技术技能是主要目的，则教育体系可以本土化，把导师派去分部就可以。而如果全球公司文化是主要诉求，而且相较官僚化控制，公司更倾向于通过让员工们分享文化认知和期待达成管控目的的话，那么总部中心化培训可能更有效（和出于规模经济考虑的有效率）。此类培训项目的规模是令人吃惊的，几乎每天都有 5000 人次参与欧洲 IBM 主办的培训项目。

（6）培训和奖励机制。记住，培训项目应该和激励体系同时设立。激励体系应该在个体入职之前就能够认识到其社会化影响度。尽管渴望一致性，企业总部同时也希望修订激励体系以更好适应境外环境。美国企业通常使用物质性回报（奖金、期权）和非物质性回报（自主权、责任度和精神成长的机会）。在美国，管理层职位意味着高薪、不稳定、竞争大；而成功的回报也很高。在强调个人主义、鼓励竞争和物质崇拜的美国价值体系大背景下，此类回报是可行的。相反，日本更重视集体，看重作为团队一分子的个人职责的履行，强调团队与团队之间的竞争。这些都是核心的日本价值观。责任永远在第一位，将个人情感凌驾于个人职责会遭鄙视。在此类价值观之下，中长期评估和激励同时考虑资历和表现会更恰当一些。

二、中国土木集团亚吉铁路项目

亚吉铁路起点是埃塞俄比亚（以下简称埃塞）首都亚的斯亚贝巴（以下简称亚的斯），连接重要城市阿达玛、德雷达瓦，终点为邻国吉布提的吉布提港。线路全长 752.7 千米，设计时速 120 千米，设 45 个车站，总投资约 40 亿美元（约合 267 亿元人民币）。中国铁建中土集团承建东段埃塞米埃索至吉布提 427 千米。中国中铁二局承建西段埃塞亚的斯至米埃索约 329 千米，中国进出口银行提供资金支持，中国中车集团提供装备。2012 年 4 月开工，2018 年 1 月 5 日正式建成通车。亚吉铁路是继坦赞铁路之后，中国在非洲修建的又一条跨国铁路，被誉为"新时期的坦赞铁路"。亚吉铁路是中国首条集设计、施工、监理、设备采购、融资于一体的全产业链"中国化"海外铁路项目，标志着中国铁路成套"走出去"取得的重大突破，是落实"一带一路"倡议标志性成果（见图 8-9）。

图 8-9 中国土木集团亚吉铁路项目

资料来源：中国土木集团官网。

亚吉铁路项目采用 EPC 总承包模式。中土集团在现场设立亚吉铁路项目经理部，按照专业分工，下设多个项目部。项目建设中感受到除自然环境、经济技术环境差异外的文化差异如下：

（1）人力资源条件差异。无论是贯彻埃塞政府要求还是执行企业成本战略，人力资源属地化，雇用当地员工是必须要做的重要工作。但埃塞当地的人力资源条件难以满足铁路建设需要，当地员工除技术文化素质低的问题外，普遍还存在时间观念、纪律观念、劳动态度差的问题。例如，多数当地员工喜欢按日计发薪水，收到薪水后，就不来上班了，直到钱花完了，再回来继续工作。项目部采取积极培训的方式，努力提高员工业务素质，改善当地员工的行为方式，以适应项目建设需要。项目建设期间，共计雇用当地员 2.3 万人，培训员工 1.8 万人次，并积极为铁路运营做好人员培训储备工作。

（2）社会环境差异。埃塞是个多民族、多部族的国家，全国有 80 余个部族。各部族都有自己的语言、宗教信仰、风俗习惯。中国土木承建的米埃索—达瓦利区段，沿线为索马里族聚集区，他们的生活方式、语言、宗教信仰都较为独特，并且与埃塞联邦政府存在不少矛盾。早在 2012 年 1 月，项目部在这一地区开展考察就看到很多放羊的索马里族人都肩扛 AK47 步枪。有一次，中方工作人员在某段工程开工前开展相关侧重工作时，发现了一个由两个树干做成的门洞，上面插着两个羊头，一幅存有血迹的羊皮拉在两羊头之间。随行的当地工程师大惊失色，告知中方人员赶紧后退，并说此为当地村民警示施工队伍不能越过此处，否则格杀勿论。如何处理好与沿线部族社区的关系，是关系项目进展的重大问题。项目采取与当地村民积极沟通的方式，对于出示"羊头警告"的村落，项目部派人参加了该村的村民大会，了解到这是由于当地民众担忧新建的铁路会把他们村子夷为平地，导致他们无家可归而采取的行动。项目部人员耐心地解释说，铁路在设计之初就考虑到了沿线村落的情况，保证不会拆除任何一间房屋，而且在铁路开工后，还将优先招用村里的年轻人进行铁路建设。听到项目部人员的保证，当地人不仅放下了戒心，欢迎施工队的到来，还出人出力，为项目的实施提供了许多生活上的便利，从而保证铁路得以按期完工。

三、案例分析

中国土木集团亚吉铁路项目案例思维坐标解剖如图 8-10 所示：中心为中国土木公司的作为；纵轴主体化维度两端分别是通过培训和理念提升，提高人力资

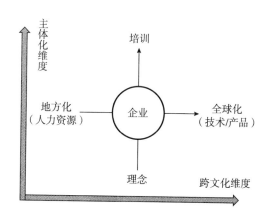

图 8-10　中国土木集团亚吉铁路项目的思维坐标剖析

资料来源：作者自制。

源素质水平；横轴跨文化维度两端分别是全球化（技术/产品）与地方化（人力资源）。企业跨文化管理需要平衡好全球化与地方化战略，通过培训，贯彻中国铁建、中土集团企业文化建设要求，以"建一个项目，保一地市场，交一方朋友，树一个品牌"为目标，坚持"忠诚、相当、团结、奋进"的项目文化核心理念。以积极履行企业社会责任为抓手，尊重文化差异，推进文化融合，建设海外项目文化，推进项目健康平稳进展。

（1）企业维度：人力资源属地化。梁枕厂负责生产铁路米埃索—达瓦利—吉布提段铁路项目的绝大部分轨枕和T梁。该厂要投入运营，当地招工是一个难题：不缺人，前来应聘的队伍排到大门口，但由于生活习惯的差异，他们要以当天结算，而领了工资，很可能第二天就见不到人。人员的流动性极大地影响生产的质量和安全，怎么改变这一情况成了一大难题。有一天管理人员还发现：近1/3的员工到了上班时间不在岗，他们聚集在工厂门口——原来，工厂要求员工穿戴衣服、鞋子上岗，但是因为贫穷，有百余名员工没有衣服和鞋子，止步于门口，怎么办？工厂马上号召所有中方员工从两套工作服中分出一套送给当地员工——从我们手中接过衣服的时候，我看到黑人兄弟的眼里闪着泪光——慢慢地，当地员工的工资从"日结"变成了"周结"，变成"月结"，工厂的员工队伍也因此稳定下来。

（2）培训维度：从"输血"到"造血"，带不走的就都留下。梁枕厂规模最大的时候有近700名员工，解决了村庄绝大部分劳动力的就业问题。从来没见过流水线生产的当地员工，在中方员工手把手地带教下，一点点掌握了梁枕生产技能，一些能力强的员工逐渐成为业务骨干，从技术到管理，一个离开中方团队也能正常运营的梁枕厂在这个小村庄里落了户。2016年6月，中方人员离开的时候，整个梁枕厂成了他们留给非洲兄弟的"礼物"。项目大力招聘当地雇员，在埃塞雇用当地员工2.3万人以上，在吉布提雇用当地员工也超过5000人。项目部设立了员工培训中心，对当地员工开展多批次不同岗位的专业能力培训，其中到中国培训1000多人次，1.2万余名当地"门外汉"通过培训，成为工程施工、线路维护、通信信号、机车驾驶等领域的"行家里手"。

（3）全球化—地方化平衡维度：整合全球地方化理念。①树立正确的义利观，努力为埃塞人民建设优质铁路。项目经理部积极贯彻习近平总书记指示，"坚持正确的义利观，以义为先，义利并举"，贯彻"真实亲诚"中国对非外交方针，培育弘扬亚吉铁路经营理念，打造品牌项目。根据运营合同，联客体负责亚吉铁路六年的运营与维护，并负责培训当地运营管理团队，之后逐步退出，将铁路交给当地团队运营管理。②做好社会公益，促进企业与地方的关系。项目大规模实施后与当地产生矛盾怎么办？项目经理部领导拜访了当地的"大土"，后由"大土"介绍，拜访了铁路沿线主要村庄的酋长、长老和民众，介绍铁路建设对埃塞发展的意义，并为当地捐赠了服装、学习用品、体育用品、药品等物资，在条件允许的情况下，还为当地村庄修建了教堂。项目部为当地百姓所做的点点滴滴，也赢得了他们最真诚的回报。在修建铁路的过程中，中国员工来到当地村落，村民会用家里最好的食物，用充满当地风情的舞蹈欢迎他们，气氛友好而热烈。③做好环境保护工作。埃塞地处高原，生态环境相对脆弱。某些植被一经破坏将难以恢复，并且水源地稀少，累及民生。项目部将环境保护工作放在重要位置，时时刻刻注意着。建设项目营地尽量不占或少占"水草丰美"的地方。某项目部营地原计划建在附近牧民经常放牧的地方，部族长老反映那里是水源地，建营地会影响牧民放牧和生活，项目部听取长老的意见，另选一块远离牧民放牧相对贫瘠的土地设营地。同时，项目部教育员工尊重当地人民的风俗习惯，自觉保护野生动植物，自觉保护当地人民尊为图腾的动植物。

第五节　社会组织文化环境及赴越"拟家族"案例

一、社会组织文化环境的应对策略

面对迥然不同的国外社会组织与社会关系，"走入陌生社会组织的一般准则"是：管理者首先应抛弃固有的关于本国社会组织的观念；其次，评估国外业务环境从而确定沟通的敏感度，并在此基础上通过观察、调研了解东道国社会关系的行为准则；最后，形成适合东道国文化的沟通方法与管理策略。

1. 了解国外社会组织时的常见问题

人们都已内化于自己所处的社会组织中，当步入一个新的社会组织、接触到相冲突的组织观念时，未免会变得迷茫与不知所措。面对此种文化冲击，首先应铭记这一简单的格言："他们做的任何事情对他们来说都是有意义的。"

避免文化冲突是商业策略的目标之一。企业最初计划开展国际化经营时，更倾向于与"文化距离相对较小"的国家开展贸易行为。"文化兼容性"相对"地缘优势"更为重要。比如，一个经验不足的美国企业，更倾向于与地理距离较远但文化兼容性较强的英国开展贸易合作，而不是选择近在咫尺的墨西哥。然而，文化兼容性并不能保障"利益最大化"。社会生活并不总是可以预测的，甚至在最为原始的社会也是如此。面对社会生活的复杂性，先进工业国家的营销人员必须采用统计与大数据的方法进行市场细分并界定目标顾客。

2. 拒绝先入为主

外派经理们常持有"先入为主"的观念，并认为东道国与本国的社会组织机构相似。为了更好地了解国外社会商业组织，管理者们应首先克服这种观念。

在商业组织中没有什么理论是普遍的。通过对 50 个国家的管理者与工人的工作相关价值取向进行调查，霍夫斯坦特发现所谓的一般化的动机理论（马斯洛需求层次理论）、领导风格理论（参与管理与目标管理）和组织结构理论（集权与规范化的企业管理结构）都是根植于美国文化的，不可推而广之。以下提出了几种不同的动机：①以个人成功、财富、赞誉、自我实现为动机（美国、英国、加拿大）；②以个人安全为动机（日本、德国）；③以安全感、归属感、集体归属为动机（法国、西班牙、葡萄牙、拉丁美洲）；④以成就感与归属感为动机（斯堪的纳维亚、荷兰）。就领导风格而言，具有美国特色的参与管理并不适用于所有国家，对诸如法国、德国这样的国家，参与管理的领导风格不够集权，而对于斯堪的纳维亚这样的国家而言又太过于集权。

3. 认识国外社会组织

参与跨文化商务活动的管理者，除要克服先入为主的观念，还要从以下三个方面着手，促进跨文化关系的进一步发展：首先，综合分析特定文化环境，评价沟通交流的敏感度；其次，观察社会组织的文化环境，调动相关社会组织行为准则的知识储备；最后，评估外来文化与价值观和本土文化与价值观是否可以相互融合。

一个完整的商业计划包括商业策略（产品与服务、科技、营销策略）与实现商业策略的组织。商业计划可以比作公司向其所在环境发送的信息：第一，公司与东道国政府的议价能力。不同行业，议价能力不同。对于矿业等与自然相关，需要东道国提供技术及许可的行业，公司的议价能力较弱，应尽可能地适应东道国的商业行为规范。对于光纤、机器人等新兴技术行业，公司的议价较强。此外，国家干预消费者选择，或是国家认为某种产品不符合整体发展趋势时，国家的议价能力增强。第二，业务关系类型。业务关系类型涉及两个问题：合作伙伴间的理解程度和文化与惯例的相容性。公司与其合资伙伴或海外子公司的沟通交流十分重要，而与海外销售代理的沟通相比之下就显得不那么重要。尽管企业总部有权令海外子公司拥有与总部同样的企业文化，却不能将其企业文化强加于合资伙伴。第三，产品与服务的性质。生产与可口可乐类似产品的企业以及提供机械化快餐服务的企业，由于产品服务的标准化、具体化，其对东道国商业行为的适应需求较低。重工业设备价格昂贵且需定制，沟通适应对于该行业企业尤为重要。再如，大型计算机软件编程等服务具有独特性、抽象性、模糊性等特点，该行业对于沟通适应的要求较高。为了获取客户的信任，服务供应商应该在多方面保持敏感，包括对客户的企业文化。

　　总之，理解外国社会组织的第一步是分析跨文化沟通任务的敏感性，以便更好地实施公司的业务战略。第二步，观察。为了辨别社会组织，人类学家深入组织群体内部，开展集中性的参与性观察。他们学习本土语言，在国外社区生活一年或者更久。他们参与其中并观察正式或非正式场合下、仪式和纠纷中人们的行为，以及人们的内隐行为和外显行为。最后，他们采用调研的方法验证观测结果。管理者们极少有时间和精力复制这一过程，开展密集性的观察与调研；他们可以通过阅读关于社会的文献、民族志专著等了解国外社会组织的现状及问题，也可以通过借助咨询机构了解跨文化沟通中的问题及注意事项。

　　（1）环境下的社会群体。该群体形成的因素有哪些？该群体移民并定居于此的因素有哪些？群体中存在怎样的内部分工？该群体社会有什么影响？该群体在东道国面临着哪些困难？该群体与其他群体之间存在何种政治、经济、价值观冲突？冲突是如何引发的？

　　（2）家庭关系。家庭的类型与规模？夫妇婚后住在哪里？是否同祖父母或其他亲戚同住？家庭团体的决策结构如何？妇女与晚辈能否参与家庭决策制定，话语权如何？晚辈何时在决策过程中发挥重要作用？什么类型的财产由家庭共同拥有？

　　（3）亲属关系。婚姻获批的准则有哪些？结婚对象必须在特定亲属关系之外（如家族或宗族），还是在特定亲属关系（如种姓或种族）之内？婚姻模式与商业、政治网络有怎样的关系？社会对一个好丈夫、好妻子、好子女的评判标准有哪些？对已婚男女的行为限制有哪些？

　　（4）朋友关系。如何界定朋友关系，没有敌意还是亲密无间？朋友关系网在政治经济问题中是否重要？人们如何表示友好？可以接受什么程度的示爱？选择什么样的场所会见朋友？

　　（5）阶级、社会地位与等级。划分阶级、社会地位或是等级的标准有哪些，世袭特权、行业权力、学校关系、年龄、性别或是种族/民族等级？社会地位如何体现在日常生活中？阶级流动的规则有哪些？是否存在允许经济流动，而社会不平等继续维持的现象？对少数民族有哪些歧视，如工作、教育？

　　（6）政府与政治。群体是否具有政治权力基础？社会流动是否会在政治动员中有所体现？哪些权力领域是相关的，该领域的竞争有哪些？表达政治异议的常态规范有哪些？工会组织代表谁的利益？大众媒体是否被审查？公民有选择官员的权力吗？民选官员、官僚与军队之前的权力平衡如何？

　　观察和移情能够帮助打破民族中心主义的心理定式。对于初入异国的管理人员，必须打破民族中心主义的心理定式，了解东道国的社会组织特征，尽快融入新的社会关系。认识国外社会组织的第三步是分析东道国的社会组织与社会关系如何应对改变与创新。海外管理者应该意识到，他们工作的重点不仅仅是销售产品与服务，更应该是了解国际社会市场。换言之，适应还是创新，有一部分取决于创新是否适合东道国的社会需求，还有一部分取决于创新是否对经济发展有促进作用。

二、赴越"拟家族"案例

伴随着制造业的跨国转移，人的网络、生产网络、技术知识等，呈现出"连锁迁移、在地演化"的特征。其中的一个关键进程，是"中国干部"以协同创业的方式，实现了从"契约外劳"/"技术专家"到企业主的身份转化。这一进程中，群体携带的文化原则在新情境中结合新要素，演化出不同的组织调适路径，也形成了契合生产网络生长所需的小生境。这让"中国干部"群体以新的身份和结构位置参与越南制造业的发展，成为越南连接东亚制造业与全球市场的一个底层通道。

在胡志明市周边的几个省聚集了大量中资企业，其中，在越南白手起家的"草根"企业主多是"中国干部"出身。他们属于中国最早一批"打工仔"，在20世纪90年代中后期，从中国东南沿海迁移到越南，又在2000年后的几年间，开启了群体间的协同创业历程。在"中国干部"向"中国老板"的身份转换中，蕴含着"何以组织"的微观机制：这些"草根"远离乡土，在迁徙中很自然地依赖"同宗同乡"，抱团取暖；而他们所携带的汉人乡土社会的文化和组织逻辑也被创造性地调动起来，运用到人群迁徙、资源整合乃至产业链演化的过程中。

R先生是家具行业中第一批在台资工厂进入高阶职位的"陆干"。1992年，他18岁初中毕业，从重庆大山的一个村子辗转到了东莞大岭山，在家具厂找到第一份工作。中国社会科学院世界宗教研究所王剑利（2020）注意到，他总是用"我们"来讲述其从东莞到越南的经历。

1. "搬圈子"

"我们在东莞时就喜欢抱团的。为什么？太穷了！"在中国制造业的兴起阶段，远离乡土的农民工面临着劳动力的买方市场。"找工作"的极度艰辛、城市边缘人的身份、改变家乡穷苦的追求，让进了厂的R先生开始为老家的亲属、同乡介绍工作。R先生最初在家具厂跟随"台干"学技术，很快又被聘到一家台资油漆厂成为给客户做技术指导的专业人员。他凭借在工厂、客户中赢得的"面子"为家乡人寻找机会。他带出来的亲属、同乡又继续拉动着从重庆老家到东莞的"连锁迁移"。短短几年间，一个依靠乡族纽带、嵌入家具行业的技术工人小圈子生长起来。R先生和这个圈子同步成长。1997年，他已经成为油漆厂里最受老板信任和看重的人，老板便派他去越南开设分厂。

20世纪90年代末，越南制造业的产业链还很不成熟，技术人才稀缺，油漆厂位于供应环节尤其需要技术服务支撑业务拓展。到越南后，R先生的身份和地位也发生很大转换。作为台企的高层管理者，他拥有了"刚性权威"和更多调动人力资源的能力，也需要"自己人"来管理越南籍员工。同行的中国台湾地区老板也请他帮忙介绍"陆干"，因为当时"台干"大多超过了40岁，不愿远赴越南，而"陆干"有冲劲又懂技术，薪资仅及"台干"的一半，已成为越南制造业的"优势资源"。面对新情境，无论是要保障工厂的对内生产管理、对外业务运营，还是要拓展与台商的关系网络，他都需要大量技术人才支持。在东莞串联的那个兼具乡谊性、专业性的圈子，成为最可依赖的组织资源。他便开始跨国"搬圈子"。

R先生牵动的"连锁迁移"是"差序式"的。在东莞时，"搬"到厂里的先以村里人为主，他们又在东莞串联起老家周围的同乡，圈子套圈子，逐渐壮大。当把圈子搬往越南时，"我们村子、镇子附近的，旁边县的都有，熟悉的基本都搬完了"。这批属于"自己人"的技术专家让他在越南"立住了脚"，也开创了一个非常可观的协同创业模式。

2. "卫星工厂链"和"开枝散叶"

"连锁迁移"为社会网络和生产网络的"在地演化"提供了重要基础。2000年，R先生正式创业。他沿着台商的业务网络进入油漆业，为台资家具厂做配套，两年后就对接上海外的代工订单，转型为家具出货厂，加入国际品牌的全球供应链。现代家具行业的产业链条较长，做一个传统美式家具需要100多个配套厂商。当成为生产链"头部"的成品出货厂并达到一定的产业规模和经济体量时，就具备了产业链的带动能力，能够开启"布局"。依托着海外订单和家具制造业的生产网络，在七八年间，R先生拉动着这个搬到越南的乡族圈子衍生出了一个协力分工网络，他称之为"卫星工厂链"。

"卫星工厂链"依托着乡族网络的差序式圈层演化而来。以R先生为中心，他和弟弟直接管理着两家家具出货厂，也控制着主要订单的分配和流向，成为最初的"主星"。在他的周围凝聚着一个大家族，包括他的家人和姻亲，村里同姓且两三代内具有亲属关系的人都被纳在内，族人直接经营或投资的工厂有几十家。这些族人大多是从为R先生的家具厂做配套起家，逐渐基于各类生产材料、化工原料、配件、包装、物流等环节，密切围绕家具业供应链成为"卫星供应商"。"家族式协力"的组织效应带动供应能力的迅速提升，他们从主要围绕一颗"主星"，辐射到家具业相关的众多行业中，极大地拓展了供应链长度和规模。至今已有十几位成员也成为国际家具品牌的终端供应商，和R先生共同带动了家具业的一个产业集群。圈层的外围是基于乡族圈子串联起来的同乡、朋友关系，形成了跨越更多圈子、具有多元结构的人际网络和协力生产网络。

在协同创业的过程中，早期搬迁到越南的乡族圈子从一个"在地生长"的"卫星工厂链"向外"开枝散叶"，推动着家具业和相关产业的空间聚集和协力分工网络的发展。这一过程连接起多元主体，共生演化。R先生牵动的"卫星工厂链"从台商主导的生产网络和国际市场的边缘开始成长，逐渐与台商生产网络相互嵌入，在协力又竞争的关系中共同推动越南本地家具产业链的成熟和壮大。同时，这个"卫星工厂链"又基于生产规模的扩大和产业链的交织、延伸，从最初以本地采购为主，逐渐与中国、美国的制造业链条建立日趋紧密的供需关系。发展至今，其产业集群已经成为美国第一大、第三大家具品牌的最大供应商之一，在越南家具代工出口的全球市场中占据了更高位阶，并已开始谋划新一轮的海外产业布局。其产业集群生长于越南，也将大量越南本地工人、管理干部和企业主牵引到生产网络和人际网络中，引发越南社会在微观层面的演化。在这个以"同乡同业"为基础、嵌入越南地方社会又连接着东亚产业链和全球市场的协力网络中，实现了协同创业的圈子仍以乡族关系为核心，维系着弹性的生产和群体边界。

3. "同乡同业"的技术迁移与协同创业

包括R先生在内的多位"草根"企业主都谈到创业凭借的技术和经验。"我们并不懂全部的技术，但是懂环节"，"很多环节都做过，即使没做过，看也看会了"。技术、经验的积累与"陆干"的位置、身份和流动特点直接相关。尤其在台资企业中，"陆干"以"专家"身份兼任管理干部，纵向晋升上的"族群天花板"让他们在生产现场的岗位间"流转"，也可能涉入企业间的业务领域，由此积累了各环节、各工序上的技术和管理经验。

在制造业的跨国转移和在地化中，技术转移是一个关键进程。相对于上下游协力企业之间的技术转移，企业内部的技术传递机制更为隐性。企业有时要防止核心技术外溢，有时又要打破少数人对技术的"专有"以稳定质量、扩大生产。对于后者，标准化作业流程是一个重要做法。东莞某鞋厂的创办者F先生在Y公司担任"陆干"时，曾被母公司B集团派往印度尼西亚某个濒临倒闭的鞋类代工厂担任厂长。他配合集团落地了一套"分解—标准化"流程，以打破技术被少数师傅"垄断"的状况。这一尝试扭转了生产线的低效低质，也为B集团跨区域推广"标准化"开创了重要经验。在隐性知识含量不高的制造业门类中，标准化操作有助于技术传递并提升效率，也能成为避免因更换协力厂（例如，鞋业配套厂由台资厂转为陆资厂）而影响生产品质的重要机制。而有些情形下，与此类似的一种技术流程"片段化机制"，又成为防止重要技术扩散到当地的手段。而对那些"流转"于生产现场的"陆干"而言，这两类流程都意味着，生产中的隐性知识更易于被习得和复制。由此，"看会了"成为"陆干"创业的重要基础。

同时，在特定行业、特定环节（例如，与家具业配套的油漆流程），有很多隐性知识难以通过标准化操作实现高效转移，需要"边做边学"，依靠师傅带徒弟、观摩意会、实践体悟才能传递这些经验，或者依靠各有分工的小圈子在"一起做活儿"的过程中提升"集体经验"。这些富含隐性知识的技术往往构成企业的核心竞争力，在相对封闭的组织网络中流转。重要的是，在越南很多中小型企业中，"专家"或"师傅"的角色最初是由"中国干部"承担的。他们在从中国内陆农村迁到中国沿海再迁到越南的过程中，往往基于制造业的协力分工生产网络形成一种联动性的"同乡同业"圈子，这就构成了特定技术经验实现生产、转化、迁移的组织基础。

由此可见，依托于人际组织和生产网络的技术获得与迁移机制，是 R 先生能牵动起跨国"搬圈子"和"分枝散叶"的内生动力。他在东莞串联乡族，不仅为族人、乡人找到工作，还使这些内陆农民学会了制造业的"技术活"，而"技术工"身份的获得不仅源于"资方养成"，还源于乡族群体围绕生产分工形成了知识分享的小圈子。亲属情感、拟家族情感、乡里情谊、师徒情谊和同侪情谊的混生，维系了圈子相对封闭又富有弹性的边界，内生出忠诚、信任、凝聚力和集体行动能力。这种基于乡土文化逻辑的组织化过程和情感，是技术尤其是隐性知识得以跨越企业边界，在非正式组织里传递的重要机制。

图 8-11 赴越"拟家族"企业

资料来源：王剑利（2020）。

当 R 先生把圈子搬到越南，其成员身份实现了由"工人"向"专家"的集体转化。这一时期，欧美市场对越南代工制造的订单量大幅上涨，当地技术人才的稀缺与 R 先生在台商圈子里的"人情、面子"相互作用，让这个"年轻有冲劲"的圈子迅速扩散到生产网络的关键位置。同时，家具—油漆行业技术员和业务员身份交叠转化的特性，也引发生产链条、人际圈子的相互交织。这让圈子成员在新情境中，以新的身份、新的结构位置推动又一轮的经验习得、分享和转化。如 R 先生所述，"他们的变化主要是从越南开始的。在东莞谈不上'高级干部'，就是技术性强一些。有技术不好的也充当好的带到这边来了，很快就带起来、带好了"。同乡同业的技术工圈子、技术与群体经验的迁移、生产网络扩展三者之间发生了共生演化，为圈子实现联动式的协同创业缔造了基础，也进一步牵动生产网络从以台商为中心的结构向大陆企业主占据关键位置的结构转化。

4. "作为文化的组织"与跨文化连接的通道

"中国干部"的发迹和社会能量是由什么形成的？"草根"企业主的人生历程展示出，越南低廉的土地价格和劳动力成本支撑了中小型制造业的接单优势，但不能由此简单得出"订单价格决定论"，制造业的分工机制需要依托生产网络中企业之间的协力配合关系。在海外创业时，除了成本考量，企业主之间的信任机制尤为重要。而信任机制依托于一种基于文化原则、组织网络而形成的人际关系。这些"中干"出身的"草根"企业主基于乡族、同乡同业关系乃至"海外中国人都是一家人"的社会网络和认同，形成了一种"拟家族主义"的人际结构，这一结构内蕴着长期信任—配合的隐性承诺。我们看到，"中国干部"在创业过程中不断根据情境调适策略、盘活资源，实现了创业行动和社会网络的相互建构，而在跨国迁移情境中，前述的组织演化机制更为鲜明。

这样的组织网络，类似一种人群作为文化的共同体，是一种"作为文化的组织"。在海外，其归属源自家族、乡里、地域、方言乃至国家认同，由此产生的亲密感如同一种家族主义情感。由 R 先生串联起来又跨国迁移的乡族圈子本身是一个"拟家族"组织。在 R 先生和一些非亲属的重要合伙人之间，颇有些兄弟同心的味道，发展出"拟家族"的兄弟关系和情感。这种根据情境不断推而广之的兄弟关系，是一种强有力的社会（组织）黏合剂，且横向的兄弟关系有利于社会关系的联结和扩大。

"拟家族"关系隐含着道德期待，而乡族圈子内部更具有自生于乡土又在串联务工、跨国迁移和协同创业中不断衍化的群体情感及其相应的交往规范和信任。这让圈子成员之间情之一面多于法理，分享与交换兼具。例如，R 先生作为"兄弟"当中的"大哥"充当着家长角色，在生产结构中也位于更高的位阶，控制着订单流向。他能够将这个自生性网络进一步盘活。在这个网络中，技术、订单、商业信息、结构位置等，基于道义上的共享机制、圈层上的差序原则而流动。乡族自生的信任成为产业配合的基础，无须特意营建。而源于生存依赖的文化逻辑，摆脱贫穷、光耀门楣的追求和义务成为这个"家本位"组织演进的动力。"中国干部"个人的拼搏也遮盖在"我们"这种"作为文化的组织"内部的情感、义务和追求之下，像 R 先生这样担当着家长角色的"带头大哥"，也不断生成让乡族、产业集群甚至遥远的家乡实现更好发展的"自觉"责任和强烈冲动。个体与乡族群体乃至内陆家乡的发展交织在一起。

在跟随制造业海外迁移、在地演化的情境中，这种"拟家族"的乡族—方言群体尤其具有调适能力。其规模及内部结构能够与产业链演化所需的生产规模及其订单、技术、资金、人力、商机等关键资源的获取相契合，并围绕着产业链演化进程，内生出一个立体而富有韧性的小生境。"中国干部"最初作为"契约外劳"进入越南，嵌入台商主导的产业链格局中，逐渐成为关键中层，积蓄资源和力量。一旦产业结构"洗牌"的机遇来临，他们就能"应时而动"，其间的乡族群体更能够基于成员的各类资源做出灵活分配和选择，经由协同创业，生成紧密分工、弹性与效率兼备的协力生产网络。

三、案例分析

赴越"拟家族"同乡同业发展案例思维坐标解剖如图 8-12 所示：纵轴企业主体化维度两端是家族主义与同乡同业；横轴跨文化维度两端是全球化（产品）与地方化（社会组织）的平衡。

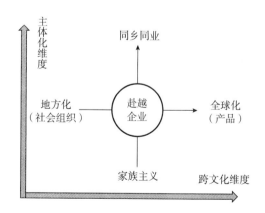

图 8-12　赴越"拟家族"案例思维坐标剖析

资料来源：作者自制。

（1）企业主体化维度分析：无论是"同乡同业"群体的跨界流动，还是跨族群关系网络的在地营建，都构成"中国干部"群体发展在地化的生产分工网络的重要基础；而源于乡土社会家族主义原理的关系、情感与价值追求，是他们在不同情境中发展调适策略、展开集体行动的能量来源与底层逻辑。由此，"中国干部"群体动员"作为文化的组织"的力量，与来自不同文化背景的多元主体交往互动，成为链接和拓展制造业产业网络和人的组织网络的底层通道。

（2）经营跨文化维度分析：本案例展现出"中国干部"灵活拟制"家族主义"关系的一种调适路径："中国干部"在跨族群互动中，基于中越文化共通的"家族主义"原理，经营和维系着与越南人之间的"兄弟关系""兄弟情谊"和信任，以此形成产业配合、协力发展的生产网络。

第六节　价值观文化环境及海尔海外
"人单合一"案例

一、价值观文化环境应对策略

国际管理者们必须知道他们所在的国家的"价值观优先权系统"，这样他们才能够更好地操作和管理激励机制。他们不能简单地输出本国的激励措施。

举个例子，劳动力供给曲线的后弯反映的是西方文化的假设。在经济学理论中，劳动力曲线始终向右倾斜，这就意味着，劳动力价格越高，那么供应量就越大；但在欠发达国家经常能观察到一个现象就是随着工资的增长，劳动力供给数量反而下降了。西方人关于工资越高越好的假设也就不成立了。当拥有其他优先的时候，工人们在工资达到满足的临界值的时候就会选择停止。满足意味着有足够的资本能够买许多土地从而支持全家的生活，同时能够给一个女儿付嫁妆。另外，还有些指导方案可以帮助我们进行缓慢但稳定的"改变"：

一是，认清拟议改变的阻碍物。哪些传统、价值观和实践是和想要的改变有关的？掌握这类信息需要一份详细的市场研究型报告。在人类学上，这种研究被称为社会环境影响分析。

二是，决定哪些文化壁垒是可以被抵消的，哪些需要修改我们拟议的改变。价值观的改变是一个非常困难而且漫长的过程，这时候适应就是必需的。沙特阿拉伯的国王在改变之前的传统方面就非常成功。

三是，创新必须接受东道主国家的文化的检测和评估。很多改革的设计者和代理人都假设认为来自国外办公室和实验室的想法、产品甚至是过程会适应新的环境。其实，很多发展项目失败不是因为人们不愿意接受创新，而是这创新和他们的价值观相违背了。

四是，一项创新如果能在本地展现出它的有效性，它将会更快地被接受。正如前文所提到过的，当失败的风险过高的时候，人们往往不愿意尝试创新。

五是，技术改变比社会改变和政治改变更容易被接受。相比西方的教育方法、医疗手段和"民主政治"政策，晶体管收音机、汽车和可口可乐更容易被民众广泛接受。但是，科技改变也有可能带来社会或者政治影响。

六是，找出现有文化中存在的能够支持创新的价值观。和文化相容会比对抗文化更有优势。

二、海尔海外"人单合一"案例

2018年1月6日，一个周六的清晨，海尔集团董事局主席兼CEO张瑞敏到达了其位于山东青岛的公司总部办公室。自从1984年执掌公司以来，海尔从一家濒临破产的冰箱厂一跃成为世界最大的跨国家电生产商，因其对管理模式的不断创新而受到国内外管理界的关注和赞誉，并因此收获众多奖项和荣誉。2017年，他位列"50位全球最具影响力管理思想家"，2016年成为年度唯一获得耶鲁大学管理学院"传奇领袖奖"的中国企业家。

图8-13　海尔海外"人单合一"案例

资料来源：海尔官网。

1."人单合一"模式

张瑞敏于2005年9月20日首次提出了"人单合一"模式力求消除官僚层级并顺应互联网时代特征："人"指员工，"单"指用户价值，而"合一"意味着将员工的价值与其创造的用户价值相结合。他以员工和用户间"零距离"为终极目标，意在拆除机构限制的围墙并缩短对用户需求的反应时间。2012 年以来，海尔开展了一系列的组织变革。最近的一项实验性举措是将海尔变成一个创业平台，海尔体系内的员工以及体系外的人员均可在海尔平台上进行小微企业创业。截至 2017 年 9 月，海尔平台上已建立起超过 200 家直接面对客户以及 3800 家服务支持型的小微企业。直接面对客户的小微企业中过半数的年产值已超过 1 亿元人民币（1500 万美元）。其中，更有 52 家获得了风投的融资，19 家的估值已超过 1 亿元人民币（1500 万美元）。

2. 海尔在中国的小微企业

成功的海尔"人单合一"模式小微企业有雷神、小帅、酒知道、顺逛等。其中，雷神作为中国最早的小微企业之一，主营业务由初始的游戏笔记本电脑拓展到电竞和在线直播。李艳兵、李欣和李宁，这三个年龄在 28 ~ 35 岁的海尔前笔记本事业部员工，在个人电脑市场整体萧条的 2013 年 6 月明确了游戏笔记本的利基市场。从中国领先电子商务网站上卖的游戏本的 3 万多条差评中，他们总结了来自用户的 10 余条抱怨，并在论坛上与用户一一确认。当有了要在游戏电脑方面创业的主意之后，他们去找了智能互联平台负责人周兆林。周兆林也不确定这些年轻人是否会成功，但基于海尔鼓励小微企业的发展，他仍决定给年轻人们一个尝试的机会。海尔前笔记本事业部总经理，在海尔拥有 10 年研发、采购和市场经验的路凯林成了这个新建立的小微企业，雷神的负责人。

雷神充分利用了海尔在供应链，物流和售后服务网络方面的资源优势。如果没有海尔，他们不会有机会与领先的软件和零部件供应商合作。雷神开发出第一代样机之后，允许粉丝试用并反馈使用的感受以便他们改进设备。2013 年 12 月 24 日，第一代雷神笔记本正式在网上发布。三天内售出 300 台。2014 年 4 月，雷神进行工商注册，公司名为青岛雷神科技有限公司，其中海尔持有 72.5% 的股权，路凯林和其余三位创始人共同出资人民币 40 万元（约合 6.5 万美元）持股比例为 15%，再加上 10% 的期权。2014 年 12 月，经过 A 轮募资，雷神共募集了人民币 500 万元（约合 81.3 美元）。周解释道，"小微企业是盈利的，并不需要资金。但鉴于海尔并不在电玩行业，我们需要外界的协助以获取这个行业的资源"。雷神陆续又有了 B 轮和 C 轮融资。其中，海尔持股比例为 37.97%，45 名骨干员工共计投入人民币 1200 万元（约合 170 万美元）并获得了相应数量的股权。2017 年 9 月 8 日，公司成功于全国中小企业股份转让系统（NEEQ）挂牌，即通常说的"新三板"。2022 年 12 月 23 日，青岛雷神科技股份有限公司在北交所成功挂牌上市，股票简称为"雷神科技"，代码为 872190。作为国产电竞装备品牌，雷神科技的成功上市填补了北交所在高性能电竞装备行业领域的空白，成为北交所首家电竞装备品牌上市公司。

雷神在硬件领域的成功归功于建立起一个专注于为用户创造终生价值的生态系统。累积了超过 1600 万名游戏玩家使雷神的业界影响力巨大，足以吸引优质资源培育出 5 个围绕着游戏运营的新的小微企业。而这又反过来促进了硬件产业以及游戏生态圈的持续发展。生态系统中所有的资源都是公开的，并且处于持续优化中。

3. "人单合一"模式在海外复制模式

海尔在其 6 个海外业务区域（美洲、欧洲、中东和非洲、南亚、东南亚、大洋洲）中设立了 28 个基于国家的小微企业。这些小微企业的目标是建立高端品牌。由区域、行业和功能性平台主所构成的全球领导力委员会（GLC）负责那些不在那些小微企业职责范围之内而需要全球协调的事物。海尔有很多品牌，如通用电气（GE）、斐雪派克（Fisher & Paykel）、AQUA、HAIER、卡萨帝（Casarte）和统帅（Leader）。在每个地区我们应该用哪些品牌呢？不同地区、不同品牌有哪些独特优势呢？如果我们想把 Fisher & Paykel 打造成国际超高端品牌的话，品牌就必须跨国协作以保障不同地区品牌定位的统一性。我们还有获取规模效应所需的跨国采购机制。张瑞敏参加了海尔全球领导力委员会定期回顾会议。全球领导力委员会还可以为海尔总部高层提供向具备海外市场丰富经验管理者学习的机会。例如，GEA 的首席运营官 Melanie Cook 就是全球领导力委员会的全球采购负责人。另外，项目联合小组也会促进不同地区的互相学习与分享。

（1）三洋日本。三洋被收购后，其运营部门与海尔的运营部门相整合，由此成立了包括两座日本研发中心、四家生产基地（日本、印度尼西亚、泰国和越南）以及六处销售运营中心（日本、越南、印度尼西亚、菲律宾、马来西亚和泰国）的海尔亚洲国际（HAI）。在日本，海尔使用"HAIER"和"AQUA"两个品牌。在越南、印度尼西亚、菲律宾和马来西亚，除了"HAIER"品牌，海尔还曾经用过一段时间"SANYO"。常驻日本的杜建国曾经负责过 HAI，其在日本有 350 名员工，在东南亚有 6700 名员工。1985~1998 年他在中国的海尔工作，而后于 1998 年因为家庭原因离开海尔去了日本，之后于 2002 年重新加入海尔并负责海尔在日本的业务。当 2007 年海尔—三洋的合资公司成立时，他也是主要管理者。

在被收购前，三洋经历了八年的亏损，但对此没有人愿意承担责任。张瑞敏说，"研发员工说他们按照计划干的。生产的人说他们的产品非常完美。销售团队说产品本身没有问题，但唯一有问题的是产品推向市场实在太晚了。所以没有人愿意负责。我们告诉他们：你必须把听老板的改成听用户的"（Kanter，2018）。日本的改革开始了，海尔首先要挤进市场的前五名，然后再慢慢向第一名进军。在杜建国和销售团队讨论了年度销售指标以及他们必须克服的困难之后，销售指标从 70 亿日元上调到了 350 亿日元。为了赶上产品发布，杜建国早在一个月前就与研发团队着手新产品开发，而不是以往的三四个月。在共同努力下，海尔日本在八个月内就实现盈利，完成了全年指标并达成洗衣机排名第三位，冰箱排名第四位。

人单合一模式将每个员工的收入与他们的表现及贡献度紧密联系在一起，这对于崇尚集体主义的日本文化来说是个艰难的转变。日本公司的通常做法是给员工发放 16 个月薪水（12 个月的基本工资加 4 个月工资的奖金）。杜建国花了半年的时间帮助员工理解新的模式，并说服他们签订了合同。海尔还将研发人员的奖金与所开发产品的销量相捆绑。此外，海尔还把生产部分挪回中国，并在中国市场销售三洋产品，这样一来三洋日本可以享有成本上的优势并将其研发优势发挥到最大限度。在一个年轻的研发员工开发出了新款六门冰箱的两年后，杜建国把他升为总监。

张瑞敏强调，"三洋最重要的精神是团队协作。我们没有试图改变他们的团队精神；我们只是稍稍调整了下团队合作的方向——从听老板的变为听用户的。你必须把用户的需求落到实处"（Kanter，2018）。变革在日本员工中也引发了一些争议。有人认为并非每个日本员工都会习惯做自己的老板，也有人觉得"人单合一"模式与跟随中国老板还是日本老板的两难选择无关，因为每个人要追随的是用户而非老板。

（2）斐雪派克电器。成立于 1934 年，斐雪派克电器（FPA）在中国、意大利、泰国和墨西哥生产厨房电器、冰箱和洗衣机，行销全球 50 余个国家。FPA因其技术创新而闻名，在新西兰享有白色家电市场 55% 的市场份额，澳洲是第二的市场排名及 18% 的市场占有率，2012 年 FPA 有 26% 的业务收入来源于欧美市场。张瑞敏说，"海尔缺乏一个高端品牌，但是我们很擅长于开发国际市场。是这样的优势互补使这次收购成功的"。

海尔这次没有派员工，而是完全依赖 FPA 的管理层继续执掌公司并贯彻"人单合一"模型。由于语言与文化上的差异，FPA 和海尔花了五六年时间才就从零部件、产品、营销、品牌等达成共识——我们不需要他们完全按照我们在中国的做法。他们必须自己摸索自己的方式——比如，FPA 首创了可以有效降低噪声、震动和物料用量以及提升效率的洗衣机直驱电机技术，但是他们不知道怎么转化这项技术进而为用户创造价值。海尔的大洋洲小微企业帮助海尔和 FPA 领悟到他们各自不同的文化和思想结构，并指派了合适的团队互相合作，成功抓住应用这项技术的机会，生产出了可以用在中国的高端洗衣机里的马达，包括标价超过人民币 1 万元（1505 美元）的高端卡萨帝品牌洗衣机。不久之后，该马达又被运用到了澳洲的高端洗衣机上，帮助澳洲团队开发出了前装洗衣机并将市场份额从 0 提升至 19%。李期待着 FPA 在 2017 年的利润可以翻一番，并能在不久的将来更好地服务全球市场。

（3）GE 电器。2014 年 GE 宣布伊莱克斯将会以 33 亿美元的价格收购 GE 电器（GEA），但 2015 年美国监管机构以反垄断为由终止了该笔交易。2016 年 6 月交易正式完成，海尔并没有往 GEA 派任何高管。由青岛海尔和 GEA 的高级管理层以及两名独立董事共同组成的董事会指点公司战略与运营。在董事会的领导下，有 4 位分别负责战略、道德与合规、薪酬福利及内审的委员，以及 3 位分别负责全球运营中的采购协同保障，研发和供应链的委员。当张瑞敏被 1 名 GEA 高管问及准备如何领导他们的时候，张瑞敏的回答是："我不是你们的老板。海尔收购了 GEA，仅仅是 GEA 的股东。对于海尔和 GEA 来说只有一个老板——用户。"（Kanter，2018）

GEA 有着非常庞大的线性结构管理体系，170 多种慷慨的员工福利计划还有工会。起初张瑞敏担心这些会阻碍人单合一模式的贯彻。但是也有积极的变革迹象。GEA 在美国家电市场排名第二位，灯具市场第一位。GEA 员工相信自己有能力发展业务，但是在过去几年中 GE 只要 GEA 维持运作好卖了它。结果，GEA 慢慢输给了当地及韩国的竞争者。此外，文化方面也有一些有利于变革的因素。梁海山在 2016 年底的一次访问中说：美国文化崇尚个人英雄主义，美国员工更希望企业主为他们提供一个自由驰骋的空间，支持他们自我创新并最终拿出被人认可的产品。这与海尔"人单合一"天然契合，因为我们一直都鼓励员工直面市场，做自己的 CEO。此外，美国人的天性乐观，也让双方的交流更加顺畅、直接，就目前情况看，GEA 员工对"人单合一"的反应是积极的……但模式推进不能操之过急，更不可脱离区域市场情况而上下"一刀切"。

GEA2017 年的财务表现是以往十年中最好的，其中收入增速远超行业水平且利润收获两位数增长。GEA 计划在五年内实现收入和利润翻番。从海尔高层的视角来看，在 GEA 实施人单合一模式的前景是充满希望的。海尔海外成功实施人单合一模式的两个关键因素：选对了人（管理者），基本就成功了一半。产品也很重要。必须开拓价值创造路径使得海外业务与总部之间形成协同效应。

三、案例分析

海尔海外人单合一案例思维坐标解剖如图 8-14 所示，中心为海尔的人单合一战略；纵轴效益化维度两端分别是人与单；横轴跨文化维度两端分别是全球化（品牌/产品）与地方化（价值观）。企业跨文化管理需要平衡好全球化与地方化战略。

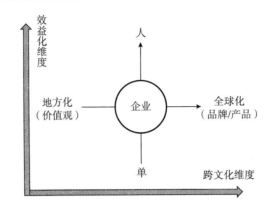

图 8-14 海尔海外人单合一案例的思维坐标剖析

资料来源：作者自制。

1. 企业维度：海尔的"人单合一"战略

在量子管理奠基人左哈尔（2016）看来，海尔的管理即是属于量子管理的范畴的。范徵（2021），在"量子管理的适用条件、特征及其案例"一文中对其进行了总结：

（1）企业做什么——量子型企业"平台化"。量子型企业追求多功能的集成（整合）而不是基于功能模块的个体劳动分工，追求合作而不是竞争，追求关系管理和价值驱动而不是重效益。存在即关系，宇宙即关系。关系像是一张流动着的网，个体有点像是这个网上的点。网上的每个"节点"都在不断地处在分解和组合之中，只能说这个"网"是真实存在的，"节点"是个体的存在，"网"就是关系。基于关系思维，是量子思维的基本思维。现在海尔的企业"平台化"了。海尔已从传统制造家电产品的企业转型为面向全社会孵化创客的平台，所有创业者都可以成为海尔生态圈的一员，从而形成一个共同创造、共同增值、共同盈利的共创共赢生态圈。海尔员工和小微的驱动力来自用户付薪，也就是能为用户创造多大的价值，就能收获多大的增值分享，不再是传统企业的岗位薪酬。另外，小微企业也受来自社会化资本的驱动，通过资本社会化不断倒逼小微企业完善商业模式，全流程驱动小微企业升级。这样，原来企业就是管控，现在的企业变成一个平台。平台是"平台是快速配置资源的框架"，其实就是变成一个生态网、生态圈，可以自循环的生态圈，这个生态圈还是开放的，可以整合全球的资源来完成目标。

（2）企业存在的理由——量子型企业"用户个性化"。量子领导要求非层级制而不是层级制，权力分散而不是权力集中于上层，放权而不是注重管控，以用户为中心而不是以企业为中心，自下而上（实验）自组织而不是自上而下（被动）。最终端的用户需求永远是我们的企业行为意识的指南。用户意识的参与对量子型企业是不可或缺的。现在海尔用户"个性化"了。因为在移动互联网时代，所有的用户不是去购物，而是在购物，不是到商场去购物，而是在任何地方都可以购物。但更重要的是，他已经是一个中心了，他可以成为一个发布者，可以把购物体验在第一时间为全球直播，那你就必须以他为中心。所以用户个性化是把满足每个用户个性化的需求。现在的海尔，永远以用户为是，以自己为非，这样才能不断地否定自我，进而挑战自我，重塑自我——实现以变制变、变中求胜。

（3）企业如何做——量子型企业"员工创客化"。量子管理认为，员工是创造性的"能量球"和"合伙人"而不是员工为被动的生产单元。把传统的"选育用留"式人力资源管理颠覆为"动态合伙人"制度，给员工提供的不再是一个工作岗位，而是一个创业机会，员工从被动的执行者，变为主动的创业者，甚至是企业的合伙人，通过互联互通全球资源为用户共创价值，实现用户、企业和利益攸关各方的共赢增值。海尔首创的"人单合一"战略可以简单概括为"人单合一、直销直发、正现金流"，"人单合一"模式转型，是对管理新范式的探索，其本质是尊重人，激发每一个人的潜力，使其员工能量球的作用发挥到极致。在海尔，"人"即具有两创（创新创业）精神的员工；"单"即用户价值。"人单合一"双赢模式为员工提供机会公平、结果公平的机制平台，为每个员工发挥两创精神提供资源和机制的保障，使每个员工都能以自组织的形式主动创新。在海尔，人人都是自己的CEO。平台创业的小微真正握有"三权"，企业把"决策权、用人权和分配权"完全让渡给小微，使小微可以灵活根据市场变化迅速作出决策，更好地满足用户个性化需求。小微的自演进过程也是自创业、自组织、自驱动，并且按单聚散。

2. 全球化与地方化维度平衡："人单合一"模式的海外调整

海尔的"人单合一"模型就好比"沙拉酱"：在海尔收购的那些形形色色的公司中，它在保持其独有的国家文化的同时又深入融合，就像那些混合各种蔬菜的沙拉酱一样。海尔向海外市场输出其"人单合一"管理模式的适应性改变，如表8-1所示。其基本做法，无外乎全球化、地方化或全球地方化，关键是全球化与地方化的平衡，而不走极端。

表8-1　海尔海外"人单合一"模式比较

	三洋日本	斐雪派克电器	GE电器
国家	日本	新西兰	美国

续表

	三洋日本	斐雪派克电器	GE 电器
状况	收购 不符合集体文化 听老板变听用户 变大团队为小团队	收购 依赖原管理层 摸索自己的方式	收购 契合个人英雄主义文化
战略	全球地方化做法	本土化做法	全球化做法

第七节　语言文化环境及"巴新项目"案例

一、语言文化环境的应对策略

由于语言和文化障碍会引起沟通方面的问题，且这些问题会额外带来一定的成本花费，因此大部分的企业都会觉得有必要采取措施去解决这些问题。在这里我们简单罗列了一些可供使用的方法。

（1）了解并理解当地语言。国际化的管理者应该不仅仅是要了解该国主要语种是什么，每个语种使用的人口比例是多少，而且要能在每个语言中找到更多特定的信息：谁会在何种场合使用何种语言。一个国际化的管理者必须在这些情景下谨慎小心。在坦桑尼亚，官方语言是斯瓦希里语。在与当地的管理者和工人们交流时最好使用斯瓦希里语；而在与政府官员们交流时最好使用英语。相反的是，在肯尼亚，英语是官方语言，而斯瓦希里语是非官方语言，所以在与政府官员和管理者们交流时应当使用英语。如果对肯尼亚的管理者们用斯瓦希里语进行交流，他们会觉得被冒犯了。

（2）翻译。在国际运营过程中，翻译是不可避免的过程。无论是由指定的翻译还是由公司经理们附带着完成的，翻译的工作都是一项额外的开销。公司会为海外运营雇用一些熟练的翻译。除非在一些非正式场合下，企业的管理者不太可能像一名翻译那样有做翻译的时间或是具备翻译的专业知识。公司的翻译可以很好地处理好公司的书面沟通。但他们在口头沟通方面的帮助不大。尽管翻译在国际商务中不可避免，他们几乎无法使沟通的质量好得像两边都在用同一种语言进行沟通一样。有时，可能会因为翻译而产生巨大的误解。体验过国际关系的人都可以举出一大堆由于翻译错误或者意外的词义的逸事。

（3）外包与委派沟通工作。一家公司可以把一些沟通交流的任务外包。比如说，公司可以使用一家掌握所有分销渠道的本土分销商，而不是自己雇用销售团队。同样地，公司可以依赖其广告代理商来完成所有与其市场相关的沟通工作。在应对供应商方面，公司可能会要求供应商使用公司语言。在应对政府方面，公司可以雇用 1 名本土人士作为法律顾问或者任命 1 名表现杰出的本土人士作为其在当地的董事会成员。通过这些方式，公司可以将一些国际运营中涉及的部分沟通任务委派出去。在进行委派工作时必须要小心谨慎，因为公司委派出去的任务越多，其距离其受众越远，也就越难控制其商业的本土运作。换句话说，尽管直接去处理语言方面的问题需要花费不少，但在许多情况下，企业在其中获得的经验价值也很大，这样的投入就非常值得。

（4）语言培训项目。与公司为了提高生产力而推行各种各样的培训项目一样，他们发现在海外运营时对员工讲授语言课程也是一项很好的投资。天纳克（Tenneco）的泡沫材料公司雇用了大量讲西班牙语的员工和一些完全不懂西班牙语的说英语的主管。不靠谱的沟通交流导致了高离职率、高事故率、质量控制欠缺以及关系紧张。面对这些问题，公司并没有选择放弃，而是试着教这些雇员们英语，教其主管们西班牙语。课程内容并不关注写作方面，而是与语言使用的环境（车间）有关。公司认为这些课程取得了成功。由于这些课程被安排在上班时间，且内容也是为职位要求和晋升而专门定制的，所以员工们的积极性很高。公司的收获也很明显。在瑞士，语言培训已经强制进行了很多年。国外的员工必须要在其上班时间接受 240 个小时的语言课程。

（5）懂两种语言的管理者。也许在跨国运营中最为重要的交流联结就是子公司与母公司的交流。最大的语言障碍出现在母子公司的交流过程，此时的翻译是将公司所在国的语言转译成东道国的语言。为了更为规范流畅地进行交流沟通，子公司里就需要一些会"双语的管理者"。本土的管理人员如果希望晋升到子公司的高层位置的话就必须要能掌握公司所在国的语言：首先，双语管理者——东道国的和派驻海外的人士——在促进国际商务沟通方面是最为重要的条件；其次，因为以上一点的正确性，跨国公司需要鼓励和促进来自母国和东道国的管理者接受语言培训。这样做不仅会改善沟通交流，而且可以提升跨国公司中的管理国际化程度。公司会通过提供学习时间、支付课程以及把语言精通程度看作是晋升指标（而不是会作为未来跨国流动的阻碍）等方式来鼓励外派人员学习外语。

二、中交一航局"巴新项目"

中交一航局与中国港湾合作开发巴布亚新几内亚市场（以下简称巴新），依莱城港潮汐码头一期工程进入巴新，由一航一公司于 2012 年 6 月组建中交一航局巴项目部（以下简称一航巴新）。先后承建了莱城港一期、莫尔兹比六座桥、吉汝阿场、莱城新饼干厂等 11 项工程，工程项目分布巴新 2 岛 6 省，涵盖公路、桥梁、机场房建领域，经营额累计 20 多亿元（见图 8-15）。

图 8-15　巴新独立大道项目

资料来源：中交一航局官网。

在生产经营及工作生活中感受到的首先是巴新治安形势一直严峻，首都莫尔兹比港被媒体称为"犯罪之都""谋杀之都"。巴新各部落之间矛盾，常以武力方式解决，巴新人性格易冲动，易受他人鼓动，经常发生数百人规模的械斗。而因部分巴新人以抢劫为生，抢劫谋杀事件屡屡发生。这与中国国内安定团结的社会环境形成强烈反差，使中方员工思想认识产生较大落差。项目部大力开展安全文化建设，尊重人的生命价值，把广大职工的生命安全放在首位，牢固树立安全是前提、安全最重要的思想意识。制定安全规章制度，聘请专业保安公司。该项目在运营过程中所面临的其他文化差异如下：

（1）语言差异。巴新官方语言为英语，地方语言达 800 多种，使用较多的是皮金语。皮金语与英语类似，初到巴新的中国员工分不清、搞不懂。有位技术员说："第一次来巴新时，在香港登上来莫尔兹比的飞机，广播中播放着听不懂的英语，自认为英语不错的我在这一刻也是受到了一万点打击。"通过近一年项目部锻炼，他的语言沟通已不成问题。项目部采取主要措施有：语言角活动，每周三、周日组织语言培训，由技术管理人员轮流授课。编制双语技术、质量标准化手册，遇到沟通难题，打开手册，一张图片、一句话，当地员工就全明白了。复杂的事情通过劳工经理沟通。

（2）观念差异。巴新员工与中方员工相比，在时间观念、纪律观念、储蓄观念上有明显差异。戴维德是库拉路项目 2016 年聘请的工人，起初，他和当地人一样，拿到工资后就跑去消费，不来上班，也不请假，花完钱才回来说："老板，我饿了，我想继续工作。"对此，项目部改进管理，为当地员工办理银行储蓄卡，每次将工资直接打进卡里。加大员工时间、纪律、储蓄观念的培训，教育当地员工珍惜当下工作，细水长流，为未来生活做好积累。通过完善考核、奖罚制度，让努力工作理念成为当地员工的"潜意识"。后来，戴维德成了带头转变的"标兵"，当地工人在领了工资后，也学着有计划地花钱、存钱，遵守作息时间，正常上班。

三、案例分析

巴新独立大道项目案例思维坐标解剖如图 8-16 所示，中心为企业主体中交一航局；纵轴主体化维度两端分别是培训和沟通；横轴跨文化维度两端分别是全球化（品牌/产品）与地方化（语言/思维）。企业跨文化管理需要平衡好全球化与地方化战略，项目部积极贯彻"干一流的，做最好的"一航价值观，积极践行"融入求共赢，凝心聚团队"的巴新项目文化理念，大力开展巴新项目文化建设。

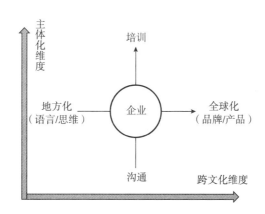

图 8-16　巴新独立大道项目案例的思维坐标剖析

资料来源：作者自制。

（1）培训—沟通维度：促交融，完善沟通机制。一是体系交融，拓展对内沟通渠道。一方面融入公司和中港管理体系，突出"紧跟、服务"，做好工作对接、跟踪与服务，降低因沟通问题造成的工作流程不畅，积极配合中港巴新公司经营工作，背靠背无缝对接，争当中港公司南太地区海外施工团队中的首选，让其不能割舍，达到站稳南太市场目的。另一方面促进职工和协作队伍融入项目管理体系，突出"贴心、实干"，通过组建专业交流群，创建微信公众号以及组织座谈会、周末茶座等活动，加强企业与员工沟通，从工作、学习、纪律等方面加以引导，建立"有布置、有执行、有反馈"的工作机制，提高沟通效率。二是文化交融，打通对外沟通渠道。一方面是融入当地社会，突出"稳定、属地化"，加强与当地企业、媒体机构、政府部门交流合作，建立沟通渠道，实现资源共享，达到互惠共赢，不断提升社会各界对企业的认可度，营造良好施工环境，更好地融入当地社会。另一方面是注重从小事做起。圣诞节来临，项目部与附近的村民共同营造圣诞氛围，拉近与村民的距离，让他们不把我们当"外人"。为当地生活困难的村民送去米、面、肉等，通过一件件融入当地的活动，架起一座文化交融的桥梁。

（2）全球化—地方化维度：建设海外项目文化，要树立"换位、服务、扎根"的思维意识，做好承接文化、属地文化和特色文化建设工作：①承接文化。承接母公司文化基因是项目文化建设的基础。巴新项目部"融入求共赢，凝心聚团队"，就是"干一流的，做最好的"一航核心价值观以及"用心浇注您的满意"一航服务信条的延伸与阐释。②属地文化。项目文化必须做到入乡随俗。要"海纳百川"，学习、吸收、应用属地文化元素。例如，巴新业主的合同意识、风险意识及"契约精神"，为项目部理解并接受，成为项目文化的重要组成部分。③特色文化。项目文化不能千篇一律，要根据实际情况调整创新。结合巴新项目部实际，项目部着力建设团队文化、安全文化、营销文化，形成具有一航巴新特色的项目文化。

第八节　宗教文化环境及"胡布码头项目"案例

一、宗教文化环境的应对策略

国际经理人应该在以下三方面考察宗教环境：第一，经理人需要学会克服对于宗教与经济之间的联系的刻板印象。第二，经理人需要被告知宗教信仰的细节对于经营活动的影响。例如，宗教节日会影响生产进度与时间安排，而这可能影响其他宗教社会的消费。第三，经理人需要意识到这个国家的宗教异质性以及宗教人物、机构对于社会政治运动的影响。即他们需要意识到宗教的影响是评价东道国政治风险的重要部分。

1. 经济发展与宗教

作为环境评估的重要组成部分，宗教深深地影响着社会生活的方方面面：首先，当分析宗教与国家经济发展的关系时，地区是一个重要的调节因素。因为历史上的殖民经历深深地影响着国家的经济发展。因此信仰同一宗教的不同国家的经济状况可能大不相同，这来自国家所在的地区差异。第二，由于社会优先权的存在，宗教会影响人们儿童时期的行为，从而影响整个社会行为。价值观的优先级会通过宗教而从小习得，并在成长过程中不断被强化，最终影响整个社会的行为方式。

2. 影响国际运营的其他宗教性因素

（1）主要宗教活动。每个宗教都有属于自己的节日，并且各不相同。有时候甚至同一种宗教的节日也会存在差异。举例来说，意大利与美国都是以基督教为主的国家，但意大利的宗教节日数量远远超过美国。俄罗斯仅有 6 个宗教性节日，而斯里兰卡的宗教性节日则多达 27 个，包括佛教、基督教、印度教与穆斯林节日。

宗教活动既会影响产品生产，也会影响产品消费。如果一个团队中的人群有不同的宗教信仰，那么不同的假期时间可能就会产生问题。比如穆斯林斋月的时间内会大幅影响生产，而基督教的圣诞节会促进消费（圣诞节期间是零售商的消费高峰）。前往麦加的穆斯林朝圣不仅会影响消费，甚至还会影响贸易平衡。

（2）特殊信仰对于消费模式的影响。特殊的信仰会影响人们的消费模式。众所周知的是一些宗教对于消费的物品有直接的限制，如印度教禁止消费牛肉、伊斯兰教禁止消费猪肉。"二战"时期日本人入侵加尔各答。大量难民涌入孟加拉国并造成了当地的食物饥荒。救援的货物被输入，但食物以罐装的牛肉与米饭为主。但由于宗教的原因，印度教教徒是无法接受吃牛肉的。此外，印度北部与南部不同，主要食用小麦，而非稻米。因此救援的食物都被浪费了。市场部的经理人不仅需要注意这些明显的"宗教禁忌"，还要意识到那些细微的形式。在西方，人们已经意识到穆斯林斋月的影响，并使当地的商业适应斋月的情况。例如，一家位于埃及的餐馆的老板意识到斋月的消费需求，他要求职工们夜晚加班增加生产，以保障销售。总体而言，经理人需要将宗教视为文化的一个重要组成部分。当被分配到国外经营时，经理人们需要事先学习当地的宗教文化，以及学习这些宗教对于商业文化、政治稳定程度以及对产品生产与消费的影响。

二、中交二航局巴基斯坦"胡布码头项目"

2019 年当地时间 10 月 21 日，作为巴基斯坦胡布燃煤电厂的重要配套设施，中交第二航务工程有限公司（以下简称中交二航局）承建的胡布煤码头项目举行竣工典礼，标志着该项目顺利实现完工移交。胡布燃煤电厂项目是国家主席习近平于 2015 年 4 月出访巴基斯坦时，签署的中巴 51 项合作协议和备忘录之一，属"一带一路"倡议及"中巴经济走廊"框架下优先实施和积极推进的重要能源项目。项目位于巴基斯坦最大城市卡拉奇以西 55 千米的胡布地区，西直面阿拉伯海。建设内容主要包括两台 660 兆瓦超临界燃煤机组和辅机设备，以及一个专用煤码头，项目建成投产后每年可供应电力 90 亿千瓦时，满足 400 万个巴基斯坦家庭的用电需求。中交二航局承担胡布煤码头建设任务，主要施工内容为两个 1 万吨级的散货码头泊位、488 米长的引堤、507 米长的引桥、727 米长的离岸防波堤和宽 24 米、长 265 米的码头（见图 8-17）。

图 8-17　中交二航局巴基斯坦胡布码头项目

资料来源：中交二航局官网。

宗教作为一种文化深入影响着人们的生活，由宗教演化成的各种文化习俗，成为各国民族文化的重要组成部分。基督教、东正教的宗教活动一般安排在礼拜日（休息日），日常的宗教活动不多。佛教的节假日比较多，日常活动主要是定时拜佛仪式，时间短，次数少。如果时间调配得当，对企业工作影响不大。伊斯兰教要求信徒每天做五次祈祷，定时定量，届时必做。在现代化连续生产的条件下，这一文化习俗对企业运营会有影响。伊斯兰教中的斋月也是一个特殊假期，斋月期间，穆斯林白天要做到不吃不喝，其体力必然下降，安排其工作则成为难题。

中国企业在坚持尊重包容的理念下，努力做好员工宗教信仰的日常管理工作，既满足员工宗教文化需求，又维持企业的正常运转。对于因参与急难险重工作耽误按时祷告的员工，做好心理疏导工作，安慰他们"安拉是理解你们的"。例如，中交二航局巴基斯坦胡布码头项目的"双抢"，即"抢潮位、抢安保"。

（1）"抢潮位"。胡布码头项目属外海海域施工，风大浪高，因此要在潮位低的时候抓紧施工。低潮位和礼拜时间大部分是重叠的，为了不影响施工进度，穆斯林的礼拜必须提前进行。一些穆斯林对此不理解，施工前期，经常可以看到现场热火朝天的场面，而个别穆斯林却在棚子里做礼拜，即使现场管理人员急得跳脚也不敢上去打断他们。为了避免这种情况一再发生，项目部培养一些得力的巴基斯坦籍员工带班。他们把项目建设看作是中巴两国人民共同的事业。这些带班有较为丰富的施工经验，会一些汉语，和中方员工沟通较为方便。有了他们，现场的管理人员就有了可靠的助手，需告诉带班哪个时间段需要抢潮位，带班就会带领其他穆斯林在抢潮位之完成一切宗教仪式。除了码头工区，预制场工区也用同样的方法解决问题，保证项目施工和宗教活动互不冲突。

（2）"抢安保"。胡布码头项目所在的俾路支省，是全球最危险的区域之一，暴恐、抢劫、绑架时常发生。因此，必须有巴基斯坦当局提供的安保，工作人员才能顺利往返项目与卡拉奇。为了人员安全，安保时常变更时间，最麻烦的就是在司机做礼拜的时候，安保发来通知要求即刻出发。因此，项目部对司机的要求是避免同时礼拜，虽然同时做礼拜看起来很壮观，但是为了应对突发状况，司机必须分时段做礼拜。项目部一共招聘了 7 个司机，司机休息室经常有人在做礼拜。

三、案例分析

中交二航局巴基斯坦胡布码头项目案例思维坐标解剖如图 8-18 所示，中心为企业主体中交二航局；纵轴主体化维度两端分别是调配和沟通；横轴跨文化维度两端分别是全球化（品牌/产品）与地方化（宗教/世界观）。企业跨文化管理需要平衡好全球化与地方化战略。

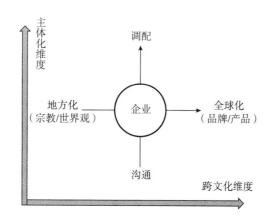

图8-18　中交二航局巴基斯坦胡布码头项目的思维坐标剖析

（1）企业维度：设立宗教场所，满足信教员工活动需求。如中港卡塔尔多哈新港项目部，在营地设立清真寺、祷告室、佛像堂、浴室等，供来自世界12个国家不同宗教信仰的员工使用。在斯里兰卡、缅甸，专门在当地员工宿舍修建佛像，配备礼佛设店用品，供当地员工使用。

（2）调配—慈善维度：支持信教员工开展慈善活动，做好信教员工岗位调配工作。斯里兰卡人、缅甸人信奉佛教，乐善好施，几乎天天有人募捐，有人施舍，施舍已成为人们的一种习惯。中国企业积极参与当慈善工作，组织员工积极参与。为扶危济困、捐资助学、救助灾民做出应有的贡献；斋月期间，不安排穆斯林员工从事重体力劳动。在需要连续作业、不能间断的工作岗位，配备非穆斯林员工或中国员工作为替补，如浇筑混凝土工作。建立"补祷告"制度，即对于因工作耽误了定时"祷告"的员工允许员工"补祷告"。实行当地员工分批、集中休假方式。"分批"，同一类型工作的员工分批、分时间段错开休假，保证每一时间段都有人员在生产职位上；"集中"，将员工的休假日集中安排在一个时间段内，例如将当地大小佛节调休至一起，员工的休假时间不会减少，只是相对集中，从而避免因频繁休假出现反复交接工作的混乱情况。

（3）全球化—地方化维度：做好各节日文化交流，促进文化融合。为了增进大家对彼此国家文化的了解，在中国端午节期间向员工发放粽子，春节期间向大家致以新春祝福并介绍这些节日所寓含的中国文化理念。中国没有全民统一的宗教信仰，尽管国家实施信教自由政策，对外来宗教文化持开放包容态度，但信教群体相对总人口仍旧是少数。中国传统儒家学说占据中国文化的主位，规范制约中国人的工作生活的方方面面。一些为抵抗自然风险，民间自发的偶像崇拜在中国沿海地区及东南亚地区流行，如"妈祖"，这是海上渔民为避险祛害、祈祷平安而设立的"海神"。每年定期举行祈福纪念活动，影响力很大。

第九章　本书总结

第一节　本书的主要创新结论

（1）在跨国经营中，站出来说话的虽然经常是"资本"，而实际在幕后操纵的却经常是"文化"！文化作用似"空气"又似"水"，文化环境如"冰河"，文化的负作用还体现为现金流量中的"潜在负债"。资本的力量容易使你走遍天下，而文化的困惑却常常带来举步维艰。企业跨国经营的成功，在很大程度上取决于其"跨文化经营管理"的有效性。而有效的跨文化管理的前提是对"跨国经营所面临的跨文化环境"的认知。

（2）本书所涉及的国际企业面临的文化环境，基本立足的是"广义的文化"范畴，并剔除了部分与国际企业经营关系不大的文化因素，共涉及3层/8类/75项（详见本书第二章相关论述）。本书"文化冰河模型"将文化分为三层：①文化积雪层，即显性层面，它往往是一个国家的管理控制体系，涉及政治因素、法律因素、科技因素。②文化冰冻层，即若隐若现层面，它介于"积雪层"和"河水层"之间，包括教育、社会组织与价值观。③文化河水层，即隐性层面，位于"积雪层"和"冰冻层"之下，一般情况下很难被发觉，包括语言与宗教等因素。

（3）可以从两个层面来分析国际商务所处的"政治环境"：首先，从"全球"层面，分析作为整体的国际政治体系，即国际政治或国际关系。其次，从"国家"层面，不仅着眼于国内的政治环境，还关注于不同国家政治环境的差异。实际上，这两种层面是相互交织的，跨国公司必须同时注意与"东道国"和"母国"的关系，还需要关注其东道国和母国之间关系的变化。母国是否允许其公司在其他国家运营受到两国政府间外交政策的影响。一国不批准其企业去其他国家运营也属于外交政策范畴；跨国公司必须关注东道国之间的关系。

跨国企业必须权衡以下两个方面：①全球企业在政治风险下的最大化收益；②东道国商业环境良好但收益只能部分最优化。

东方国际案例思维坐标：中心为企业主体东方国际国企政治担当；纵轴时与空维度两端分别是时间和空间；横轴危与机维度两端分别是危机与转型，转型的逻辑是全球化（产品/数字化）与地方化（人文/时尚化）的平衡。

（4）我们通常只会想到那些已经成文的法律，但这未免有点太过狭隘了。许多"惯例、禁令和习俗"即使没有被列入国家成文的法律体系，却同样具有法律强制性。尤其是在那些欠发达国家与"惯例、禁令和习俗"相比，成文法律扮演的角色反而不是最重要的。一些国家中，直到殖民统治进入之前，也没有一部像样的成文法律。同样地，成文法律在"英美法系"国家的重要性也不如在"大陆法系"国家。

国内的法律很明显是管辖某一特定国家内的市场，如果交易涉及国际业务，就会涉及"适当法律"和"法庭管辖权"的问题，适用于国际业务纷争的国际法非常少。此外，也根本没有"国际法庭"可以去。

温州华润电机在法涉嫌专利侵权案例思维坐标：中心为华润电机企业的作为；纵轴法律适用维度两端分别是中法法律差异和法律事务所聘请；横轴维权方式维度两端分别是应诉和反诉。企业跨文化管理需要平衡好全球化与地方化战略，需要兼顾中法法律差异，依靠法律事务所进行有力的应诉和反诉。

（5）当今技术在全球的扩散传播与跨国企业联系甚密。在技术的诞生、应用和全球性转移上，跨国企业可能是最为重要的代理人。技术的全球性转移从来就是一个全球政治问题。对于东道主国家，转移"适于发展的技术"是一个关键问题。

东道国和母国对于跨国公司技术的管制的要求是不同的：一国先进，而另一国则不一定；一国合规，而另一国也不一定。不论何时，跨国公司若计划将制造部门建在技术不如自己的国家，都将面对如何将自身技术适应东道国条件的问题。这个问题并不简单。转移技术是一个涉及以下对象的沟通活动：东道国政府、国际金融市场、给东道国政府提供建议的国际监管部门。

中国中车高端装备制造案例思维坐标：中心为企业主体中国中车；纵轴主体化维度两端分别是受人尊敬的公司和命运共同体；横轴跨文化维度两端分别是全球化（产品/质量）与地方化（人文）的平衡。

（6）跨国公司面临教育环境的核心是不同文化中的教育系统是不一样的。即使在不同的发达国家中，通过教育来传达一个相似的信息，所使用的教育材料的重点也会因文化体系中价值观的不同而侧重各异。当不同社会对生态环境、技术和产量的需求不同时，教育的要求也会相应有所差异。总的来说，教育体系需与涉及人的行为、人与环境的关系、人神关系的文化假设相一致。当一个国家要改变其教育体系或者一个企业要实施一项培训时，尤其要留心这个原则。发展所涉及的基础设施包括但不限于一个国家的交通、通信、公用事业设施的质量和数量。通过教育而发展出的"人力资源"也属于其基础设施的一部分。

在教育和人力资源方面，跨国公司在机构内部会采取直接培训方式，而在参与东道国政府教育项目时会采取间接培训方式。公司教育政策的六个要点：教育在企业层面的影响；作为革新的企业培训；选拔、培训及监测体系；培训技巧的调整；政府要求；培训和奖励机制。

中国土木集团亚吉铁路项目案例思维坐标：中心为中国土木公司的作为；纵轴主体化维度两端分别是通过培训和理念提升，提高人力资源素质水平；横轴跨文化维度两端分别是全球化（技术/产品）与地方化（人力资源）的平衡。

（7）由于本国与东道国在社会组织、社会关系方面存在或多或少的差异，因此国外社会组织对跨国公司的经营状况有着重要的影响。面对国外社会组织这一宽泛的主题，很难做到面面俱到。与企业跨国经营关系密切的几个方面：亲属关系与商务关系、社会群体与组织行为、等级制度与管理精英，以及工会等。

面对迥然不同的国外社会组织与社会关系，"走入陌生社会组织的一般准则"是：管理者首先应抛弃固有的关于本国社会组织的观念；其次，评估国外业务环境从而确定沟通的敏感度，并在此基础上通过观察、调研了解东道国社会关系的行为准则；最后，形成适合东道国文化的沟通方法与管理策略。

赴越"拟家族"同乡同业发展案例思维坐标：纵轴企业主体维度两端是家族主义与同乡同业；横轴跨文化维度两端是全球化（产品）与地方化（社会组织）的平衡。

（8）"价值观"指导社会上的人们有选择地处理一些事情，同时把其他一些事情当作次要的。作为一个文化外来者，你常常会发现你认为合理和适当的标准和原则在特定环境下是不合适的，这时候你就会得出结论，你成为个人恩怨是非的目标，这种结论是极其错误的。花时间研究一下你的合作对象是否有不同的"优先选择"是非常有必要的。了解外国环境下商业和政府合作方的价值观而非外貌是至关重要的。

国际管理者们必须知道他们所在的国家的"价值观优先权系统"，这样他们才能够更好地操作和管理激励机制。他们不能简单地输出本国的激励措施。还有些指导方案可以帮助我们进行缓慢但稳定的"改变"：认清拟议改变的阻碍物；决定哪些文化壁垒是可以被抵消的，哪些需要修改我们拟议的改变；创新必须接受东道主国家的文化的检测和评估；一项创新如果能在本地展现出它的有效性，它将会更快地被接受；技术改变比社会改变和政治改变更容易被接受；找出现有文化中存在的能够支持创新的价值观。

海尔海外人单合一案例思维坐标解剖：中心为海尔的人单合一战略；纵轴效益化维度两端分别是人与单；横轴跨文化维度两端分别是全球化（品牌/产品）与地方化（价值观）的平衡。

（9）世界经济中的语言多样性与文化的多元性会制约国际商务的运营。国际商务在很大程度上依赖于沟通。语言是沟通的基本工具。每当遇到语言和文化障碍，就会产生潜在的沟通问题。甚至同一企业中的职能部门会开发出他们所特有的行话，而这有时也会造成彼此之间沟通的麻烦。巴基斯坦"胡布码头项目"所涉及的就是属于此方面的语言跨文化沟通问题。

由于语言和文化障碍会引起沟通方面的问题，且这些问题会额外带来一定的成本花费，因此大部分的企业都会觉得有必要采取措施去解决这些问题：了解并理解当地语言；翻译；外包与委派沟通工作；语言培训项目；懂两种语言的管理者。

巴新独立大道项目案例思维坐标解剖：中心为企业主体中交一航局；纵轴主体化维度两端分别是培训和沟通；横轴跨文化维度两端分别是全球化（品牌/产品）与地方化（语言/世界观）的平衡。

（10）"宗教"是人类社会发展到一定历史阶段出现的一种文化现象，属于社会特殊意识形态。古时由于人类对宇宙的未知探索，以及表达人渴望不灭解脱的追求，进而相信现实世界之外存在着"超自然"的神秘力量或实体，使人对该一神秘产生敬畏及崇拜，从而引申出信仰认知及仪式活动体系，与"民间神话"一样，其也有自己的神话传说，彼此相互串联，本质是一种精神寄托和终极关怀。想要了解不同社会中人们的"内在动机"与"优先考虑"，我们就必须先去了解社会中的宗教。"宗教"是某一个特定社会所共享的信仰、想法与行动的体现。但这些要素是无法通过自然现象或是人类行为来实证的。在宗教影响的社会中，信仰驱动着人们的动机与优先考虑，并进一步影响人们的行为。宗教影响着社会的经济状况与政权组织，但其主要作用是通过影响文化系统中的价值观来实现。

国际经理人应该在以下三个方面考察宗教环境：第一，经理人需要学会克服对于宗教与经济之间的联系的刻板印象。第二，经理人需要被告知宗教信仰的细节对于经营活动的影响。例如宗教节日会影响生产进度与时间安排，而这可能影响其他宗教社会的消费。第三，经理人需要意识到这个国家的宗教异质性以及宗教人物、机构对于社会政治运动的影响。即他们需要意识到宗教的影响是评价东道国政治风险的重要部分。

中交二航局巴基斯坦胡布码头项目案例思维坐标：中心为企业主体中交二航局；纵轴主体化维度两端分别是调配和沟通；横轴跨文化维度两端分别是全球化（品牌/产品）与地方化（宗教/世界观）的平衡。

（11）本书提供的跨文化管理工具箱包括：单国文化冰河模型各因素认知获取方法；基于冰河模型的全球10大管理模式分析框架；文化对跨文化管理战略选择影响的理论模型；文化距离计算方法；文化成本计算方法；跨文化解决方案9种；企业跨文化策略罗盘；跨文化管理一般解决方案等。

（12）本书是国家社会科学基金重大项目课题的研究成果。借助大数据分析及平台技术，根据企业跨文化经营的需要，构建了"基于冰河模型的文化指标体系"；打开了文化的"黑匣子"并采集了各指标的数据信息，实现了大数据环境下跨文化信息资源动态集成；设计开发了专门程序软件，初步完成实现"文化环境指标可视化""文化指数排行可视化"。在此基础上系统撰写了中国企业走出去文化环境应对"指导手册""工具箱包"和"具体案例"，供走出去的中国企业参考、学习和借鉴。

（13）本书的最大创新之处，是通过在对跨文化企业的实地访谈和对跨文化经典文献的分析，①提出了跨文化"冰河模型"，打开了文化的"黑匣子"，构建了"中国企业走出去跨文化指标体系"（涉及3层/8类/75项）；②设计了专门电脑程序软件，开发了基于"冰河模型"的跨文化大数据可视化平台体系；③在此基础上还开发了"文化风险评估方法""企业跨国经营路径选择矩阵""企业跨文化策略罗盘"系列分析工具，均可为走出去的中国企业的跨文化经营管理提供借鉴和参考——其中：①是理论创新；②是方法创新；③既是理论创新，又是方法创新。

（14）"文化冰河模型"是在整合"洋葱模型""冰山模型"的基础上发展而成的：①该模型继承了既有"洋葱"比喻和"冰山"比喻中对文化层次分析的分层思维。更重要的是，在分析文化的过程中，充分考虑了外力作用对文化本体的影响，并体现在模型中，强调各个层次之间的"相互渗透"关系，特别是冰冻层，是积雪层与河水层共同作用的结果。②"冰河模型"不仅形象地描述一种制度环境或文明环境的状况，解释一种管理模式赖以产生的文明环境，还形象地描述一个单体的状况，用来形象地表示一种管理模式。③文化冰河模型打开了文化的"黑匣子"并实现了"可视化"。冰河模型中的外力强加、渗透交错抑或无作用三种情景还预示了两种文化或管理模式之间的三种跨文化作用关系（覆盖、融合、平行）。

第二节　本书不足与进一步研究方向

　　本书课题组认为，"中国企业走出去跨文化大数据平台建设"课题，可以很好地帮助中国企业，尤其"一带一路"上的中国企业能了解东道国的当地文化，成功地"走出去"；具有重要的理论与实践意义和价值。通过研究团队五年多的努力，构建了文化冰河模型；采集了跨文化大数据并进行了可视化；发表相关阶段成果，并在众多国际场合推介了本课题相关成果，并获得了相关采纳证明（见图 9-1），较好地完成了预期目标。具体来说，本项目的主要不足、原因及进一步的研究方向有以下三个方面：

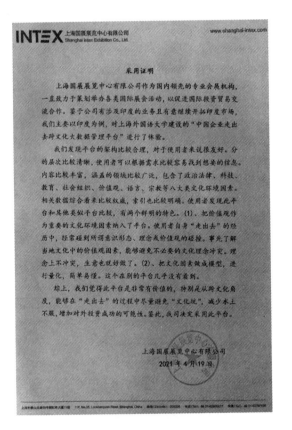

图 9-1　企业采纳证明

资料来源：上海国展展览中心有限公司。

一是本研究类型虽为"综合研究"，但实为"基础研究"，需要做很多关于文化指标体系的基础研究的工作。同时，跨文化大数据采集、翻译及其筛选过程，需大量耗时耗费；冰河模型可视化需要开发专门的电脑软件程序，同样需大量耗时耗费。基于冰河模型的文化指标体系及其可视化还需进一步完善。

二是由于时间、经费及客观环境限制，按照文化指标体系收集了 30 个国家各个指标的数据信息并进行了可视化展示。数量还不够，今后需要逐渐扩容至"一带一路"全部国家。已建立的跨文化数据平台网站上这 30 个国家文化数据，有的还不够完善，需要不断更新替换。针对该平台的维护工作，今年还打造了较强大的后台支持，建立起来的后台具有较强大功能用于平台数据的持续性、便捷性、高效性的管理，诸如可以实时更新以及批量上传国家数据，从而保证平台数据的与时俱进。

三是同样由于时间、经费及疫情环境限制，企业跨国经营路径选择矩阵、企业跨文化策略罗盘等系列分析工具概念模型尚未开发出智能服务模式，有待今后进一步开发。课题结题后，课题组将继续深入推进相关研究，克服不足，使课题成果达到更高水平。

参考文献

［1］ Alexander, E. A. (2012). The effects of legal, normative, and cultural-cognitive institutions on innovation in technology alliances ［J］. *Management International Review* 52 (6): 791-815.

［2］ Al-Mataani, R., et al. (2017). Hidden entrepreneurs: informal practices within the formal economy ［J］. *European Management Review* 14 (4): 361-376.

［3］ Amoako, I. O. and F. Lyon (2014). We don't deal with courts': cooperation and alternative institutions shaping exporting relationships of small and medium-sized enterprises in Ghana ［J］. *International Small Business Journal* 32 (2): 117-139.

［4］ Anderson, V. (2015). International HRD and offshore outsourcing: a conceptual review and research agenda ［J］. *Human Resource Development Review* 14 (3): 259-278.

［5］ Barron, A., et al. (2015). Country-of-origin effects on managers' environmental scanning behaviours: evidence from the political crisis in the Eurozone ［J］. *Environment and Planning C-Government and Policy* 33 (3): 601-619.

［6］ Barrantes, Acuña H. and P. Nonell Torres (2015). La Diplomacia cultural en los negocios internacionales: religiones del mundo ［J］. Revista de Relaciones Internacionales, Estrategia Y Seguridad 10 (2): 215-235.

［7］ Bartlett, Christopher A. and Sumantra Ghoshal (1998). Managing Across Borders: The Transnational Solution ［M］. 2nd edition. Boston: Harvard Business School Press.

［8］ Bereznoy, A. V. (2014). Global'nye neftegazovye korporatsii v menyayushchemsya mire ［J］. *Mirovaya ekonomika i mezhdunarodnye otnosheniya* (5): 3-14.

［9］ Boonchai, C. and R. J. S. Beeton (2016). Sustainable development in the Asian century: an inquiry of its understanding in Phuket, Thailand ［J］. *Sustainable*

Development 24 （2）: 109-123.

[10] Brewer, P. E. , et al. （2015） . Teaching and learning in cross-discipli-nary virtual teams [J]. *Ieee Transactions on Professional Communication* 58 （2）: 208-229.

[11] Brouther K D. , Brouther L E. （2000） . Acquisition or greenfield start-up institutional, cultural and transaction cost influences [J]. *Strategic Management Jour-nal* 21 （1）: 89-97.

[12] Bullough, A. , et al. （2017） . Women's business ownership: operating within the context of institutional and in-group collectivism [J]. *Journal of Management* 43 （7）: 2037-2064.

[13] Busse M （2004） . Transnational corporations and repression of political rights and civil liberties: an empirical analysis [J]. *Kyklos*, 2004, 57 （1） .

[14] Calori, R. and De Woot, P. （1994） . A European Management Model: Beyond Diversity [M]. Prentice Hall.

[15] Cateora （1990） . International Marketing [M]. IRWIN.

[16] Charles W. L. Hill （2016） . International business: competing in the glob-al marketplace [J]. *Strategic Direction* 24 （9）: 342-344.

[17] Coase （1937） . The nature of the firm [J]. Economica （11） .

[18] Cullen （1999） . Multinational Management: A Strategic Approach [M]. Nashville: South-Western Publishing: 100-101.

[19] Czinkota, M. R. and C. J. Skuba （2014） . Contextual analysis of legal sys-tems and their impact on trade and foreign direct investment [J]. *Journal of Business Research* 67 （10）: 2207-2211.

[20] Dang L, Zhao J. Cultural risk and management strategy for Chinese enterpri-ses' overseas investment [J]. *China Economic Review*, 2020, 61.

[21] De Brentani, U. and E. J. Kleinschmidt （2015） . The impact of company resources and capabilities on global new product program performance [J]. *Project Management Journal* 46 （1）: 12-29.

[22] De Brentani, U. , et al. （2010） . Success in global new product develop-ment: impact of strategy and the behavioral environment of the firm [J]. *Journal of Product Innovation Management* 27 （2）: 143-160.

[23] DiMaggio P J. , Powell W W. （1983） . The iron cage revisited: institu-tional isomorphism and collective rationality in organizational fields [J]. *American Soci-ological Review* 48 （2）: 147-160.

［24］ Dimitratos, P., et al. （2016）. The motivation of international entrepreneurship: The case of Chinese transnational entrepreneurs ［J］. *International Business Review* 25 （5）: 1103-1113.

［25］ Dow D. （2000）. A note on psychological distance and export market selection ［J］. *Journal of International Marketing* 8 （1）: 51-64.

［26］ Dow D., Karunaratna （2006）. Developing a multidimensional instrument to measure psychic distance stimuli ［J］. *Journal of International Business Studies* 37 （5）: 578-602.

［27］ Drogendijk R., Slangen A. （2006）. Hofstede, Schwartz or Managerial Perception? The effect of different cultural distance measures on establishment mode choices by multinational enterprises ［J］. *International Business Review* （15）: 361-380.

［28］ Drucker, Peter P. （1974）. Management: Tasks, Responsibilities, Practices ［M］. New York: Harper Collins, ppxii.

［29］ Eden, L. and S. F. Gupta （2017）. Culture and context matter: gender in international business and management ［J］. *Cross Cultural & Strategic Management* 24 （2）: 194-210.

［30］ Egger P H, Toubal F. （2018）. Native language and acquired language as determinants of product-level trade ［J］. *The World Economy* 41 （7）.

［31］ Engelbrecht, L. （2011）. The ACVV as welfare pioneer: from welfare for poor whites to contemporary challenges for inclusive developmental social work ［J］. *Tydskrif Vir Geesteswetenskappe* 51 （4）: 597-612.

［32］ Erramilli M K. （1996）. Nationality and subsidiary ownership patterns in multinational corporations ［J］. *Journal of International Business* 27 （2）: 225-248.

［33］ Fan, Zheng （2019）. A glacier model of Chinese management: perspective from new institutionalism ［J］. *Chinese Management Studies* （SSCI） （4）.

［34］ Fan, Zheng （2019）. Chinese management and cross-cultural management: reflection and future research agenda ［J］. *Chinese Management Studies* （SSCI） （4）.

［35］ Fang, E. （2011）. The effect of strategic alliance knowledge complementarity on new product innovativeness in China ［J］. *Organization Science* 22 （1）: 158-172.

［36］ Ferreira, J. F. and A. S. Godoy （2015）. Processos de aprendizagem: um estudo em três restaurantes de um clube étnico alemão de negócios, gastronomia e Cultura ［J］. RAM. Revista de Administração Mackenzie 16 （2）: 15-44.

［37］Fischlmayr, I. C. and K. M. Puchmueller (2016) . Married, mom and manager-how can this be combined with an international career? ［J］. *International Journal of Human Resource Management* 27 (7): 744-765.

［38］Fok, L. Y. , et al. (2016) . Cultural values, utilitarian orientation, and ethical decision making: a comparison of US and Puerto Rican professionals ［J］. *Journal of Business Ethics* 134 (2): 263-279.

［39］Friedman, Thomas L. (2005) . The World is Flat ［M］. International Creative Management, Inc: 2-5.

［40］GaGanis C, Hasan I, Papadimitri P, et al. (2019) . National culture and risk-taking: evidence from the insurance industry ［J］. *Journal of Business Research* (97) .

［41］Gallego-Alvarez, I. and E. Ortas (2017) . Corporate environmental sustainability reporting in the context of national cultures: a quantile regression approach ［J］. *International Business Review* 26 (2): 337-353.

［42］Gallego-Alvarez, I. and I. A. Quina-Custodio (2017) . Corporate social responsibility reporting and varieties of capitalism: an international analysis of state-led and liberal market economies ［J］. *Corporate Social Responsibility and Environmental Management* 24 (6): 478-495.

［43］Gesteland, R. R. (2002) . Cross-cultural Business Behavior: Marketing, Negotiating, Sourcing and Managing Across Cultures ［M］. Copenhagen Business School Pr.

［44］Guillén, M. F. (1994) . Models of management: Work, Authority, and Organization in a Comparative Perspective ［M］. University of Chicago Press.

［45］Hall, Wendy (1995) . Managing Cultures: Making Strategic Relationships Work ［R］. John Wiley & Sons Ltd, England: 21-41.

［46］Harris, P. and Moran, R. T. (1982) . *Managing Cultural Synergy* ［M］. Houston: Gulf Publishing Company: 2-14.

［47］Harris, P. and Moran, R. T. (1987; 2000) . *Managing Cultural Differences* ［M］. Houston: Gulf Publishing Company.

［48］Harrison, A. , Dalkiran, E. , and Elsey, E. (2000) . *International Business: Global Competition from a European Perspective* ［M］. OUP Catalogue.

［49］Henisz, W. J. , et al. (2014) . Spinning gold: the financial returns to stakeholder engagement ［J］. *Strategic Management Journal* 35 (12): 1727-1748.

［50］Hergueux, J. How Does Religion bias the allocation of foreign direct investment? the role of institutions [J]. *International Economics*, 2011: 128.

[51] Hill et al. (1990). An eclectic theory of the choice of international entry mode [J]. *Strategic Management Journal* 11 (2): 117-128.

[52] Hofstede, G. (1991). *Cultures and Organizations: Software of the Mind* [M]. New York: Me Graw-Hill.

[53] Hofstede, G. (1980; 2001). *Culture's Consequences: Comparing Values, Behaviors, Institutions, and Organizations across Nations* [M]. London: sage publications.

[54] Huntington, S. P. (1996). *The Clash of Civilizations and Remaking of World Order* [M]. New York: Georges Borchardt, Inc.

[55] Hovde, M. R. (2014). Factors that enable and challenge international engineering communication: A case study of a united states/british design team [J]. *Ieee Transactions on Professional Communication* 57 (4): 242-265.

[56] Javalgi, R. G., et al. (2014). Corporate entrepreneurship, customer-oriented selling, absorptive capacity, and international sales performance in the international B2B setting: Conceptual framework and research propositions [J]. *International Business Review* 23 (6): 1193-1202.

[57] Jeon, C. -h. and 김응진 (2011). A study on the establishment method of cultural contents studies and knowledge structure [J]. *Journal of Cultural Industry Studies* 11 (3): 25-48.

[58] Johanson J., Vahlne J E. (1977). The Internationalization process of the firm: a model of knowledge development and increasing foreign market commitments [J]. *Journal of International Business Studies* 8 (1): 23-32.

[59] Johanson J. and Wiedersheim-Paul. (1975). The Internationalization of the firm [J]. *Journal of Management Studies* 12 (3): 305-323.

[60] Kanter (2018). Haier: Incubating Entrepreneurs in a Chinese Giant [M]. Harvard Business School Publishing.

[61] Kazakov, V. V. (2015). The European experience in the development and implementation of innovative policy of economic system development [J]. *Tomsk State University Journal* (392): 138-144.

[62] Killing, J. Peter (1983). *Strategic for Joint Venture Success* [M]. London & Canberra: Croom Helm.

[63] Kim, J. Y. (2016). Group work oral participation: Examining Korean students' adjustment process in a US university [J]. *Australian Journal of Adult Learn-*

ing 56 (3): 400-423.

[64] Kluckhohn, F. R., and Strodtbeck, F. L. (1961) . *Variations in Value Orientations* [M]. Row. Peterson and Company.

[65] Kogut B, Singh H. (1988) . The effect of national culture on the choice of entry mode [J]. *Journal of International Business Studies* 19 (3): 411-432.

[66] Koontz, H. and Weihrich, H. (1993) . *Management* [M]. New York: McGraw-Hill, Inc.

[67] Kuisel, Richard F. (2012) . *The French Way* [M]. NJ: Princeton University Press.

[68] Lai, V. S. (2008) . The information system strategies of MNC affiliates: A technology–organization–environment analysis [J]. *Journal of Global Information Management* 16 (3): 74-96.

[69] Leaptrott, N. (1996) . *Rules of the Game: Global Business Protocol* [M]. Thomson Executive Press.

[70] Lee, D. (2012) . Legal issues for the better cooperation between big and SMEs [J]. *Business Law Review* 26 (3): 9-45.

[71] Leonidou, L. C., et al. (2015) . Environmentally friendly export business strategy: Its determinants and effects on competitive advantage and performance [J]. *International Business Review* 24 (5): 798-811.

[72] Lewis, P. S., Goodman, S. H. and Fandt, P. M. (1998) . *Management Challenges in 21st Century* [M]. West Publishing Company: 372.

[73] Li K, Griffin D, Yue H, et al (2013) . How does culture influence corporate risk-taking? [J]. *Journal of Corporate Finance* (23) .

[74] Liu, C. H. (2017) . The relationships among intellectual capital, social capital, and performance–The moderating role of business ties and environmental uncertainty [J]. *Tourism Management* 61: 553-561.

[75] Liu, Y. and T. Almor (2016) . How culture influences the way entrepreneurs deal with uncertainty in inter–organizational relationships: The case of returnee versus local entrepreneurs in China [J]. *International Business Review* 25 (1): 4-14.

[76] Liu, Y. Y. and Y. H. Chiu (2017) . Evaluation of the policy of the creative industry for urban development [J]. *Sustainability* 9 (6) .

[77] Lu, C. and W. Fan (2015) . Cross–cultural issues and international business communication practice: from an anthropological perspective [J]. *Anthropologist* 22 (1): 15-24.

［78］Lücke, G., Kostova, T., and Roth, K. （2014）.Multiculturalism from a cognitive perspective: patterns and implications ［J］.Journal of International Business Studies, 45 （2）: 169-190.

［79］Luo, Y. （2016）.Distinguished scholar essay Toward a reverse adaptation view in cross-cultural management ［J］.*Cross Cultural & Strategic Management* 23 （1）: 29-41.

［80］Luthans, F., Doh, J. P. and Hodgetts, R. M. （2009） .*International management: Culture, strategy, and behavior* ［M］.New York: McGraw-Hill Irwin.

［81］Ma D, Ullah F, Ullah R, et al （2000）.An empirical nexus between exchange rate and China's outward foreign direct investment: implications for pakistan under the China Pakistan economic corridor project ［J］.*The Quarterly Review of Economics and Finance* （10） .

［82］Ma, X. F., et al. （2014）.Cross-border innovation intermediaries-matchmaking across institutional contexts ［J］.*Technology Analysis & Strategic Management* 26 （6）: 703-716.

［83］Makino （2008）.Analysis of within-and between-country variations: implications for international business research ［D］, 2008 年制度理论与战略管理工作坊演讲稿。

［84］Mead, R. （1998）.*International management* ［M］.New Jersey: Blackwell.

［85］Moschieri, C. and J. Manuel Campa （2014）.New trends in mergers and acquisitions: Idiosyncrasies of the European market ［J］.*Journal of Business Research* 67 （7）: 1478-1485.

［86］Nahavandi, A. and A, R. Malekzadch （1993）.Organizational Culture in the Management of Mergers ［M］.London: Quorum Books.

［87］Nam, H. J. and S. J. Lim （2017）.Moderating effects of intercultural understanding and power distance on organizational commitment ［J］.*International Business Review* 21 （4）: 145-165.

［88］Nath, R. （1988）.*Comparative management: A Regional View* ［M］.Cambridge: Ballinger Pub. Co.

［89］Neuhauser, P. G., Bender, R. and Stromberg, K. （2000）.*Culyure. com: Building Corporate Culture in the Connected Workplace* ［M］.John Wiley & Sons Canada, Ltd.

［90］Nigam, N. and A. Boughanmi （2017）.Can innovative reforms and practices efficiently resolve financial distress? [J]. *Journal of Cleaner Production* 140 (pt. 3): 1860-1871.

[91] Nixon, J. M. (2003). International encyclopedia of business & management, edited by malcolm warner [J]. *Journal of Business and Finance Librarianship*9 (1): 107-108.

[92] Nordstrom K A., Vahlne J E. (1994). Is the Globe Shrinking? Psychic Distance and the Establishment of Swedish Subsidiaries During Last 100 Years [M]. New York: St Martin's Press.

[93] North, D. (1990). Institutions, Institutional Change, and Economic Performance [M]. Cambridge: Cambridge University Press.

[94] Ok, k. H. (2017). Collective emotions and Language culture educational method reflected in <Misaeng> and <Drill>-focusing on organizational culture [J]. *The language and Culture* 13 (1): 113-136.

[95] Padmanabhan, P. and K. R. Cho. (1996). Ownership strategy for a foreign affiliate: an empirical investigation of Japanese firms [J]. *Management International Review* 36 (1): 45-65.

[96] Pamela. S. Lewis, Stephen. H. Goodman and Patricia. M. Fandt (1998). *Management: Challenges for Tomorrow's Leaders* [M]. South-Western College Pub: 372.

[97] Perlmutter (1979). The tortuous evolution of the multinational corporation [J]. The Columbia Journal of World Business (3).

[98] Prahalad and Doz (1987). The Multinational Mission [M]. The free Press.

[99] Rhee, Y. H. (2015). The characteristics of Korean market economy-In the viewpoint of geo-economic conditions and socio-cultural bases [J]. *Review of Institution and Economics* 9 (1): 19-49.

[100] Ricks D A, Arpan J S, Patton D. international business blunders [J]. *Academy of Management Proceedings*, 1972 (1).

[101] Ricks, David A. (1999). *Blunders in International Business* [M]. IL: Dow Jones-Irwin, Inc.

[102] Rodriguez-Rivero, R., et al. (2018). The opportunity to improve psychological competences of project managers in international businesses [J]. *Psychology & Marketing* 35 (2): 150-159.

[103] Ronen, S. and Shenkar, O. (1985). Clustering countries on attitudinal

dimension: A review and synthesis [J]. Academy of Management Review 10 (3): 434-454.

[104] Root F N. (1987) . *Entry Strategies for International Markets* [M]. D. C. Health Cambridge.

[105] Rugman, Alan M. & Hodgetts, R. M. (2000) . *International business: a strategic management approach* [M]. Financial Times/Prentice Hall.

[106] Ruiz, Herrera J. C. (2015) . La antropología aplicada a los negocios internacionales: encuentros y desencuentros [J]. *Semestre EconóMico* 18 (37): 177-196.

[107] Sain, Z. F. , et al. (2017) . Teaching intercultural competence in undergraduate business and management studies-a case study [J]. *Croatian Journal of Education-Hrvatski Casopis Za Odgoj I Obrazovanje* 19: 53-70.

[108] Sanyal, R. and T. Guvenli (2009) . The propensity to bribe in international business: the relevance of cultural variables [J]. *Cross Cultural Management-an International Journal* 16 (3): 287-300.

[109] Schien, E. H. (1985; 1992) . *Organizational Culture and Leadership* [M]. San Francisco: Jossey-Bass Inc.

[110] Schneider, S. C. and Barsoux, Jean-Louis (1997) . *Managing Across Cultures* [M]. Paris: Prentice Hall Europe: 341.

[111] Schworm, S. K. , et al. (2017) . The impact of international business education on career success-Evidence from Europe [J]. *European Management Journal* 35 (4): 493-504.

[112] Scott, W. Richard (2001) . *Institutions and Organizations* [M]. Thousand Okks: Sage Publications.

[113] Segal-Horn, Susan and Faulkner (1999) . *The Dynamics of International Strategy* [M]. International Thomson Business Press: 150.

[114] Semrau, T. , et al. (2016) . Entrepreneurial orientation and SME performance across societal cultures: An international study [J]. *Journal of Business Research* 69 (5): 1928-1932.

[115] Shane, S. The effect of national culture on the choice between licensing and direct foreign investment [J]. *Strategic Management Journal.* 1994, 15 (8) .

[116] Shapiro, G. D. (2003) . Governance infrastructure and US foreign direct investment [J]. *Journal of International Business Studies.* 2003, 34 (1) .

[117] Shenkar, O. (2001) . Cultural distance revisited: towards a more rigorous conceptualization and measurement of cultural difference [J]. *Journal of Interna-*

tional Business Studies 32 (3): 519-535.

［118］Shin, D., et al. (2017). Multinational enterprises within cultural space and place: integrating cultural distance and tightness-looseness ［J］. *Academy of Management Journal* 60 (3): 904-921.

［119］Siegel J I, Licht A N, Schwartz S H. (2013). Egalitarianism, cultural distance, and FDI: A new approach ［J］. *Organization Science* 24 (4).

［120］Smyth, E. and F. Vanclay (2017). The social framework for projects: a conceptual but practical model to assist in assessing, planning and managing the social impacts of projects ［J］. *Impact Assessment and Project Appraisal* 35 (1): 65-80.

［121］Stern, H. H. (1992). *Issues and Options in Language Teaching* ［M］. Oxford: Oxford University Press.

［122］Tayeb, M. H. (Ed.). (2000). *International Business: Theories, Policies, and Practices* ［M］. Financial Times/Prentice Hall.

［123］Terpstra, V (1978, 1985, 1991). *The Cultural Environment of International Business* ［M］. Cincinnati: South-Western Publishing Company.

［124］Trompenaars, F. (1993). *Riding the Waves of Culture* ［M］. London: The Economist Book.

［125］Trompenaars, F. and Hampden-Turner, C. (1993). Riding the waves of culture: Understanding diversity in global business ［J］. *Nicholas Brealey Publishing*.

［126］Tsalikis, J. (2015). The effects of priming on business ethical perceptions: a comparison between two cultures ［J］. *Journal of Business Ethics* 131 (3): 567-575.

［127］Warner, Malcolm (1996, 2002). *International Encyclopedia of Business & Management* ［M］. Thomson Learning.

［128］Welch, Jack (2001). *Jack Straight from the Gut* ［M］. Warner Books Inc.

［129］Williams, A., Dobson, P. and Walters, M. (1989). *Changing Culture* ［M］. Institute of Personnel Management.

［130］Yoon, H. -D. and 김형호 (2015). International comparison of re-start up support system for failed businessmen ［J］. *Asia-Pacific Journal of Business Venturing and Entrepreneurship* 10 (6): 235-252.

［131］Young, S. and V. Thyil (2014). Corporate social responsibility and corporate governance: role of context in international settings ［J］. *Journal of Business*

Ethics 122（1）：1-24.

[132] Zizek, S. S., et al.（2017）. Results of socially responsible transformational leadership: increased holism and success [J]. *Kybernetes* 46（3）：400-418.

[133] Zohar, Danah（2016）. *The Quantum Leader: A Revolution in Business Thinking and Practice* [M]. Prometheus Books.

[134] 김선배 and 김경묵（2012）. A study on the efficient e-commerce policies under the smart phone environment [J]. *Journal of Digital Convergence* 10（1）：125-133.

[135] 김혜련（2017）. A study on the ethnic education status of overseas Chinese in Malaysia [J]. *The Journal of Humanities and Social science* 8（3）：1035-1056.

[136] 신군재（2005）. A comparative study on the characteristics of negotiation behavior in Chinese, American and Islam [J]. *Korea International Commercial Review* 20（1）：39-58.

[137] 曹钢材（2018）. 中国高端装备制造企业如何融入全球——新时代中国企业跨文化传播 [R]. IFSAM 世界管理大会主旨演讲.

[138] 陈德金，李本乾（2011）. 心理距离对于国际化目标市场选择影响的实证研究——基于澳大利亚出口市场 [J]. 软科学（4）：31-35.

[139] 陈果，吴微（2019）. 细分领域 LDA 主题分析中选词方案的效果对比研究 [J]. 情报理论与实践（6）：138-143.

[140] 陈怀超，范建红（2014）. 制度距离构成维度的厘定和量表开发 [J]. 管理评论 26（9）：69-78.

[141] 陈树年（2000）. 搜索引擎及网络信息资源的分类组织 [J]. 图书情报工作（4）：31-37.

[142] 陈晓萍（2016）. 跨文化管理 [M]. 北京：清华大学出版社.

[143] 陈元顺（2019）. "一带一路"背景下中国企业"走出去"的环境挑战 [J]. 发展研究（11）：55-60.

[144] 大卫·利弗莫尔（2016）. 文化商引领未来 [M]（第2版）. 北京：北京大学出版社.

[145] 范徵（2021）. 量子管理的适用条件、特征及其案例 [J]. 上海管理科学（3）：1-5.

[146] 范徵（2020）. 全球10大管理模式 [M]. 北京：经济管理出版社.

[147] 范徵，范培华等（2018）. 中国企业"走出去"跨文化环境因素探究 [J]. 管理世界（7）：178-179.

[148] 范徵等（2018）. 国别区域管理与跨文化管理的理论发展 [J]. 管理

世界（11）：168-170.

［149］范徵（2014）．冰河模型：跨文化管理新框架［J］．北大商业评论（5）：32-43.

［150］范徵（2012）．试论"无国界管理"［J］．上海管理科学（2）：1-6.

［151］范徵，曹姝婧（2010）．跨文化比较管理分析框架研究综述［J］．上海管理科学（1）：5-12.

［152］范徵（2010）．基于制度文明的跨文化比较管理学新分析框架［J］．比较管理（1）：77-89.

［153］范徵，曹姝婧，王风华（2010）．基于制度文明的跨文化比较管理学新分析框架［J］．比较管理（1）：77-89.

［154］范徵（2007）．管理学：人力资本与组织资本的互动［M］．上海：上海外语教育出版社．

［155］范徵（2007）．人力资本与组织资本互动的管理学体系［J］．经济管理（3）：75-81.

［156］范徵（2004）．跨文化管理：全球化与地方化的平衡［M］．上海：上海外语教育出版社．

［157］范徵（1993）．合资经营与跨文化管理［M］．上海：上海外语教育出版社．

［158］盖森，刘建忠，熊伟（2015）．一种结合 LDA 主题分析的地理信息检索方法［J］．测绘科学技术学报（3）：315-320.

［159］郭锐，汪涛，周南（2010）．国外品牌在中国的转化研究：基于制度理论［J］．财贸经济（10）：114-119.

［160］郭平，王可，罗阿理（2015）．大数据分析中的计算智能研究现状与展望［J］．软件学报 26（11）：3010-3025.

［161］霍杰，蒋周文，杨洪青（2011）．心理距离对跨国公司进入模式的影响［J］．商业研究（3）：54-60.

［162］韩玉军（2017）．国际商务［M］．北京：中国人民大学出版社．

［163］贺科达，朱铮涛，程昱（2016）．基于改进 TF-IDF 算法的文本分类方法研究［J］．广东工业大学学报（5）：49-53.

［164］胡军（1996）．跨文化管理［M］．广州：暨南大学出版社．

［165］胡雯（2019）．中国制造企业领跑海外投资［J］．中国对外贸易（2）：39-40.

［166］黄速建，刘建丽（2009）．中国企业海外市场进入模式选择研究［J］．中国工业经济（1）：108-117.

［167］伽达默尔（2009）. 真理与方法［M］. 上海：商务印书馆.

［168］赖小民（2017）. "一带一路"沿线国家和地区法律与税收政策研究［M］. 北京：中国金融出版社.

［169］康路（2007）. Tata 集团：大象快跑的秘密［J］. 商学院（1）：46-47.

［170］蓝海林，汪秀琼，吴小节等（2010）. 基于制度基础观的市场进入模式影响因素：理论模型构建与相关研究命题的提出［J］. 南开管理评论 3（6）：77-90，148.

［171］蓝海林，汪秀琼，吴小节，宋铁波（2010）. 基于制度基础观的市场进入模式影响因素：理论模型构建与相关研究命题的提出［J］. 南开商业评论（6）：77-90.

［172］李柏军（2017）. 对外投资合作国别（地区）指南（印度）［R］. 商务部国际贸易经济合作研究院.

［173］李敏（2017）. 中国品牌国际化：中国中车深度进入国际市场［J］. 跨文化管理（8）：65-70.

［174］李乾元，张铭竹（2020）. 21 世纪我国企业"走出去"的困境综述及应对策略——以美洲大洋洲 34 国为重点［J］. 现代商业（25）：41-43.

［175］李晓莉（2017）. 21 世纪海上丝绸之路沿线国家投资环境分析［J］. 学术探索（4）：73-81.

［176］李学锋，宋丽娟，王正勇（2020）. "一带一路"背景下沈阳市企业"走出去"的风险与对策［J］. 沈阳建筑大学学报（社会科学版）（2）：156-160.

［177］李学明，李海端，薛亮等（2012）. 基于信息增益与信息熵的 TFIDF 算法［J］. 计算机工程（8）：37-40.

［178］李凝，胡日东（2011）. 转型期中国对外直接投资地域分布特征解析：基于制度的视角［J］. 经济地理（6）：910-916.

［179］林毅夫（2015）. 国际化企业的"三步走"新战略［J］. 中国中小企业，5（3）：17.

［180］柳卸林，朱篙篙，吕萍等（2013）. 中国企业 FDI 进入模式选择的影响因素研究［J］. 现代管理科学（3）：3-5+65.

［181］柳卸林，朱嵩嵩，吕萍，吴铃琳（2013）. 中国企业 FDI 进入模式选择的影响因素研究——基于母国制度视角的分析［J］. 现代管理科学（3）：3-7.

［182］刘莉君（2019）. 中国企业参与"一带一路"建设的境外安全风险评价［J］. 中国安全科学学报（8）：143-150.

［183］龙永图（2016）. 一带一路，中国企业怎样走出去?［J］. 商业观察

（10）：12.

［184］路永和，李焰锋（2013）．改进 TF-IDF 算法的文本特征项权值计算方法［J］.图书情报工作（3）：90-95.

［185］吕一博，康宇航，王淑娟（2012）．基于共现分析的技术机会发现与可视化识别［J］.科研管理（4）：80-85.

［186］马春光（2004）．国际企业跨文化管理［M］.北京：对外经济贸易大学出版社．

［187］马飞（2007）．三一重工差异化，打天下［J］.商学院（1）：60-62.

［188］苗青（2007）．管理学研究方法的新思路：基于准实验设计的现场研究［J］.浙江大学学报（6）：73-80。

［189］潘镇，殷华方，鲁明泓（2008）．制度距离对于外资企业绩效的影响——一项基于生存分析的实证研究［J］.管理世界（7）：103-115.

［190］毗耶娑（2015）．薄伽梵歌［M］.成都：四川人民出版社．

［191］彭敏，席俊杰，代心媛等（2017）．基于情感分析和 LDA 主题模型的协同过滤推荐算法［J］.中文信息学报（2）：194-203.

［192］祁斌（2019）．创新对外投资方式推动全球经济协同增长［J］.清华金融评论（8）：16-19.

［193］阮炜（2008）．中外文明十五论［M］.北京：北京大学出版社．

［194］尚航标，黄培伦（2011）．新制度主义对战略管理的理论意义［J］.管理学报（3）：396-403.

［195］苏珊·C. 施奈德，简·路易斯·巴尔索克斯，施奈德，巴尔索克斯等（2002）．跨文化管理［M］.北京：经济管理出版社．

［196］苏勇（2021）．改变世界（六）：中国杰出企业家管理思想精粹［M］.上海：复旦大学出版社。

［197］树友林，陆怡安（2020）．“一带一路”背景下企业并购风险研究——以高端装备制造业为例［J］.会计之友（21）：93-97.

［198］太平，李姣（2018）．中国企业对东盟国家直接投资风险评估［J］.国际商务（对外经济贸易大学学报）（1）：111-123.

［199］谭力文，吴先明（2004）．国际企业管理（第 2 版）［M］.武汉：武汉大学出版社．

［200］唐纳德·A. 鲍尔（2016）．国际商务：全球竞争的挑战［M］.北京：北京联合出版公司．

［201］万迪昉，谢刚，乔志林（2003）．管理学新视角：实验管理学［J］.科学学研究（2）：131-137.

［202］王镝，杨娟（2018）．"一带一路"沿线国家风险评级研究［J］．北京工商大学学报（社会科学版）（4）：117-126.

［203］王海军，高明（2012）．国家经济风险与中国企业对外直接投资：基于结构效应的实证分析［J］．经济体制改革（2）：113-117.

［204］王俊（2007）．文化差异与跨国公司在华投资的独资化倾向［J］．国际贸易问题（12）：99-105.

［205］王兰成，刘晓亮（2013）．网上数字档案大数据分析中的知识挖掘［J］．技术研究（3）：14-19.

［206］王剑利（2020）．连锁迁移与在地演化——"中国干部"在制造业越南转移中的文化调适［J］．探索与争鸣（1）.

［207］王俊，刘东（2008）．论文化视角下跨国公司在华投资的独资化倾向［J］．贵州社会科学（2）：111-114.

［208］王谦，朱思（2013）．文化差异对 FI 进入模式的影响综述［J］．经济论坛（10）：79-82.

［209］王小瑛（2007）．你不知道的印度管理者［J］．商学院（1）：63-63.

［210］吴晓云，陈怀超（2013）．制度距离在国际商务中的应用：研究脉络梳理与未来展望［J］．管理评论（4）：12-23.

［211］王炜瀚，王健，梁蓓（2015）．国际商务［M］．北京：机械工业出版社.

［212］王曰芬，宋爽，熊铭辉（2007）．基于共现分析的文本知识挖掘方法研究［J］．图书情报工作（4）：66-70.

［213］吴黎兵，柯亚林，何炎祥等（2011）．分布式网络爬虫的设计与实现［J］．计算机应用与软件，2011（11）：176-179.

［214］席旭东（2004）．跨文化管理方法论［M］．北京：中国经济出版社.

［215］项兵（2007）．米塔尔 VS 宝钢两条路径的思考［J］．商学院（1）：44-45.

［216］谢刚，胡笑寒，乔志林，万迪昉（2004）．管理实验与设计研究［J］．管理工程学报（4）：17-20.

［217］谢佩洪，李伟光（2021）．山穷水尽到柳暗花明？——字节跳动"出海"路漫漫［J］．企业管理（8）：72-77.

［218］谢佩洪（2022）．字节跳动的国际化突围之路——以 TikTok 封禁事件为例［J］．清华管理评论（6）：98-107.

［219］徐明霞，汪秀琼，王欢（2010）．基于制度基础观的企业区域多元化进入模式研究述评［J］．外国经济与管理（9）：23-29.

［220］谢孟军（2015）．政治风险对中国对外直接投资区位选择影响研究［J］．国际经贸探索（9）．

［221］杨思洛（2005）．搜索引擎的排序技术研究［J］．现代图书情报技术（1）：53-57．

［222］姚全珠，宋志理，彭程（2011）．基于 LDA 模型的文本分类研究［J］．计算机工程与应用（13）：150-153．

［223］殷华方，潘镇（2011）．在华外资企业进入模式选择：基于合法性视角的分析［J］．南京师范大学学报（社会科学版）（6）：48-56．

［224］余慧佳，刘奕群，张敏等（2007）．基于大规模日志分析的搜索引擎用户行为分析［J］．中文信息学报：109-114．

［225］袁南生（2020）．印度不可思议［N/OL］．财经会议资讯，8-15．

［226］张静河（2002）．跨文化管理［M］．合肥：安徽科学技术出版社．

［227］张卫丰，徐宝文（2000）．Web 搜索引擎框架研究［J］．计算机研究与发展（3）：376-378．

［228］张新胜，拉索尔，Wrathall（2002）．国际管理学：全球化时代的管理［M］．北京：中国人民大学出版社．

［229］张岩（2018）．大数据反爬虫技术分析［J］．信息系统工程（8）：130．

［230］张欣，徐二明（2008）．基于制度理论的产业集群创新研究［J］．当代财经（7）：85-88．

［231］张一弛，欧怡（2001）．企业国际化的市场进入模式研究述评［J］．经济科学（4）：11-19．

［232］朱华（2012）．发展中国家 FDI 理论框架的演进及其评述［J］．国际商务（对外经济贸易大学学报）（3）：89-94．

［233］张莹（1996）．跨文化管理［M］．沈阳：辽宁教育出版社．

［234］赵曙明（1994）．国际企业：跨文化管理［M］．南京：南京大学出版社．

［235］赵赟（2018）．国际法视域下"一带一路"建设中的法律风险及防范［J］．理论学刊（4）：101-107．

［236］中国企业文化研究会（2017）．2015~2016 年度全国企业文化科研成果汇编［D］．

［237］中国企业文化研究会（2019）．"一带一路"建设中的企业跨文化管理案例研究［M］．北京：企业管理出版社．

［238］周德懋，李舟军（2009）．高性能网络爬虫：研究综述［J］．计算机

科学（8）：26-29.

　　［239］周江，王伟平，孟丹等（2014）. 面向大数据分析的分布式文件系统关键技术［J］. 计算机研究与发展（2）：382-394.

　　［240］周伟，陈昭，吴先明（2017）. 中国在"一带一路"OFDI 的国家风险研究：基于 39 个沿线东道国的量化评价［J］. 世界经济研究（8）.

　　［241］朱筦笙（2000）. 跨文化管理［M］. 广州：广东经济出版社.

　　［242］盘点近年来海外诉讼获胜的中国企业. 一财网 2014-07-16　15：42，https：//m. yicai. com/news/3994209. html.

主题词索引